U0102462

思政课的道理

沈壮海◎著

中国社会科学出版社

图书在版编目（CIP）数据

思政课的道理／沈壮海著．—北京：中国社会科学出版社，2024.3
ISBN 978 - 7 - 5227 - 3284 - 8

Ⅰ.①思… Ⅱ.①沈… Ⅲ.①思想政治教育—教学研究—中国—
文集 Ⅳ.①D64 - 53

中国国家版本馆 CIP 数据核字（2024）第 051210 号

出 版 人	赵剑英
责任编辑	田 文 刘 洋
责任校对	张爱华
责任印制	王 超

出　　版	中国社会科学出版社
社　　址	北京鼓楼西大街甲 158 号
邮　　编	100720
网　　址	http://www.csspw.cn
发 行 部	010 - 84083685
门 市 部	010 - 84029450
经　　销	新华书店及其他书店

印刷装订	北京君升印刷有限公司
版　　次	2024 年 3 月第 1 版
印　　次	2024 年 3 月第 1 次印刷

开　　本	880 × 1230 1/32
印　　张	9.125
字　　数	226 千字
定　　价	46.00 元

目　　录

办好思政课的根本遵循

2019 年 3 月 18 日，习近平总书记亲自主持召开学校思想政治理论课教师座谈会，就如何办好思政课问题，与众多在思政课教学第一线辛勤耕耘的教师面对面进行深入交流。党和国家的最高领导人，主持召开专门座谈会，与来自大中小学的思政课教师代表，同堂共话思政课，这在中国共产党和新中国的历史上，尚是首次。在座谈会上，习近平总书记深刻论述了办好思政课的重大意义，并就如何办好思政课问题，条分缕析，娓娓道来，作出了一系列重要论断，提出了一系列明确要求，既指明了推动思政课教学改革创新的努力方向，也为广大思政课教师讲了一堂生动的示范思政课。座谈会及总书记的讲话，在思政课教学领域以及整个教育领域引起强烈反响，鼓舞着广大思政课教师立德树人的担当作为，也引领着新时代思政课教学创新发展的生动实践，在我国思政课建设的历史进程中树立起了一座具有重大战略意义的里程碑。高质量推进新时代思政课建设，需要我们认真学习、不断重温座谈会上习近平总书记的重要讲话，以之为办好思政课的根本遵循。

一　思政课是立德树人的关键课程

我们党向来重视学校思政课的建设问题。如何更好推动思政课的加强改进、创新发展，也是党的十八大以来习近平总书记极为关注的一项重要工作。无论是在全国高校思想政治工作会议、全国教育大会上，还是在赴大、中、小学的实地考察中，习近平总书记无不论及思政课建设，无不叮嘱要切实抓好思政课教学。在学校思想政治理论课教师座谈会上，习近平总书记特别讲道："办好思政课，是我非常关心的一件事"①，"我对教育工作在这方面强调得最多，教育工作别的方面我也强调，但思政课建设我必须更多强调"②。习近平总书记之所以对思政课如此重视，根本原因在于思政课在学校教育中扮演着重要角色，具有至关重要的意义。习近平总书记将之概括为"落实立德树人根本任务的关键课程"，称其作用"不可替代"。深刻把握思政课的"关键课程"地位、"不可替代"作用，是办好思政课的重要前提。

思政课之所以是立德树人的"关键课程"，在于它回答的是教育的关键问题。这一关键问题即培养什么样的人的问题，习近平总书记称之为"教育的首要问题"③。"致天下之治者在人才，成天下之才者在教化，教化之所本者在学校。"④ 古往今来，培养人，都是学校的天职。但是，所要培养之人的内涵从来都不是抽象的，而是极为具体的。任何国家、任何社会，都有其人才培养的具体规格要求。正如 2018 年 5 月 2 日习近平总书记在北京大学同师生代表座谈时所指出的那样："古今中外，关于教育和办学，思想流派繁多，理论观点各异，但在

---

① 习近平：《思政课是落实立德树人根本任务的关键课程》，人民出版社2020年版，第3页。

② 习近平：《思政课是落实立德树人根本任务的关键课程》，人民出版社2020年版，第4页。

③ 《坚持中国特色社会主义教育发展道路 培养德智体美劳全面发展的社会主义建设者和接班人》，《人民日报》2018年9月11日。

④ （北宋）胡瑗：《松滋县学记》。

教育必须培养社会发展所需要的人这一点上是有共识的。培养社会发展所需要的人，说具体了，就是培养社会发展、知识积累、文化传承、国家存续、制度运行所要求的人。所以，古今中外，每个国家都是按照自己的政治要求来培养人的。"① 在这次座谈会上，习近平总书记提出"培养什么样的人"这个问题后，他紧接着便直截了当地说："我先给一个明确答案，就是我们的教育要培养德智体美全面发展的社会主义建设者和接班人。"② 之所以如此毫不犹豫、开宗明义，是基于对教育本质与规律的深刻把握，是对于"我国社会主义教育就是要培养社会主义建设者和接班人"③ 这个问题的坚定不移。对于我们的教育要培养什么样的人的问题，党的十八大以来，习近平总书记反复提及，且每次都斩钉截铁、旗帜鲜明地给出这样的回答。在世界百年未有之大变局加速演进、人才竞争日益激烈、意识形态领域斗争尖锐复杂、推进中华民族伟大复兴步入关键时期的时代背景下，对这一教育首要问题、关键问题的反复明确强调，无疑具有极为重要的现实意义。在学校思想政治理论课教师座谈会上，习近平总书记再次强调："我们党立志于中华民族千秋伟业，必须培养一代又一代拥护中国共产党领导和我国社会主义制度、立志为中国特色社会主义事业奋斗终身的有用人才。"④ 社会主义建设者和接班人即能够担当民族复兴大任的时代新人。这样的新人，要有过硬的知识能力，更

---

① 习近平：《在北京大学师生座谈会上的讲话》，人民出版社 2018 年版，第5—6 页。

② 习近平：《在北京大学师生座谈会上的讲话》，人民出版社 2018 年版，第4 页。

③ 习近平：《在北京大学师生座谈会上的讲话》，人民出版社 2018 年版，第6 页。

④ 习近平：《思政课是落实立德树人根本任务的关键课程》，人民出版社 2020 年版，第5—6 页。

要有坚定的社会主义政治立场和理想信念。没有这一点，"人"无以解决"为什么人"的问题，"才"也无以定向。习近平总书记指出："要成为社会主义建设者和接班人，必须树立正确的世界观、人生观、价值观，把实现个人价值同党和国家前途命运紧紧联系在一起。"① 思政课所担负的职责，就是为我们所培养的人指出明确的立场和方向，在"为什么人"的问题上予以准确的引导，因而在回答和解决"培养什么样的人"这个问题上发挥着关键作用，"是培养一代又一代社会主义建设者和接班人的重要保障"②。

思政课之所以是立德树人的"关键课程"，还在于其面对的是处于人生关键时期的"关键群体"、培养的是这一关键群体的"关键素质"。青少年是祖国的未来、民族的希望。在我国，各级各类学历教育在校生 2.93 亿人，全国各类高等教育在学总规模 4655 万人。③ 这些青少年，寄托着千家万户的希望，也承载着中华民族的梦想。青年兴则国兴，少年强则国强。思政课所面对的，便是这与祖国和民族的未来紧紧联系在一起的亿万之众，是充满生机、蓄势而发同时也需要悉心呵护、培育涵养的希望。从人生发展阶段来讲，青少年时期，是人的价值观形成、确立的关键时期，是扣好人生"第一粒扣子"的重要阶段，"是人生的'拔节孕穗期'，这一时期心智逐渐健全，思维进入最活跃状态，最需要精心引导和栽培"④。思政课教学的展开，由小学而大学，所伴随的

---

① 习近平：《思政课是落实立德树人根本任务的关键课程》，人民出版社 2020 年版，第 6 页。
② 习近平：《思政课是落实立德树人根本任务的关键课程》，人民出版社 2020 年版，第 6 页。
③ 《2022 年全国教育事业发展统计公报》，《中国教育报》2023 年 7 月 6 日。
④ 习近平：《思政课是落实立德树人根本任务的关键课程》，人民出版社 2020 年版，第 2 页。

正是青少年迅速成长、需要"蒙以养正"的关键人生阶段。习近平总书记曾经深情回顾自己在中学时接受的教育，以之说明思政课对自己人生所产生的深远影响。他讲："我上中学时，学的政治课本叫《做革命的接班人》，书上讲的'热爱生产劳动，艰苦奋斗，用自己的双手建设富强的社会主义祖国'，'立雄心壮志，做革命的接班人'等，影响了我们这一代人的理想信念和人生选择。"① 思政课面对的是处于人生关键阶段的关键群体，它所要培养的，也是人的素质中最为关键的方面。"才者，德之资也；德者，才之帅也。"② 在人的素质结构中，最重要、最关键的素质，即德，即思想政治素质。人无德不立，这一素质影响着人的素质的整体成形，也直接关系着人的素质的实际之用。因而，育人之根本，即在于立德。在 2018 年 9 月 10 日召开的全国教育大会上，习近平总书记曾强调教育要在六个方面"下功夫"，即在坚定理想信念上下功夫、在厚植爱国主义情怀上下功夫、在加强品德修养上下功夫、在增长知识见识上下功夫、在培养奋斗精神上下功夫、在增强综合素质上下功夫。③ 六者之中，论"德"之多，堪为"首重"。之所以如此，也正是因为立德在人才培养中的首要意义。在学校思想政治理论课教师座谈会上，习近平总书记曾反复讲到思政课的职责。他讲："思政课要引导学生立德成人、立志成才"④，"要解决学生理想信

① 习近平：《思政课是落实立德树人根本任务的关键课程》，人民出版社 2020 年版，第 3 页。

② 《资治通鉴·周纪·国纪一》。

③ 《坚持中国特色社会主义教育发展道路 培养德智体美劳全面发展的社会主义建设者和接班人》，《人民日报》2018 年 9 月 11 日。

④ 习近平：《思政课是落实立德树人根本任务的关键课程》，人民出版社 2020 年版，第 13 页。

念问题"①,"要教会学生科学的思维"②,"要用科学理论培养人"③,"政治引导是思政课的基本功能"④,"思政课重在塑造学生的价值观,这一点必须牢牢抓住"⑤,"思政课的任务是传导主流意识形态,建设性是其根本"⑥,思政课教给学生的"应该是观察认识当代世界、当代中国的立场、观点、方法"⑦,"无论怎么讲,最终都要落到引导学生树立正确的理想信念、学会正确的思维方法上来"⑧,"思政课教师,要给学生心灵埋下真善美的种子,引导学生扣好人生第一粒扣子"⑨。这些论述,切入角度不同,但都聚焦一个共同的素质,即人的素质中最重要的素质——德。新时代的思政课教学,就是要担负起引导学生明大德、守公德、严私德的任务,就是要开展马克思主义理论教育,用习近平新时代中国特色社会主义思想铸魂育人,引导学生增强中国特色社会主义道路自信、理论自信、制度自信、文化自信,厚植爱国主

---

① 习近平:《思政课是落实立德树人根本任务的关键课程》,人民出版社2020年版,第12页。

② 习近平:《思政课是落实立德树人根本任务的关键课程》,人民出版社2020年版,第14页。

③ 习近平:《思政课是落实立德树人根本任务的关键课程》,人民出版社2020年版,第20页。

④ 习近平:《思政课是落实立德树人根本任务的关键课程》,人民出版社2020年版,第17页。

⑤ 习近平:《思政课是落实立德树人根本任务的关键课程》,人民出版社2020年版,第18页。

⑥ 习近平:《思政课是落实立德树人根本任务的关键课程》,人民出版社2020年版,第19页。

⑦ 习近平:《思政课是落实立德树人根本任务的关键课程》,人民出版社2020年版,第14页。

⑧ 习近平:《思政课是落实立德树人根本任务的关键课程》,人民出版社2020年版,第14页。

⑨ 习近平:《思政课是落实立德树人根本任务的关键课程》,人民出版社2020年版,第12页。

义情怀，把爱国情、强国志、报国行自觉融入坚持和发展中国特色社会主义、建设社会主义现代化强国、实现中华民族伟大复兴的奋斗之中。思政课的明确定位、所担负的特殊职责，决定了其在学校立德树人中的关键意义。"我们办中国特色社会主义教育，就是要理直气壮开好思政课。"①

二 思政课教师要发挥办好思政课的关键作用

就教育发展的宏观整体来看，教师是立教之本、兴教之源；就任何教育活动的具体展开而言，教师亦是主导力量，是引导教育活动、影响教育成效的关键所在。在 1978 年 4 月 22 日召开的全国教育工作会议上，邓小平同志明确指出："一个学校能不能为社会主义建设培养合格的人才，培养德智体全面发展、有社会主义觉悟的有文化的劳动者，关键在教师。"② 2014 年教师节前夕，在同北京师范大学师生们的交流中，习近平总书记所谈论的核心主题便是好老师之于人生、学校、民族的意义，以及如何才能成为一名好老师。他强调："一个人遇到好老师是人生的幸运，一个学校拥有好老师是学校的光荣，一个民族源源不断涌现出一批又一批好老师则是民族的希望。"③ 习近平总书记还曾多次动情地回忆自己的学生年代，讲述老师的作用之大、对自己的影响之深。他讲："教过我的老师很多，至今我都能记得他们的样子，他们教给我知识、教

---

① 习近平：《思政课是落实立德树人根本任务的关键课程》，人民出版社 2020 年版，第 23 页。
② 《邓小平文选》第 2 卷，人民出版社 1994 年版，第 108 页。
③ 习近平：《做党和人民满意的好老师——同北京师范大学师生代表座谈时的讲话》，人民出版社 2014 年版，第 4 页。

给我做人的道理，让我受益无穷"①；"我为什么对焦裕禄那么一往情深，就是因为我在上初中一年级时，当时宣传焦裕禄的事迹，我的政治课老师在讲述焦裕禄的事迹时数度哽咽，一度讲不下去了，捂着眼睛抽泣，特别是讲到焦裕禄肝癌最严重时把藤椅给顶破了，我听了很受震撼"②。在思政课教学中，主导性的因素同样是教师，其是推动思政课教学过程中矛盾转化的主要方面，实际而具体地决定着教什么、怎么教的问题，是决定教育质量和效果的关键所在。在学校思想政治理论课教师座谈会上，习近平总书记多次强调："办好思政课关键在教师"③，并对思政课教师积极发挥办好思政课的关键作用，提出了殷殷期勉，给予了精心指导。

思政课教师要发挥办好思政课的关键作用，必须有办好思政课的充分信心。习近平总书记指出："办好思政课，有不少问题需要解决，但最重要的是解决好信心问题。'欲人勿疑，必先自信。'"④ 对自己所从事的事业，没有充分的信心，就不可能会有推进这一事业的坚定执着，更不可能演绎出这一事业的精彩。办好思政课，我们之所以应当有充分的信心，在于党对教育工作高度重视，对思想政治工作、意识形态工作高度重视，始终坚持马克思主义指导地位，大力推进中国特色社会主义学科体系建设，这为办好思政课提供了根本保证；在于我们对共产党执政规律、社会主义建设规律、人类社会发展规律的

---

①　习近平：《做党和人民满意的好老师——同北京师范大学师生代表座谈时的讲话》，人民出版社 2014 年版，第 2 页。

②　习近平：《思政课是落实立德树人根本任务的关键课程》，人民出版社 2020 年版，第 13 页。

③　习近平：《思政课是落实立德树人根本任务的关键课程》，人民出版社 2020 年版，第 25 页。

④　习近平：《思政课是落实立德树人根本任务的关键课程》，人民出版社 2020 年版，第 8 页。

认识和把握不断深入，开辟了中国特色社会主义理论和实践发展新境界，中国特色社会主义取得举世瞩目的成就，这为办好思政课提供了有力支撑；在于中华民族几千年来形成了博大精深的优秀传统文化，我们党带领人民在革命、建设、改革过程中锻造的革命文化和社会主义先进文化，这为办好思政课提供了深厚力量；在于思政课建设长期以来形成了一系列规律性认识和成功经验，这为办好思政课提供了重要基础。这些方面，都是我们有充分信心办好思政课的根据所在。在学校思想政治理论课教师座谈会上，习近平总书记对这些有力支撑办好思政课信心的方面给予了全面、深刻的阐述。深入理解党对思政课建设的高度重视、深入理解中国特色社会主义理论和实践的历史性开创性成就、深入理解中华文化的博大精深及其创新发展、深入理解思政课建设的丰富积累与宝贵经验，是思政课教师形成并提升自己职业素养的内在要求，也是增进办好思政课信心和底气的重要前提所在。

思政课教师要发挥办好思政课的关键作用，必须有过硬的素质。教师是讲台上的主角。教师的素质，是教师演绎教育精彩的主体性根据，是一切积极的外在条件真正发挥有益于教育活动顺利推进重要作用的内在依托。对于教师的素质及其建设的重要意义，习近平总书记反复论及。他强调："教师队伍素质直接决定着大学办学能力和水平"①，"建设政治素质过硬、业务能力精湛、育人水平高超的高素质教师队伍是大学建设的基础性工作"②。他还多次从建设社会主义现代化强国、信息化的不断发展、知识获取方式和传授方式以及教和学关系的革

---

① 习近平：《在北京大学师生座谈会上的讲话》，人民出版社 2018 年版，第 7—8 页。

② 习近平：《在北京大学师生座谈会上的讲话》，人民出版社 2018 年版，第 8 页。

命性变化等不同维度，分析教师素质建设面临的新课题新要求。2014 年教师节前夕，在同北京师范大学师生代表座谈时，习近平总书记提出了好老师的四条标准，即有理想信念、有道德情操、有扎实学识、有仁爱之心。2018 年 5 月 2 日，在同北京大学师生代表座谈交流中，习近平总书记对这一标准予以再次重申。在 2016 年 12 月召开的全国高校思想政治工作会议上，习近平总书记强调："讲思想政治理论课，要让信仰坚定、学识渊博、理论功底深厚的教师来讲。"① 在 2018 年 9 月 10 日召开的全国教育大会上，习近平总书记强调："做老师就要执着于教书育人，有热爱教育的定力、淡泊名利的坚守。"② 对教师素质如此密集、明确的论述，所体现的无疑是习近平总书记对教师队伍素质建设的高度关注。在学校思想政治理论课教师座谈会上，习近平总书记专门向思政课教师提出了政治要强、情怀要深、思维要新、视野要广、自律要严、人格要正的要求。这"六个要"，是习近平总书记关于教师素质要求的思想针对思政课教师这一特殊教师群体进一步具体化的展开。政治要强，即要求思政课教师要有对马克思主义的坚定信仰、对社会主义和共产主义的坚定信念，要善于从政治上看问题，要能够坚定地全面贯彻党的教育方针。情怀要深，即要求思政课教师要有家国情怀、传道情怀、仁爱情怀，心里装着国家和民族，心中始终装着学生，对马克思主义理论教育事业投入真情实感、执着追求。思维要新，即思政课教师要坚持辩证唯物主义和历史唯物主义，善于运用创新思维、辩证思维，善于运用矛盾分析方法抓住关键、找准重点、阐明规律，创新课堂教

---

① 《习近平在全国高校思想政治工作会议上强调 把思想政治工作贯穿教育教学全过程 开创我国高等教育事业发展新局面》，《人民日报》2016 年 12 月 9 日。

② 《坚持中国特色社会主义教育发展道路 培养德智体美劳全面发展的社会主义建设者和接班人》，《人民日报》2018 年 9 月 11 日。

学。视野要广，即思政课教师要有宽广的知识视野、国际视野、历史视野，通过生动、深入、具体的纵横比较，把一些道理讲明白、讲清楚。自律要严，即思政课教师对自己要求要严格，既要遵守教学纪律，也要遵守政治纪律和政治规矩，信道守道践道，自觉弘扬主旋律，积极传递正能量。人格要正，即思政课教师要有堂堂正正的人格，用高尚的人格感染学生、赢得学生。这些要求，贯穿知、情、信、意、行诸方面，对思政课教师应有的综合素质给出了全面勾勒，是思政课教师队伍素质培养培训的"课标"，也是思政课教师自觉修养、练本领强素质的指南。思政课教师要在不断增强本领、提高素质的过程中，努力成为塑造学生品格、品行、品位的"大先生"。

思政课教师要发挥办好思政课的关键作用，必须有不断改革创新的自觉。改革创新是时代精神的集体体现。在这个世界面临百年未有之大变局、经济社会正经历前所未有大变革的时代，唯有永不停顿的改革创新者，才能跟上这个时代、引领这个时代。思政课教学既身处飞速变化的现实之中，也面对着思维空前活跃、身心迅速成长的青少年，唯有永不停顿地改革创新，才能与时代同行，才能与教育对象进行有效的心灵交流、引发深层的思想共鸣。正因如此，习近平总书记多次强调："思政课建设要向改革创新要活力"①，要"推动思想政治理论课改革创新，不断增强思政课的思想性、理论性和亲和力、针对性"②。2020 年 9 月 22 日，与教育文化卫生体育领域专家代表座谈时，习近平总书记也再次提出，要"深化学校思想政治

---

① 习近平：《思政课是落实立德树人根本任务的关键课程》，人民出版社 2020 年版，第 17 页。

② 习近平：《思政课是落实立德树人根本任务的关键课程》，人民出版社 2020 年版，第 17 页。

理论课改革创新"①。在学校思想政治理论课教师座谈会上，习近平总书记提出了思政课要向改革创新要活力的明确要求，也就如何深化思政课改革创新作出了一系列精辟论述。他强调，推动思政课改革创新，要坚持政治性和学理性相统一、坚持价值性和知识性相统一、坚持建设性和批判性相统一、坚持理论性和实践性相统一、坚持统一性和多样性相统一、坚持主导性和主体性相统一、坚持灌输性和启发性相统一、坚持显性教育和隐性教育相统一。这八个"相统一"，贯穿守正创新的根本原则，深刻阐述了思政课教学中一系列重要矛盾关系的正确处理问题，揭示了思政课教学改革创新应当遵循的基本原则，是对思政课教学改革创新规律的清晰呈现，也是对长期以来思政课教学改革创新中的一些模糊认识、争论话题的明确引导和透彻解答。深入推进思政课的改革创新，要求我们整体把握、全面理解、融会贯通八个"相统一"。习近平总书记将坚持这些原则推进思政课改革创新称为"打好组合拳"。他强调："只有打好组合拳，才能讲好思政课，但无论组合拳怎么打，最终要落到把思政课讲得更有亲和力和感染力、更有针对性和实效性上来，实现知、情、意、行的统一，叫人口服心服。"② 始终把握住思政课教学的目标指向，在此基础上打好八个"相统一"的"组合拳"，思政课的改革创新才能真正取得实际成效。

思政课教师要发挥办好思政课的关键作用，必须不断涵养职业认同感、葆有职业荣誉感。高度的职业认同感、强烈的职业荣誉感，是成就事业的强大内驱力。中华民族素有尊师重

---

① 习近平：《在教育文化卫生体育领域专家代表座谈会上的讲话》，《人民日报》2020年9月23日。

② 习近平：《思政课是落实立德树人根本任务的关键课程》，人民出版社2020年版，第23页。

教、崇智尚学的优良传统。对于教育的重要性、教师职业的光荣，党的十八大以来，习近平总书记也反复论及，强调"教育是提高人民综合素质、促进人的全面发展的重要途径，是民族振兴、社会进步的重要基石"①，赞誉"教师是人类历史上最古老的职业之一，也是最伟大、最神圣的职业之一"②，"教师是人类灵魂的工程师，是人类文明的传承者，承载着传播知识、传播思想、传播真理，塑造灵魂、塑造生命、塑造新人的时代重任"③。但在看到教师群体在整体上具有强烈职业认同感、荣誉感的同时，还需客观承认的是，在一些人心中，对思政课教师的职业认同度不高，一些思政课教师的职业荣誉感不强。一些人误以为，思政课教学没有学术含量，思政课教师没有学术水平。如此等等的思想观念，直接影响着思政课教师办好思政课的积极性主动性。在学校思想政治理论课教师座谈会上，习近平总书记特别指出："调动思政课教师的积极性、主动性、创造性，必须增强教师的职业认同感、荣誉感、责任感。"④ 思政课教学涉及马克思主义哲学、政治经济学、科学社会主义，涉及经济、政治、文化、社会、生态文明和党的建设，涉及改革发展稳定、内政外交国防、治党治国治军，涉及党史、新中国史、改革开放史、社会主义发展史，涉及世界史、国际共运史，涉及世情、国情、党情、民情，等等，其中不仅有学问，而且是有"大学问"，"其学术深度广度和学术

① 《坚持中国特色社会主义教育发展道路 培养德智体美劳全面发展的社会主义建设者和接班人》，《人民日报》2018年9月11日。
② 习近平：《做党和人民满意的好老师——同北京师范大学师生代表座谈时的讲话》，人民出版社2014年版，第2页。
③ 《坚持中国特色社会主义教育发展道路 培养德智体美劳全面发展的社会主义建设者和接班人》，《人民日报》2018年9月11日。
④ 习近平：《思政课是落实立德树人根本任务的关键课程》，人民出版社2020年版，第25页。

含金量不亚于任何一门哲学社会科学！"① 讲好思政课，不仅有"术"，也有"学"，更有"道"。在与学校思政课教师的交流中，习近平总书记专门讲了自己亲自到高校给学生讲思政课的经历和体验，并称："思政课教学是一项非常有创造性的工作"②，"讲好思政课不容易，因为这个课要求高"③。思政课教师要深刻把握思政课的特殊性和重要性，体悟思政课教学中所内含的"道""学""术"，增强职业认同感和职业荣誉感，并不断练好内功、提升素质，更好地展现思政课教学的"道""学""术"，赢得学生的认可，也赢得学术界、教育界同仁及社会多方面的认可和尊重。

三　构建办好思政课的强大合力

办好思政课，教师是关键。但是，教师关键作用的有效发挥，还有赖于一系列条件和因素支撑；思政课建设的有效加强改进，进而学生思想政治教育的有效加强改进，任何时候也都离不开强大的合力推动。在学校思想政治理论课教师座谈会上，习近平总书记充分肯定了这些年来思政课建设取得的显著成效，但同时也明确指出了思政课建设中仍然存在的一些亟待解决的问题：如有的地方和学校对思政课重要性认识还不够到位；教师选配和培养工作还存在短板，队伍结构还要优化，整

---

① 习近平：《思政课是落实立德树人根本任务的关键课程》，人民出版社2020年版，第25页。
② 习近平：《思政课是落实立德树人根本任务的关键课程》，人民出版社2020年版，第14页。
③ 习近平：《思政课是落实立德树人根本任务的关键课程》，人民出版社2020年版，第10页。

体素质还要提升；体制机制还有待完善，评价和支持体系有待健全；各类课程同思政课建设的协同效应还有待增强；学校、家庭、社会协同推动思政课建设的合力没有完全形成，全党全社会关心支持思政课建设的氛围不够浓厚；等等。切实解决这些问题，是更好调动思政课教师积极性主动性、更好提升思政课教学亲和力和感染力、针对性和实效性的客观要求。在解决这些问题、推动开创新时代思政课建设新局面的过程中，我们需要切实加强和改进党对思政课建设的领导，有效构建、凝聚办好思政课的强大合力。

一是要切实加强党的领导。习近平总书记多次强调指出："办好中国的事情，关键在党。"① 办好思政课，同样要加强和改进党的领导。在高度重视思政课建设方面，习近平总书记和党中央提出了明确要求，也作出了积极示范。各级党委要增强"四个意识"、坚定"四个自信"，坚定不移维护党中央权威和集中统一领导，自觉在政治立场、政治方向、政治原则、政治道路上同党中央保持高度一致，认真学习习近平总书记关于教育、关于学校思想政治工作、关于思政课建设的重要论述，将办好思政课的各项要求落在实处。要深刻认识到教育是国之大计、党之大计，自觉从世界百年未有之大变局、党和国家事业发展全局中来看待思政课，从坚持和发展中国特色社会主义、建设社会主义现代化强国、实现中华民族伟大复兴的高度来对待思政课，增强办好思政课的认识自觉和行动自觉。要坚定不移地坚持社会主义办学方向，掌握高校思想政治工作主导权，保证高校始终成为培养社会主义事业建设者和接班人的坚强阵地，为思政课建设的加强改进、创新发展营造良好的大环境。

---

① 习近平：《思政课是落实立德树人根本任务的关键课程》，人民出版社2020年版，第24页。

在办学的大方向上游移不定、含混不清者，绝不可能对思政课建设真心重视、有效领导。要将思政课建设列入党委工作的大事之列，摆上重要议程，抓住制约思政课建设的突出问题，在工作格局、队伍建设、支持保障等方面采取有效措施，提高思政课教学岗位对优秀人才的吸引力，让思政课教师特别是青年教师的创造活力竞相迸发、聪明才智充分涌流。此外，学校主要领导要率先行动、示范引领。大学的领导干部是教育者，更应该是政治家。习近平总书记强调："各地区各部门负责同志要积极到学校去讲思政课，这是对马克思主义水平的一个考验。能不能讲好思政课，也是一个领导干部政治素质、理论水平、工作作风的体现。"① 学校党委书记、校长要带头走进课堂，带头推动思政课建设，带头联系思政课教师，将对思政课建设的重视真切地体现在具体的行动上。

二是要进一步浓厚信赖尊重思政课教师、关心支持思政课教学的环境和氛围。对于思政课建设，要将从严管理和科学治理结合起来。从严管理，就是要以更高质量标准实施教学管理、严肃教学纪律、强化师资队伍素质建设，正师德、肃师风，在思政课教师选用、管理、考核中要严把政治关、师德关、业务关。科学治理，就是要遵循教育规律、思政课建设与教学规律，将对思政课教师和教学的管理建立在对教育教学科学规律的自觉遵循之上，建立在对中国特色社会主义本质规定的深刻把握之上。其中，尤其是要注重加快推进构建符合思政课特点的教师评价、教学评价体系。习近平总书记指出："要改革思政课教师评价机制，提高评价中的教学和教学研究占比，克服唯文凭、唯论文、唯帽子等弊端，引导思政课教师把

---

① 习近平：《思政课是落实立德树人根本任务的关键课程》，人民出版社2020年版，第28页。

主要精力放在教书育人上。一些学校口头上把思政课捧得很高，但落实不到教育、学术、人才评价机制上，有的跟国外机构设置的评价体系走，一切以在国外期刊上发表论文情况排次、定序、论英雄。思政课专业没办法在所谓国际期刊上发表论文，自然而然成为被价值评价体系排斥的对象，甚至有的学校的思想政治教育学院系都没有办法通过正常渠道进人、评职称，有的靠学校特批照顾。久而久之，有的地方形成了思想政治专业非学术、无学术等极为错误的观点和氛围，给一些思政课教师造成很大心理阴影，严重影响了他们的工作热情。"①要通过符合思政课特点的教师评价、教学评价体系的构建和完善，为办好思政课确立有力的制度保障，为思政课教师积极性主动性的充分调动、创造活力的充分激发创造有利的制度环境。与此同时，还要为思政课教师的教学科研营造宽松和谐的环境。习近平总书记指出："遵守纪律，不意味着不能讲矛盾、碰问题。有的教师怵于思政课的意识形态属性，担心祸从口出，总是绕开问题讲、避开难点讲。只要坚持正确政治方向，立足于引导学生坚定理想信念，全面客观看问题，就不用担心在政治上出问题。要给教师充分的信任，不抓辫子、不扣帽子、不打棍子。"② 在这样的良好环境中，思政课教师传道授业、释疑解惑、引导认识、夯实信仰的作用，才会得到更好的发挥。

三是要推进学校思政课教学、思想政治教育的横向一体、纵向贯通。就横向而言，要构建全员全过程全方位的育人体系和育人机制。学校是教育之所在，它的每一个方面每一个场域

---

① 习近平：《思政课是落实立德树人根本任务的关键课程》，人民出版社2020年版，第26页。

② 习近平：《思政课是落实立德树人根本任务的关键课程》，人民出版社2020年版，第16页。

都是育人的所在。如果将立德树人的任务，仅仅诉之于学校教育的某一个方面，包括仅仅诉之于思政课，那么，立德树人的任务是绝对不可能圆满实现的。立德树人的有效推进，一定是整体性的，是学校教育中方方面面的共同事业。这就要求在学校真正建立全员全过程全方位的育人体系、育人机制，将思想政治工作体系贯穿融入学校教育体系的各个方面各个环节。在这样的合力体系中，深化思政课教学与学生思想政治教育各方面的对接、协同，深化思政课教学与各业课程的相互配合、相互支撑，以整体的合力，推动思政课改革创新的深化，推动立德树人成效的提升。就纵向而言，要推进大中小学思政课教学的一体化建设进程。要坚持大中小学纵向主线贯穿、循序渐进，针对不同学段，根据思想政治理论教育规律和学生成长规律科学设置具体教学目标，抓好教学目标设计、课程设置、教材编写、教学改革、教师培养、考核评价等环节，让思政课成为青少年健康成长的"知心伴行者""入心引导者"。此外，构建办好思政课的强大合力，还要注意进一步深化探索家校合作的有效机制，深化探索思政小课堂同社会大课堂有机结合的新方法新模式。

当今时代，中华民族正站在一个新的历史起点上，正在展开实现第二个百年奋斗目标的伟大征程。努力培养担当民族复兴大任的时代新人，是伟大的时代吹响的教育号角。让我们认真学习习近平总书记关于教育的重要论述，深入体会并落实习近平总书记在学校思想政治理论课教师座谈会上的重要讲话精神，努力办好思政课，担负起思政课教师的神圣使命，发挥好思政课教学在学校立德树人中的关键作用，为新时代民族复兴伟业的新推进贡献应有的力量。

（本文原刊于《国家教育行政学院学报》2021 年第 1 期）

用习近平新时代中国特色社会主义思想铸魂育人

浇花浇根，育人育心，"心之精爽，是谓魂魄；魂魄去之，何以能久？"① 2019 年 3 月，习近平总书记在学校思想政治理论课教师座谈会上提出的"用新时代中国特色社会主义思想铸魂育人"②，是对党的十八大以来关于教育和学生成长成才一系列新思想、新观点、新要求的凝练和升华，是新时代中国特色社会主义教育事业与时俱进完成立德树人根本任务的前提基础，更是引导青年一代强化信仰信念信心、勇担民族复兴大任的必然要求。高校是青年大学生从象牙塔步入社会大学堂的最后一站，是思想文化传播传承创新高地，也是国内外社会思潮和意识形态交锋的前沿阵地。这些因素使得以习近平新时代中国特色社会主义思想铸魂育人变得尤为必要和紧迫。适应新生代大学生成长成才的新境况、新特征、新需求，高校承担并完成好铸魂育人的任务和目标，需要坚持理论与实践的统一，思想与情怀的统一，深知与笃行的统一，显性与隐性的统一。

---

① 《左传·昭公二十五年》。
② 习近平：《思政课是落实立德树人根本任务的关键课程》，人民出版社 2020 年版，第 6 页。

一 坚持理论与实践的统一

理论与实践相统一是马克思主义最重要的理论品质，也是我们党的优良传统和工作作风，更是一种科学的思想方法和工作方法。党的十八大以来，以习近平同志为主要代表的中国共产党人继承和发扬这一重要理论品质和科学方法，与时俱进地提出了一系列原创性的新理论新观点，形成了马克思主义中国化的最新成果，创立了习近平新时代中国特色社会主义思想。作为21世纪的马克思主义、当代中国的马克思主义，习近平新时代中国特色社会主义思想是党和人民实践经验和集体智慧的结晶，同时也正在且将长期指导新时代中国特色社会主义的伟大实践，并在实践中不断接受检验、发展升华。在实践中酝酿理论、用理论指引实践、在实践中升华理论，一次次螺旋上升的过程，是理论创新发展的基本规律。用习近平新时代中国特色社会主义思想铸魂育人，也要求我们坚持理论与实践的统一，更好地讲透理论，服务实践，赢得学生的信任。

一要将理论逻辑阐释和实践逻辑阐释相结合，确保用习近平新时代中国特色社会主义思想武装头脑。用习近平新时代中国特色社会主义思想铸魂育人，首先要聚焦理论本身，向学生阐述清楚其诞生的理论渊源和实践基础、蕴涵的理论逻辑和实践逻辑。从诞生的理论渊源和实践基础而言，习近平新时代中国特色社会主义思想继承和发展了马克思列宁主义、毛泽东思想、邓小平理论、"三个代表"重要思想、科学发展观，也传承和弘扬了中华优秀传统文化、革命文化和社会主义先进文化，与此同时还吸收借鉴了世界优秀文明成果；它孕育于习近平总书记从基层到中央涉及多个领域扎实牢靠的从政实践，根植于我国革命、建设和改革中不畏艰辛的探索实践和成功经验，建构于党的十八大以来党中央团结带领全党全国各族人民所进行的一系列鼓舞人心的创新实践，着眼于完成"两个一百年"奋斗目标和实现中华民族伟大复兴的伟大实践。从蕴含的理论逻辑和实践逻辑而言，习近平新时代中国特色社会主义思想系统完备、逻辑严密，它以新的世情国情为考量，以人民为中心，以坚持和发展中国特色社会主义为核心要义，回答了新时代"坚持和发展什么样的中国特色社会主义、怎样坚持和发展中国特色社会主义"这一重大时代课题。与此同时，还为完成这一课题提供了具体的、可供操作的科学思想方法和工作方法，如实事求是、问题导向、调查研究、抓铁有痕等。在用习近平新时代中国特色社会主义思想铸魂育人的过程中，既要教授好习近平新时代中国特色社会主义思想的理论渊源，又要讲述好其实践基础；既要讲解好其理论架构和要义内容，又要助力学生明确其战略部署，掌握其科学方法。

二要将理论育人和实践育人相结合，推动习近平新时代中国特色社会主义思想入心入行。理论育人重在发挥学生抽象思维作用，通过清晰深刻地阐释和分析理论，达到用科学的理论、观点和方法武装学生头脑的目的，使学生从思想层面认知理论。但是，唯有通过具象化的实践检验理论的真理性，才能真正提高理论的说服力。因此，坚持理论与实践的统一还要求我们将理论育人和实践育人相结合，在理论入脑的基础上，以更加具体化、形象化的方式推动理论入心入行。理论育人和实践育人的结合要统观课内课外，课内可以契合理论教学主题，适度提高实践教学比重，例如以课堂讨论、演讲、辩论、案例分析、专题报告、情景剧等方式发挥学生主观能动性，加深其对课堂所学内容的理解和感知。在课外，一方面可以通过校园实践育人，如以校园知识竞赛、主题大赛、文艺汇演等方式，侧重以更鲜活、更生动的方式加深对某一主题、某一专题的知识掌握和理解；另一方面，可以通过社会实践育人，如以政策宣讲、参观考察、社会调查、公益服务、人物访谈、专业实习等方式，使学生进一步澄明理论学习中的疑点难点问题，并用理论指导社会实践，用社会实践检验理论。社会实践育人不仅能加深学生对某一知识、某一主题、某一专题的认识和理解，还有助于学生在亲身实践中全面感知理论，助其在社会大课堂中树立正确的世界观、人生观和价值观，掌握正确的方法论，弥补学生个人身心健康、知识视野、方式方法等方面的不足，教育引导学生"立鸿鹄志，做奋斗者"[①]。

三要将理论的创造性运用与学生成长成才的主体诉求和重大关切相结合，增进铸魂育人针对性、实效性。"00 后"逐步进入大学校园，与以往大学生相比，他们拥有更丰富优越的物质生活、更开放便捷的信息获取渠道、更包容民主的家庭环境，并受到了较之以往更高质量、更多样丰富的教育滋养。2019 年"腾讯 00 后研究报告"显示，"00 后"在价值观方面更为明显地表现出对大自然的关爱、对社会的关注以及对世界上不平等情况的关注，与此同时他们也更为自主、开放和追求自我超越。[②] 我们课题组所承担的"中国大学生思想政治教育发展报告"项目中的部分调查数据，也反映出了"00 后"在价值观方面表现出的关注社会、关注世界的新特征。总之，教育对象新的生长环境和新的思想行为特征给铸魂育人工作带来了挑战，也创造了机遇。这要求我们在用习近平新时代中国特色社会主义思想铸魂育人的过程中，不仅要教授理论，更要提

---

① 习近平：《思政课是落实立德树人根本任务的关键课程》，人民出版社 2020 年版，第 21 页。

② 《进取的 00 后——2019 腾讯 00 后研究报告》，腾讯网（https://file. tencentads. com/web/pdf/index/279f4b12913afb28）。

高学生对理论进行创造性运用的能力。一方面，要切实关注学生的主体诉求，注重运用理论回应学生现实关切，解答现实疑惑，导引学生成长成才；另一方面，要密切跟踪正在发生和广为传播的重大实际问题和新闻舆论，不回避矛盾和热点，不忌讳争论和反驳，以深厚的理论功底、积极自信的态度和敏锐的洞察力，回应和解说引发学生关注的焦点问题。

二　坚持思想与情怀的统一

作为思想理论体系，习近平新时代中国特色社会主义思想的形成深含着中国共产党人的初心使命，也深含着习近平同志为国为民、关怀天下的深厚情怀。可以说，"为人民谋幸福，为民族谋复兴，为世界谋大同"① 集中展现了习近平新时代中国特色社会主义思想的思想精髓、价值取向、使命担当和格局境界。用习近平新时代中国特色社会主义思想铸魂育人，既要强调以其理性的、真理的力量感召和培养学生，又要注重用其感性的、情怀的力量感染和化育学生，情理交融，以思想促生情怀，以情怀涵养思想，培养既有知识基础，又有高尚大德的社会主义建设者和接班人。

一要在马克思主义立场、观点和方法的培育中帮助学生领悟习近平新时代中国特色社会主义思想的思想精髓和价值旨归。作为无产阶级的伟大导师，马克思不仅为我们提供了科学认识世界和改造世界的思想武器，而且也为我们留下了为人类献身、为无产阶级共产主义事业奋斗的崇高精神品格，也正因为如此，促成了马克思主义在科学思想体系与高尚情怀方面的

---

① 《习近平会见联合国秘书长古特雷斯》，《人民日报》2018 年 4 月 9 日。

有机统一。用习近平新时代中国特色社会主义思想铸魂育
人，就要教导学生学习好马克思主义的立场、观点和方法，
帮助其透彻理解习近平新时代中国特色社会主义思想。人民
立场是马克思主义的根本立场，习近平总书记在纪念马克思
诞辰200周年大会上的讲话中指出："我们要始终把人民立
场作为根本立场，把为人民谋幸福作为根本使命，坚持全心
全意为人民服务的根本宗旨。"① 也是在这次讲话中，习近平
总书记从学习和实践马克思主义关于人类社会发展规律的思
想、关于坚守人民立场的思想、关于生产力和生产关系的思
想等方面概括了新时代学习和实践马克思主义的核心要点。
这些马克思主义的思想观点贯彻于习近平新时代中国特色社
会主义思想，并通过经济、政治、文化、社会、生态文明建
设的系列论述和国家治理的实际行动体现出来。与此同时，
习近平新时代中国特色社会主义思想沿用并发展和细化了马
克思主义唯物辩证、实事求是的思想方法和群众路线的工作
方法，发展和创新了符合中国实际情况和人民接受习惯的实
事求是、问题导向、调查研究、抓铁有痕等思想方法和工作
方法，使思想理论能够真正落地有声、生根发芽。用马克思
主义的立场、观点和方法理解和领悟习近平新时代中国特色
社会主义思想，助力学生把对马克思主义的信仰、对中国特
色社会主义的信念、对实现中华民族伟大复兴中国梦的信
心，建立在对科学理论的理性认同上，对科学方法的准确把
握上，对崇高精神品格的价值认同上。唯有如此，才能为情
怀树立指路的灯塔，规划前行的路标。

二要生动阐述博大情怀在习近平新时代中国特色社会主义

①　习近平:《在纪念马克思诞辰200周年大会上的讲话》，人民出版社2018
年版，第17页。

思想形成中的重大作用。习近平同志出生于革命家庭，"为人民服务，就是对父母最大的孝"① 的革命家风熏陶和濡染了习近平同志，支撑他从西北到华北到东南沿海到全国，从农村大队党支部书记到党的总书记，从基层军官到军委主席，从普通公民到国家主席。在梁家河，年轻的习近平同志不断思考着"生存还是毁灭"的问题，最后他"立下为祖国、为人民奉献自己的信念"②。从清华大学毕业后，在军委办公厅工作的习近平放弃优越条件，主动申请到正定县做基层工作，对此他的解释是："在百废待兴、改革初起的当下，我们这些有了觉悟的人，就必须站出来身体力行，投身于改革开放的第一线，能做多少就做多少，能改变多少就改变多少。如果大多数人都这么想、这么做，这个国家的未来就大有希望了。"③ 在福建，面对改革难题，他鼓励大家："改革要有一个'敢'字，'要勇挑重担，敢于迎难而上；大胆开拓，敢为天下先'。"④ 在浙江，他经常提及："老百姓在干部心中的分量有多重，干部在老百姓心中的分量就有多重。"⑤ 在上海，他提出："把增加农民收入、改善农民生活作为农村改革发展的出发点和落脚点。"⑥ 党的十九大报告全文共 3 万多字，"发展"一词共出现

---

① 齐心：《忆仲勋——纪念习仲勋同志 100 周年诞辰》，《人民日报》2013 年 10 月 18 日。

② 习近平：《共倡开放包容 共促和平发展——在伦敦金融城市长晚宴上的演讲》，人民出版社 2015 年版，第 11 页。

③ 邱然、陈思、黄珊：《"近平把战略眼光和务实精神结合起来，很了不起"——习近平在正定》，《学习时报》2018 年 2 月 9 日。

④ 吴毓健、林侃、方炜杭：《改革争先 击水中流——习近平总书记在福建的探索与实践·改革篇》，《福建日报》2017 年 7 月 17 日。

⑤ 吴建平：《掂掂群众在心里的分量》，《浙江日报》2013 年 8 月 7 日。

⑥ 习近平：《坚定走科学发展之路 加快推进"四个率先"努力开创"四个中心"和社会主义现代化国际大都市建设的新局面——在中国共产党上海市第九次代表大会上的报告》，《上海支部生活》2007 年第 6 期。

232 次，是位列第一的高频词，"人民"一词紧随其后，共出现 203 次。正是这些点点滴滴的积累和始终如一的为国为民情怀，筑牢了习近平新时代中国特色社会主义思想的大厦。在将习近平新时代中国特色社会主义思想铸魂育人的过程中，要挖掘这些对习近平新时代中国特色社会主义思想形成起到重要作用的生动鲜活的情怀故事，加强习近平新时代中国特色社会主义思想的说服力、感染力和感召力。

三要着力厚植习近平新时代中国特色社会主义思想所蕴含的深厚情怀。其一，厚植爱国主义情怀。爱国主义的精神基因历经中华民族五千年文明史生生不息，无数先贤写下了忧国忧民、先国后家的壮丽诗篇。党的十八大以来，习近平总书记结合新时代的特点和使命任务，丰富了爱国主义的思想内涵。以习近平新时代中国特色社会主义思想铸魂育人，就要引导学生"把爱国情、强国志、报国行自觉融入坚持和发展中国特色社会主义、建设社会主义现代化强国、实现中华民族伟大复兴的奋斗之中"①。其二，厚植人民情怀。深刻把握习近平新时代中国特色社会主义思想的价值旨归，深度领悟"我将无我，不负人民"的精神境界，将"人民"作为思想传播和学习的出发点和落脚点，培育学生传承大爱精神，践行群众路线，勇于为民担当。其三，厚植民族情怀。民族情怀源于对民族文化及其共同价值观念、理想信念的认同与坚守，深刻影响民族凝聚力和向心力。唯有不断"深化民族团结进步教育，铸牢中华民族共同体意识"②，才能"培养担当民族复

---

① 习近平：《思政课是落实立德树人根本任务的关键课程》，人民出版社 2020 年版，第 7 页。

② 习近平：《决胜全面建成小康社会　夺取新时代中国特色社会主义伟大胜利——在中国共产党第十九次全国代表大会上的报告》，人民出版社 2017 年版，第 40 页。

兴大任的时代新人"①。其四，厚植人类情怀。人类情怀孕育了马克思主义，也是中国人民在历史上所留下的重要期许，更是中国共产党人面对和解决问题的重要依托。习近平总书记提出的"构建人类命运共同体"重要战略思想，正是对马克思主义者和中国人民长久以来积累的人类情怀的传承、创新和发展。因此，要向学生透彻阐释习近平总书记着眼人类发展和世界前途所提出的中国理念、中国方案，助力学生厚植人类情怀、世界情怀。

四要发挥教师在思想感召、情怀感染方面的巨大作用。以习近平新时代中国特色社会主义思想铸魂育人不是简单的知识教育，而是要帮助学生筑牢马克思主义信仰、坚定中国特色社会主义信念、树立实现中华民族伟大复兴中国梦的信心，真正做到启迪思想、升华人格。在学校思想政治理论课教师座谈会上，习近平总书记强调思想政治理论课教师"情怀要深""人格要正"。② 这要求新时代的教师必须以身作则，用习近平新时代中国特色社会主义思想提升个人境界，培育深厚情怀。正所谓"人能弘道，非道弘人"③，教师唯有自觉用习近平新时代中国特色社会主义思想提升自我、修养自身，领悟蕴含其中的爱国情怀、人民情怀、民族情怀和人类情怀，才能真正作为学为人的表率，用高尚的人格感染学生、赢得学生。为此，教师首先应在工作岗位中以身作则、率先垂范，在党和人民的伟大实践中关注时代、关注社会，汲取养分、丰富思想，做到爱岗敬业、尽职尽责，传播思想、关爱学生，自觉承担起教师立

---

① 习近平：《思政课是落实立德树人根本任务的关键课程》，人民出版社2020年版，第10页。

② 习近平：《思政课是落实立德树人根本任务的关键课程》，人民出版社2020年版，第13—16页。

③ 《论语·卫灵公》。

德树人、铸魂育人的光荣历史使命。其次，教师应提高自律意识，做到课上课下一致、网上网下一致，时刻不忘弘扬主旋律，传递正能量。最后，作为在学生间有着广泛影响力和示范效应的个人，教师应有积极向上的兴趣爱好、广阔高远的思想境界，以强大的人格魅力感染和感召学生。

三　坚持深知与笃行的统一

知行观是中国传统哲学的重要命题，集中体现了认识论和方法论的统一。中国共产党历来重视知与行这对深层次矛盾，党的十八大以来，习近平总书记多次向领导干部强调并寄语青年要做到"知行合一"，他指出："'知'是基础、是前提，'行'是重点、是关键，必须以'知'促'行'，以'行'促'知'，做到知行合一，既解决认识提高问题，又解决行动自觉问题。"① 坚持"知行合一"，是站在学生的角度，强调发挥学生主体性作用，助其以更加主动的姿态坚定理想信念，积极担当作为。坚持"深知与笃行"的统一，是要在"知行合一"的基础上，促进学生对习近平新时代中国特色社会主义思想的认知和贯彻落实由自发走向自觉、由片面走向全面、由浅层走向深度、由短期走向持续。不但要引导学生知，而且要使其深知，通过提高其理论自觉和自信，增进其行动意愿和能力；不但要引导学生行，而且要使其笃行，推动其持之以恒地将所知贯彻于所行，并以此不断加深

---

① 中共中央文献研究室、中央党的群众路线教育实践活动领导小组办公室编：《习近平关于党的群众路线教育实践活动论述摘编》，党建读物出版社、中央文献出版社 2014 年版，第 39—40 页。

和升华所知。

一要以学深悟透促笃行。学懂弄通习近平新时代中国特色社会主义思想是做实的前提和基础。首先，要引导学生回归原典。发扬"读原著、学原文、悟原理"这一党的理论武装工作的优良传统，通过阅读原著原文，直接与马克思主义经典著作、与习近平新时代中国特色社会主义思想对话，弥补课堂学习可能存在的只知要义不知全貌等不足，提高学习自主性，增进学习深度，力求从经典中汲取真理力量。其次，要引导学生全面贯通。系统学习习近平新时代中国特色社会主义思想，明确其理论框架、核心要义、思想内涵以及各部分内容彼此之间的关系，深入理解其自身的理论逻辑；将学习习近平新时代中国特色社会主义思想同学习马克思列宁主义、毛泽东思想、邓小平理论、"三个代表"重要思想、科学发展观贯通起来，深入理解其形成的理论渊源；同学习党史、新中国史、改革开放史、社会主义发展史以及我们党进行伟大斗争、建设伟大工程、推进伟大事业、实现伟大梦想的实践贯通起来，深入理解其形成的实践基础；同学习中华优秀传统文化、革命文化、社会主义先进文化和世界优秀文明成果贯通起来，深入理解其形成背后的文化渊源。再次，要引导学生体悟精髓。坚持在认真学习领会习近平新时代中国特色社会主义思想基本内容的同时，准确理解掌握贯穿其中的马克思主义立场、观点和方法，努力做到知其言更知其义，知其然更知其所以然，欲摹写其情状，而心能自喻、口能自宣、笔能自传，真正在深层次上提高思想理论水平和实践能力。最后，要引导学生增强使命感和实践的自觉。以坚定的信仰、信念、信心，将个人的理想志愿同国家民族的前途命运相结合，使个人的目标追求同社会人民的需要相一致。在书本学习之外，坚持向专家学者学习、向实践学习、向人民学习，努力使所学与实际相联系，增进理论自觉与自信。唯有如此，才能提振笃行意识，增强笃行动力。

二要以奋楫笃行促深知。"空谈误国，实干兴邦"[1] 是对领导干部的要求，也是对每一个中国人的要求。正如习近平总书记所说："人世间的美好梦想，只有通过诚实劳动才能实现；发展中的各种难题，只有通过诚实劳动才能破解；生命里的一切辉煌，只有通过诚实劳动才能铸就。"[2] 身为担当民族复兴大任的时代新人，更应以实干和笃行推动个人成长、国家进步。首先，要养成积极笃行的态度。要将习近平总书记"马上就办"的工作精神和工作方法，应用到对习近平新时代中国特色社会主义思想的践行上去，将习近平新时代中国特色社会主义思想融入日常学习生活，转化为推动个人和社会进步的物质力量，避免只知不行或者行动犹豫拖沓，努力做到在行动中感悟习近平新时代中国特色社会主义思想。其次，要掌握科学笃行的方法。在学懂弄通习近平新时代中国特色社会主义思想的基础上，以科学理论为指导，运用马克思主义尤其是中国共产党在实践中形成的科学思想方法和工作方法，做有利于个人成长、有利于国家发展社会进步的实事，避免无知自大、盲目行动。最后，要培养顽强笃行的毅力。要立足长远发展，坚持以知促行、以行促知，循环往复，永不间断；要克服短期行为，以"钉钉子"精神求真务实，磨砺坚强意志，将行动中短暂的胜利作为继续前行的动力，将遭遇的风险和挑战当作对自己能否真正做到深知笃行的考验和进一步深知笃行的契机，稳扎稳打，坚定前行。

---

① 《习近平谈治国理政》第 1 卷，外文出版社 2018 年版，第 36 页。
② 《习近平谈治国理政》第 1 卷，外文出版社 2018 年版，第 46 页。

四　坚持显性与隐性的统一

显性教育是一种旗帜鲜明、计划周密、直接外显的教育形态，隐性教育则是一种目的隐蔽、潜移默化、润物无声的教育形态，两者在教育活动中对立统一、互为补充。提出显性与隐性的统一，就是要在高校与时俱进创新思想政治理论课并强化其主导地位，同时深入挖掘其他课程和教育资源的隐性育人作用，使二者有机互补、有效衔接。

一是思想政治理论课要在改革创新中提质增效，强化育人主导地位。思想政治理论课"是落实立德树人根本任务的关键课程"[①]，是思想政治教育的主渠道。推进思想政治理论课在改革创新中提质增效，强化育人主导地位，尤其要关注：首先，着力转换话语方式。话语应具生活化，语言生活化大众化是习近平总书记讲话的鲜明特点之一，譬如"撸起袖子加油干"[②]和"幸福都是奋斗出来的"[③]，分别位列 2017 年度和 2018 年度十大流行语之中，用公众熟悉和易于接受的方式拉近了距离、传递了思想、提高了影响；话语应具有亲和力，改变以往我说你听、自上而下、强势灌输的教育方式，将深厚的理论素养熔铸成学生乐于接受的语言，通过对话、沟通和交流引导学生探求真理；话语应具针对性，契合不同年龄段、不同

---

① 习近平：《思政课是落实立德树人根本任务的关键课程》，人民出版社 2020 年版，第 2 页。

② 《国家主席习近平发表二〇一七年新年贺词》，《人民日报》2017 年 1 月 1 日。

③ 《国家主席习近平发表二〇一八年新年贺词》，《人民日报》2018 年 1 月 1 日。

群体、不同学生的个性特征和实际所需,有针对性地改变言说方式,避免单一的概念式、大而化之的传统说教。其次,不断丰富教学方法和形式。在落实教学目标、课程设置、教材使用、教学管理等方面统一要求的同时,要因地制宜、因时制宜、因材施教,不断丰富教学方法和形式。例如,将大班授课、小班讨论与个人答疑相结合,提升理论育人深度;又如,以学习成果汇报、课堂辩论等形式发挥学生能动性,提高学生参与度;再如,结合当地独特的自然环境和历史文化或特殊时间节点,以具体案例丰富教学内容,或让学生通过亲身体验、调研、采访等形式,强化理论感触深度。再次,善于利用创新载体。选择契合习近平新时代中国特色社会主义思想的歌曲、视频、动画、影视作品等融入课堂教学内容;利用微博、微信、短视频 APP 等平台,打通课上课下、线上线下育人渠道;开发具有针对性的思想政治教育网络平台,完善其界面设计、交互模式,增强用户黏性。

二是其他课程要深入挖掘蕴含其中的思想政治教育资源,形成教学育人合力。习近平总书记在学校思想政治理论课教师座谈会上提出的"坚持显性教育和隐性教育相统一"中特别强调要"挖掘其他课程和教学方式中蕴含的思想政治教育资源"①。切实提高课程思政的育人效果,尤应做到:首先,组建专家团队系统谋划课程思政建设方案。由思想政治教育和其他专业课程领军人物共同组成专家团队,研究将习近平新时代中国特色社会主义思想融入其他课程的可行方案,以科学的、艺术的而不是粗糙的、生硬的方式发挥其他课程的铸魂育人作用。其次,做好课程思政示范点的建设、宣传和推介工作。结

① 习近平:《思政课是落实立德树人根本任务的关键课程》,人民出版社 2020 年版,第 23 页。

合统筹安排和自我推荐等多种方式，开展"课程思政"示范高校，课程、教学名师和团队以及教学研究示范中心的建设工作，分享学习成功经验，交流探讨实践心得。再次，健全教学成果评价体系。将政治理论素养、思想品德修养、创新精神与实践能力纳入学生考核评价；将其他课程思想政治教育资源的挖掘使用效果纳入教师考核评价；克服唯分数、唯升学、唯文凭、唯论文等顽瘴痼疾。

三是要充分运用校内其他教育资源的铸魂育人功能，勠力同心化育时代新人。在思想政治理论课教学和其他课程教学之外，高校内部还有非常丰富的其他教育资源，可以使不教之教、不言之化起到深远持久的育人效应。首先，要把习近平新时代中国特色社会主义思想融入管理育人、服务育人、环境育人各个环节。要强化高校制度建设，将习近平新时代中国特色社会主义思想中有关教育、学生成长成才和其他相关重要内容融入各项规章制度，形成良好校风、教风、学风，为铸魂育人目标任务提供制度保障。要优化高校服务效能，管理人员、后勤人员要谨记习近平总书记对"奋斗者"的温暖寄语，在自身岗位上以对本职工作的严谨热忱、高度的敬业精神和服务意识，以个人高尚的道德品质和对学生无微不至的关怀关照，触动学生思想，抵达学生灵魂。要美化高校校园环境，将习近平新时代中国特色社会主义思想与学校自然环境、历史文化、发展定位、人才培养要求等结合起来，建设整洁幽雅、美丽和谐、人文气息浓厚的校园环境。其次，要把习近平新时代中国特色社会主义思想融入校园文化建设。要着力构筑宣传攻势，以校园报纸、杂志、广播、电视台、新媒体等平台为载体，通过思想宣传、舆论引导、榜样激励等，促进学生自觉学习践行习近平新时代中国特色社会主义思想。要丰富校园文化活动，以形式多样、格调高雅、内涵深厚的文艺晚会、比赛竞赛、节庆纪念等，使学生在轻松愉悦的环境中接受习近平新时代中国特色社会主义思想的熏陶，并在活动参与中逐步实现个人成长和全面发展。例如，新中国成立 70 周年纪念日前后各大高校开展的"强国一代有我""我和我的祖国"快闪行动，在传播习近平新时代中国特色社会主义思想、繁荣校园文化的同时，展示了社会主义建设者和接班人积极向上的精神风貌。再次，要把习近平新时代中国特色社会主义思想融入校园朋辈教育。以学生党团组织、社团组织为载体，积极探索有效途径，发挥朋辈群体感染浸润作用。通过调研走访、参观考察、公益服务等形式增强感染力和号召力，让学生在亲身实践中、在与同辈的交往活动中潜移默化地学习领会并践行习近平新时代中国特色社会主义思想。

用习近平新时代中国特色社会主义思想铸魂育人事关国家意识形态安全、事关立德树人根本任务、事关国家发展民族复兴。高校要切实提高政治站位，把用习近平新时代中国特色社会主义思想铸魂育人作为首要任务落实和推进，持续为中国特色社会主义培养有信仰、有大德、有担当、有能力的合格建设者和可靠接班人。

（本文原刊于《思想理论教育》2020 年第 6 期，与王芸婷合作）

思政课教学中的问题意识及其转化与贯穿

高度重视高校思想政治理论课的建设，是我们党的优良传统，也是中国特色社会主义大学的重要特征。党的十八大以来，我们党坚持这一优良传统，因应时代的呼唤，守正创新、持续用力，推动高校思想政治理论课建设进入了朝气蓬勃的新阶段。习近平总书记称思想政治理论课建设是自己"非常关心的一件事"①，是自己"必须更多强调"②的工作，多次作出重要批示和指示，并于2016年12月7日出席全国高校思想政治工作会议发表重要讲话，于2019年3月18日主持召开学校思想政治理论课教师座谈会，对思想政治理论课建设深刻阐论、精心部署；在赴地方和学校考察调研的过程中，进课堂、会师生、听意见，反复叮嘱、殷殷期勉一定要切实办好思想政治理论课。习近平总书记的高度重视、明确要求、战略擘画和以身示范，为高校思想政治理论课改革创新、勇担使命指明了方向，也注入了强大动力。深入学习贯彻习近平总书记关于高校思想政治理论课建设的重要论述，是高校思想政治理论课展现

---

① 习近平：《思政课是落实立德树人根本任务的关键课程》，人民出版社2020年版，第3页。

② 习近平：《思政课是落实立德树人根本任务的关键课程》，人民出版社2020年版，第4页。

新风、培育新人、不负新时代的内在要求。

在习近平总书记关于高校思想政治理论课建设的重要论述中，有一极为重要的方面，即思想政治理论课教学要坚持问题导向、增强问题意识。他强调："学生的疑惑就是思政课要讲清楚的重点"①；"要把统筹推进大中小学思政课一体化建设作为一项重要工程，坚持问题导向和目标导向相结合，坚持守正和创新相统一，推动思政课建设内涵式发展"②。我们要深刻理解习近平总书记关于思想政治理论课教学问题导向、问题意识的重要论述，体会其中的精神要义，将之贯穿于思想政治理论课教学的改革创新之中。

一　增强问题意识

"什么叫问题？问题就是事物的矛盾。哪里有没有解决的矛盾，哪里就有问题。"③ 强调思政课教学要有问题意识，简言之，即思政课教师在教学过程中要有敏锐关注问题、积极回应问题的自觉意识。

增强问题意识，是教育的本质要求。问题与教育，是天然地紧密关联在一起的。在一定意义上可以讲，问题的存在，是教育产生的根源、存续的理由、发展的动力。古往今来，真正的学习者无不是怀着色彩斑斓的梦想和好奇、带着各式各样的问题走进学校、接受教育的，由不知而知、由不解而解、由传

---

① 习近平：《思政课是落实立德树人根本任务的关键课程》，人民出版社2020年版，第15页。

② 习近平：《思政课是落实立德树人根本任务的关键课程》，人民出版社2020年版，第27页。

③ 《毛泽东选集》第3卷，人民出版社1991年版，第839页。

承已知而探索新知，从而不断超越自我、实现成长；教育也正是在传道授业解惑的过程中，才得以实现自身的价值、推动人与社会的发展，继而不断发展自身。失去了问题意识，教育就迷失了本性、卸掉了本职。思政课教学作为教育的一种具体形式，显然也应贯穿教育的这种本质要求，始终葆有问题意识，在传道授业解惑中践履自己的教育使命。

但同时还要看到的是，思政课不是一般的教育形式，它在体现教育本性之一般的同时，还具有自己的特殊规定性。与一般的知识教育、技能教育等不同，思政课教学面对的是更为复杂的问题之域。"一个国家、一个民族不能没有灵魂。"① 思政课是塑造人与社会灵魂的课程，聚焦的是人的精神世界，要回答的是人生与社会发展中具有方向性、根本性的大问题，是集中体现教育政治属性的课程、集中开展意识形态教育的课程、立德树人的关键课程。"学校是意识形态工作的前沿阵地，可不是一个象牙之塔，也不是一个桃花源"②，"思政课的任务是传导主流意识形态"③，"要解决学生理想信念问题"④，"重在塑造学生的价值观"⑤，"政治引导是思政课的基本功能"⑥，

---

① 《习近平谈治国理政》第 3 卷，外文出版社 2020 年版，第 322 页。

② 习近平：《思政课是落实立德树人根本任务的关键课程》，人民出版社 2020 年版，第 6 页。

③ 习近平：《思政课是落实立德树人根本任务的关键课程》，人民出版社 2020 年版，第 19 页。

④ 习近平：《思政课是落实立德树人根本任务的关键课程》，人民出版社 2020 年版，第 12 页。

⑤ 习近平：《思政课是落实立德树人根本任务的关键课程》，人民出版社 2020 年版，第 18 页。

⑥ 习近平：《思政课是落实立德树人根本任务的关键课程》，人民出版社 2020 年版，第 17 页。

"思政课的本质是讲道理"①。这些方面聚合在一起，突显着思政课鲜明的政治性、价值性、思想性、现实性和复杂性，也意味着思政课会面对较之一般的知识教育、技能教育等更为多样、更为深层的"为什么"的发问。习近平总书记深刻指出："高校思想政治工作实际上是一个解疑释惑的过程。"② "解疑释惑"的本质规定性，决定了思想政治工作及思政课教学的开展，要有更为自觉的问题意识。

思政课教学所要解决的理想信念问题，所要塑造的价值观、实现的政治引导等，不是抽象的，而是具体的；世事的发展变化，都会直接或间接地作用于这些问题域，影响思政课教学所面对问题的密集程度、复杂程度及具体的发问形式；思政课教学所面对的青年学生，不是生活在真空中的，现实生活的复杂多样、各种社会思潮的相互激荡，都会直接或间接地影响、左右青年学生的思想观念、价值判断。当今时代，世界正经历百年未有之大变局。变局之"百年未见"，意喻变革之深广、动荡之频繁、不确定性之前所未有、综合国力竞争之激烈，意味着这是一个"多问"的时代，"世界怎么了""人类向何处去"等时代之题被更为切近地提置到世人面前。当代中国，正开拓着前无古人的中国特色社会主义事业，行进在中华民族伟大复兴的新征程中，也日益走近世界舞台中央。中华民族伟大复兴的战略全局和世界百年未有之大变局"同步交织、相互激荡"③，直面着新情况新问题的不断涌现。习近平总书记曾多次论及我们前行途中各种问题频现，强调要增长解决问题的新本领。如，2013 年 3 月，

---

① 《习近平在中国人民大学考察时强调 坚持党的领导传承红色基因扎根中国大地 走出一条建设中国特色世界一流大学新路》，《人民日报》2022 年 4 月 26 日。
② 《习近平首次点评"95 后"大学生》，《人民日报》2017 年 1 月 3 日。
③ 《习近平谈治国理政》第 3 卷，外文出版社 2020 年版，第 428 页。

在中央党校建校 80 周年庆祝大会暨 2013 年春季学期开学典礼上，习近平总书记指出："当前，全党面临的一个重要课题，就是如何正确认识和妥善处理我国发展起来后不断出现的新情况新问题。现在，我们遇到的问题中，有些是老问题，或者是我们长期努力解决但还没有解决好的问题，或者是有新的表现形式的老问题，但大量是新出现的问题。新问题每时每刻都在出现，而且多数又是我们过去不熟悉或者不太熟悉的。出现这样的状况，是由世情、国情、党情的发展变化引起的。不论是新问题还是老问题，不论是长期存在的老问题还是改变了表现形式的老问题，要认识好、解决好，唯一的途径就是增强我们自己的本领。"① 2015 年 12 月，在全国党校工作会议上，习近平总书记曾列举了一系列重大的思想理论问题。比如，如何看待马克思主义的真理性？如何看待社会主义本质特征？如何看待中国特色社会主义理论体系的科学性？如何看待加强和改善中国共产党的领导？如何看待自由、民主、平等的科学内涵和实践？如何看待西方所谓"普世价值"？如何准确把握"四个全面"战略布局？如何深刻领会新的发展理念？如何科学认识经济发展新常态？如何看待使市场在资源配置中起决定性作用和更好发挥政府作用？如何看待坚持我国社会主义制度优越性和全面深化改革？如何看待坚持党的领导、人民当家作主、依法治国有机统一？如何看待党风廉政建设和反腐败斗争？等等。他强调："凡是广大干部群众普遍关注的深层次问题，都要从历史和现实、理论和实践的结合上作出令人信服的回答"，党的理论教育，"要坚持实事求是，坚持理论联系实际的马克

---

① 习近平：《在中央党校建校 80 周年庆祝大会暨 2013 年春季学期开学典礼上的讲话》，人民出版社 2013 年版，第 3 页。

思主义学风，坚持问题导向，注重回答普遍关注的问题，注重解答学员思想上的疙瘩，反对主观主义、教条主义、形式主义，防止空对空、两张皮"。① 2022 年 4 月 25 日，在中国人民大学考察时，习近平总书记又强调："当前，坚持和发展中国特色社会主义理论和实践提出了大量亟待解决的新问题"，哲学社会科学工作者要"自觉以回答中国之问、世界之问、人民之问、时代之问为学术己任"。② 中国之问、世界之问、人民之问、时代之问，都会以相应的形式转化为思政课课堂上的学生之问，期待思政课教学给出回应和解答。也唯有回答好这些问题，思政课教学才能更为深入、具体地引导学生理解和把握"人生应该在哪用力、对谁用情、如何用心、做什么样的人"③，发挥好立德树人关键课程的作用。可以说，思政课教学要增强问题意识，是思政课的本质要求，是多问的现实与时代发出的呼唤，是思政课有效引领学生健康成长、服务党和人民事业的内在必然。

二　化"意识"为"方法"

称职的思政课教师、有效的思政课教学必须有问题意识。但仅有问题意识、仅将对问题的关注停留在思维的层面、"心动"的层面，是远远不够的。问题意识要成为推动思政课教学有效展开的活性因素，必须化"意识"为"方法"，走出"意

---

① 习近平：《在全国党校工作会议上的讲话》，人民出版社 2016 年版，第 16 页。

② 《习近平在中国人民大学考察时强调 坚持党的领导传承红色基因扎根中国大地 走出一条建设中国特色世界一流大学新路》，《人民日报》2022 年 4 月 26 日。

③ 《习近平首次点评"95 后"大学生》，《人民日报》2017 年 1 月 3 日。

识"，成为"行动"。这里的化"意识"为"方法"，即在思政课教学中，教师不仅要有自觉的问题意识，而且要将自觉的问题意识转化为自觉的教学方法，使问题意识融入、贯穿教学的全过程，使教学过程真正成为回应学生关心的问题、疑惑的问题的过程。在学校思想政治理论课教师座谈会上，习近平总书记曾讲："要注重启发式教育，引导学生发现问题、分析问题、思考问题，在不断启发中让学生水到渠成得出结论。这里面，会讲故事、讲好故事十分重要。"① 总书记在这里所强调的"启发式教育"就是一种内含着自觉问题意识的教学方法，"会讲""讲好"四字，亦即对好的教学方法的特别强调；有没有问题意识融贯其中，显然也直接关系着教学是否能达到"会讲""讲好"的理想状态。将问题意识融贯教学过程、转化为教学方法的路径很多。如果沿着教学活动的展开进程来概括的话，各式各样的基于自觉问题意识而展开的教学，必然会内含着三个要件。

一是"迎着问题去"。迎着问题去，意即思政课教学要直面问题，以问题为教学展开的起点、切入点。在教学实践中，大家往往都有这样的体会，平铺直叙必然平淡无味，吸引不了学生，赢得不了课堂教学的"高抬头率"。问题导入，往往是好的教学的开篇。在思政课教学中，所需要开篇"迎着去"的问题，包括在本课程教学所覆盖的、所相关的领域中，学生高度关注或存在困惑的问题；教师设置，但为学生所应关心、理解的问题；本课程教学必须解决的问题。这三个方面的问题，都是思政课教学所应"迎着去"的问题，忽视了其中任何一个方面，都会影响到教学目的和效果的实现。如果说回应

---

① 习近平：《思政课是落实立德树人根本任务的关键课程》，人民出版社2020年版，第22页。

学生高度关注或存在困惑的问题是"解惑"的话，那么，讲清楚教师设置，但为学生所应关心、理解的问题，讲清楚本课程教学必须解决的问题，则可谓之"传道""授业"（当然，"解惑"中亦有传道授业在）。三个方面有机贯通在一起，也才能更好地体现、实现教师在教学中的主导性、思政课教学对学生成长的引领性。在教学过程中，教师所当努力的，是将学生所应关心、教学必须解决的问题转化为学生高度关注的问题，做到了这一点，即教学中师生"视界融合"、"同频"或谓"共情"的初步开始。这是教学活动展开的有效起点。在这一以问题为切入点的教学导入设计中，问题的表述如何由"硬"而"活"、由"大"而"小"、由"远"而"近"、由"浅"而"深"，也是一门艺术，需要多费考量。

二是"沿着问题讲"。沿着问题讲，意即要将问题意识贯穿教学展开的全过程，要沿着一个问题接着一个问题而构成的逻辑展开具体的教学活动。《论语》载，颜渊曾喟然叹曰："夫子循循然善诱人，博我以文，约我以礼，欲罢不能。"① 循循，即"有次序"之谓。教学活动沿着一个接一个的发问即问题的逻辑而展开，才有可能始终引领着学生的思维，师生一道在"探究"中前进，"欲罢不能"。在学校思想政治理论课教师座谈会上，习近平总书记指出："要坚持问题导向，学生关注的、有疑惑的问题其实也就几大类，要把这些问题掰开了、揉碎了，深入研究解答，把事实和道理一条条讲清楚。"② 把问题"掰开了、揉碎了"，即深入地研究和把握问题，抓住其中的要害处、关键点，理清其间的逻辑脉络、问题序列；

---

① 《论语·子罕》。
② 习近平：《思政课是落实立德树人根本任务的关键课程》，人民出版社2020年版，第20页。

"深入研究解答，把事实和道理一条条讲清楚"，即针对这些要害处、关键点，沿着问题中所蕴含的逻辑脉络、问题序列，环环相扣、层层推进，如庖丁解牛般地对问题作出透彻的分析、解答。做到思政课教学过程始终"沿着问题讲"，核心在于理出问题的序列、沿循问题的序列，要求教师在整个教学过程中都自觉贯穿问题意识，深刻掌握教学内容中蕴含的问题逻辑，敏锐把握教学过程中学生的思维状态、理解与接受程度等，并基于此而将问题的设置、解答等融入教学过程的具体展开之中。

三是"提出问题收"。提出问题收，意即一个相对完整的思政课教学段落如一节课或一次课要以对相应问题的透彻解答为其收尾，也要以提出新的问题为其收尾。新提出的问题，应是在本段落或本节思政课教学内容基础上进一步引发的，也应是下一段落或下节课程教学所要"迎着去"的问题。提出新问题，会使学生"意犹未尽"，也有利于学生带着思考、带着期待进入新一段落或节次的思政课教学之中。这样的诸多思政课教学段落串联在一起，便构成整体上"沿着问题讲"的一门思政课。朱熹讲："读书无疑者，须教有疑，有疑者却要无疑，到这里方是长进。"① 思政课教学"迎着问题去"→"沿着问题讲"→"提出问题收"的展开过程，引导学生在对一个接着一个问题的探寻中一步步进入思想价值观念的"澄明之境"，实现人生的"长进"。

三 化"自发"为"自觉"

强调在思政课教学过程中要强化问题意识，要将问题意识

---

① 《朱子语类·卷第十一学五·读书法下》。

融入教学全过程，为学生解疑释惑，归根到底，还是以对"教师侧"的分析为着眼点的，关注的是作为主体和主导的教师为学生"求解"作答的过程。这是有效思政课教学的一个方面。在此基础上，有效的思政课教学还要努力实现另一个更高的目标，即培养学生的问题意识和自主求解问题的能力。我们这里所讲的化"自发"为"自觉"，即思政课的教学要努力引导学生的问题意识、求解问题的能力，实现由"自发"向"自觉"的成长。为此，在思政课教学中，教师要有意识地以"答问"启"发问"、引"求解"向"自解"。

一是以"答问"启"发问"。即通过教师的不断"答问"，培养学生形成自觉的问题意识，形成不断主动"发问"的意愿和能力。在教学过程中，学生进入主动"发问"的状态，是其学习积极性、主动性被激活、调动的重要体现，是学生成为活跃学习主体的重要条件。在这种状态中，学生才会真正成为教师教学活动的有效同行者、对话互动者、相促相长者，在这种状态中，真正有效的主动学习才能得以展开。习近平总书记指出："思政课教师所讲的理论、观点、结论要经得起学生各种'为什么'的追问，这样效果才能好。"① 思政课教师所讲，经不起各种"为什么"的追问，教学效果不会好；学生没有"为什么"的发问和追问，教学效果也不会好。没有学生主动发问和追问的课堂上，即便教师抛出再多的设问，那也只是教师单维度的"自演"，不是师生"共构"的教学，不是学生学习主动性充分激活的教学。"学习和思考、学习和实践是相辅相成的，正所谓'学而不思则罔，思而不学则殆。'你脑子里装着问题了，想解决问题了，想把问题解决好了，就会

---

① 习近平：《思政课是落实立德树人根本任务的关键课程》，人民出版社2020年版，第18页。

去学习，就会自觉去学习。"① 有发问、善发问、常发问，说明个体的主体性处于激活状态，这不论对于个体学习、教学展开，还是对于学术活动、人生发展和社会进步，都是极为重要的有效条件。"学贵知疑，小疑则小进，大疑则大进。"② 马克思指出："主要的困难不是答案，而是问题"③，"问题是时代的格言，是表现时代自己内心状态的最实际的呼声"④。在亲自主持召开的哲学社会科学工作座谈会上，习近平总书记强调："理论创新只能从问题开始。从某种意义上说，理论创新的过程就是发现问题、筛选问题、研究问题、解决问题的过程"⑤，"我国哲学社会科学应该以我们正在做的事情为中心，从我国改革发展的实践中挖掘新材料、发现新问题，提出新观点、构建新理论"⑥。概言之，自觉的问题意识、良好的发问能力，与能够不断实现超越的个体、不断开辟新知的学术、不断发展进步的社会是紧紧联系在一起的。堪当民族复兴大任的时代新人，也一定具有自觉的问题意识，能够敏锐地发现新问题，提出新见解，担当新使命，开拓新事业。与此相应，以培养堪当民族复兴大任的时代新人为神圣使命的思政课教学，在开展具体思想理论教育、引导学生形成正确世界观人生观价值观的过程中，也一定要注重学生问题意识和发问能力的培养和

---

① 习近平：《在中央党校建校 80 周年庆祝大会暨 2013 年春季学期开学典礼上的讲话》，人民出版社 2013 年版，第 11 页。

② （明）陈献章：《与张廷实主事》，《陈献章集》，中华书局 1987 年版，第 165 页。

③ 《马克思恩格斯全集》第 1 卷，人民出版社 1995 年版，第 203 页。

④ 《马克思恩格斯全集》第 1 卷，人民出版社 1995 年版，第 203 页。

⑤ 习近平：《在哲学社会科学工作座谈会上的讲话》，人民出版社 2016 年版，第 20 页。

⑥ 习近平：《在哲学社会科学工作座谈会上的讲话》，人民出版社 2016 年版，第 21 页。

训练，将教师的"答问"过程与培养学生良好的"发问"意识和能力有机地融为一体。

二是引"求解"向"自解"。即思政课教学不仅要培养学生自觉的问题意识、良好的"发问"能力，还要着力培养学生形成自主探索、分析解决问题的能力。时间有限的学校思政课教学，不可能解答、预答学生在漫长的人生道路上、广阔的社会天地间、崭新的未来开拓中碰到的各种各样的问题，但是，可以通过培养学生分析解决问题的能力，而发挥使学生受益终身的作用。思政课，既要授人以"鱼"，也要授人以"渔"。授人以"渔"，即科学思维方法和思维能力的训练。对于科学思维方法和思维能力的培养问题，习近平总书记多有论述。2013年12月3日，他在主持十八届中央政治局第十一次集体学习时特别指出："学习不是背教条、背语录，而是要用以解决实际问题。"① 2016年5月17日，在哲学社会科学工作座谈会上，他又强调："我国广大哲学社会科学工作者要自觉坚持以马克思主义为指导，自觉把中国特色社会主义理论体系贯穿研究和教学全过程，转化为清醒的理论自觉、坚定的政治信念、科学的思维方法。"② 2017年5月3日，在中国政法大学考察时，习近平总书记再次指出："青年时期是培养和训练科学思维方法和思维能力的关键时期，无论在学校还是在社会，都要把学习同思考、观察同思考、实践同思考紧密结合起来，保持对新事物的敏锐，学会用正确的立场观点方法分析问题，善于把握历史和时代的发展方向，善于把握社会生活的主流和支流、现象和本质。要充分发挥青年的创造精神，勇于开拓实

---

① 习近平：《坚持历史唯物主义不断开辟当代中国马克思主义发展新境界》，《求是》2020年第2期。

② 习近平：《在哲学社会科学工作座谈会上的讲话》，人民出版社2016年版，第11页。

践，勇于探索真理。养成了历史思维、辩证思维、系统思维、创新思维的习惯，终身受用。"① 2019 年 3 月 18 日，在学校思想政治理论课教师座谈会上，习近平总书记又特别叮嘱：思政课"无论怎么讲，最终都要落到引导学生树立正确的理想信念、学会正确的思维方法上来"②；"任何社会任何时期都会有各种问题存在，要教育引导学生正确看待、辩证认识、理性分析现实问题，辨明大是大非、真假黑白，在对社会假恶丑现象的批判中弘扬真善美"③。在百年奋斗进程中，我们党之所以能够领导人民在一次次求索、一次次挫折、一次次开拓中完成中国其他各种政治力量不可能完成的艰巨任务，"根本在于坚持解放思想、实事求是、与时俱进、求真务实，坚持把马克思主义基本原理同中国具体实际相结合、同中华优秀传统文化相结合，坚持实践是检验真理的唯一标准，坚持一切从实际出发，及时回答时代之问、人民之问，不断推进马克思主义中国化时代化"④。当今时代，中国共产党和中国人民所推进的伟大社会变革，"不是简单延续我国历史文化的母版，不是简单套用马克思主义经典作家设想的模板，不是其他国家社会主义实践的再版，也不是国外现代化发展的翻版，不可能找到现成的教科书"⑤，会有一张张崭新的"考卷"需要自主作答。推

---

① 《习近平在中国政法大学考察时强调 立德树人德法兼修抓好法治人才培养 励志勤学刻苦磨炼促进青年成长进步》，《人民日报》2017 年 5 月 4 日。

② 习近平：《思政课是落实立德树人根本任务的关键课程》，人民出版社 2020 年版，第 14 页。

③ 习近平：《思政课是落实立德树人根本任务的关键课程》，人民出版社 2020 年版，第 19 页。

④ 《中共中央关于党的百年奋斗重大成就和历史经验的决议》，人民出版社 2021 年版，第 66—67 页。

⑤ 习近平：《在哲学社会科学工作座谈会上的讲话》，人民出版社 2016 年版，第 21 页。

动新时代的青年学生培养科学思维方法和思维能力，能够敏锐把握问题、以高度的主体自觉求解问题，是我们党和人民的事业后继有人、永葆青春的内在要求，也是思政课教学的重要任务。

四　对思政课教师的要求

近年来，在关于思政课教学的各类讨论中，问题意识是被高度关注的话题，但同样要看到的是，缺乏问题意识，也是思政课教学中普遍存在的现象。在近年来我们于数十所高校所进行的相关问卷调查中，希望思政课教学能够更好回应自己关心的问题，是被访学生表达出的重要期盼。在 2015 年至 2020 年的调查中，被访学生建议思政课教学要积极回应理论热点问题的比例分别为 63.6%（2015 年）、60.4%（2016 年）、65.4%（2017 年）、62.9%（2018 年）、56.0%（2019 年）、52.8%（2020 年）；要密切与现实生活联系的比例分别为 68.4%（2015 年）、69.0%（2016 年）、72.0%（2017 年）、76.2%（2018 年）、79.6%（2019 年）、73.4%（2020 年）。2021 年年底在 70 余所高校调研所得数据显示，大学生认为思政课教学方法方面存在的主要问题是"理论说教过多"（48.5%）、"教学形式单一"（41.5%）、"缺乏实践教学"（40.0%）、"不注重课堂互动"（29.7%）等；认为教学内容存在的主要问题是"授课内容枯燥乏味"（47.9%）、"语言不够通俗，很难懂"（27.4%）、"没有联系实际，很空洞"（27.0%）等。学生反馈的这些信息，从不同维度反映了教学过程中问题意识的不足、化"意识"为"方法"等方面的不足。在思政课教学过程中，有的教师虽然很想以问题为导向设计教学，但对学生们心中装着的问题把得不真切，导致教学无法"同频共振"；有的教师对学生关注的问题把得很准，但囿于"功力"不够或准备不足，对问题的分析解答欠深欠透，让学生感到"不解渴"；也有的教师"不愿"或"不敢"碰问题，满足于照本宣科、平铺直叙。这些现象的存在，存在客观原因，如将问题意识贯穿教学全过程本身不是一件容易的事情，"思政课上学生会提一些尖锐敏感的问题，往往涉及深层次理论和实践问题，把这些问题讲清楚讲透彻并不容易"①。但是，将对问题意识的高热度关注转化为教学过程中问题意识的自觉贯穿融入，是"把思政课讲得更有亲和力和感染力、更有针对性和实效性"，"实现知、情、意、行的统一，叫人口服心服"② 必须迈过的关口。迈过这样的关口，教师的素质是关键。在全国高校思想政治工作会议上，习近平总书记强调："讲思想政治理论课，要让信仰坚定、学识渊博、理论功底深厚的教师来讲，让学生真心喜爱、终身受益。"③ 在学校思想政治理论课教师座谈会上，习近平总书记从政治要强、情怀要深、思维要新、视野要广、自律要严、人格要正六个方面进一步阐述了思政课教师的素质要求。在教学过程中，思政课教师要能够发引人深思之问，做澄明透彻之答，育善发问、能解题之人，必须按照这些要求不断练内功、强素质，成为乐教、善教的好老师。

一是要锤炼坚定信仰。思政课是塑造信仰的课程，思政课

---

① 习近平：《思政课是落实立德树人根本任务的关键课程》，人民出版社2020年版，第11页。

② 习近平：《思政课是落实立德树人根本任务的关键课程》，人民出版社2020年版，第23页。

③ 习近平：《思政课是落实立德树人根本任务的关键课程》，人民出版社2020年版，第12页。

教师首先要有坚定信仰。"思政课教师只有自己信仰坚定，对所讲内容高度认同，做学习和实践马克思主义的典范，才能讲得有底气，讲深讲透，才能有效引导学生真学、真懂、真信、真用。……教师是释疑解惑的，自己都疑惑重重，讲出来的东西不会是充分坚定、富有感染力的。"① 坚定的信仰，也是教师敢于直面问题、敢于"亮剑"的底气、勇气所系，是教师科学分析问题、正确回应问题的立场和价值坐标点所在。思政课教师要有坚定的信仰，既包括坚定的政治信仰，即对马克思主义的信仰，对社会主义和共产主义的信念；也包括坚定的教育信仰，即坚信教育是"仁而爱人"的事业，教师是太阳底下最崇高的职业，在培养什么人、怎样培养人、为谁培养人这个根本问题上始终清醒和坚定，"忠诚于党和人民的教育事业，自觉把党的教育方针贯彻到教学管理工作全过程，严肃认真对待自己的职责"②。习近平总书记指出："有的教师怵于思政课的意识形态属性，担心祸从口出，总是绕开问题讲、避开难点讲。只要坚持正确政治方向，立足于引导学生坚定理想信念，全面客观看问题，就不用担心在政治上出问题。要给教师充分的信任，不抓辫子、不扣帽子、不打棍子。"③

二是要厚积扎实学识。扎实学识，是师之为师的基本条件。德之不高者无以为师，不学无术者更无由为师。"扎实的知识功底、过硬的教学能力、勤勉的教学态度、科学的教学方法是老师的基本素质，其中知识是根本基础。学生往往可以原

① 习近平：《思政课是落实立德树人根本任务的关键课程》，人民出版社2020年版，第12—13页。

② 习近平：《做党和人民满意的好老师——同北京师范大学师生代表座谈时的讲话》，人民出版社2014年版，第5页。

③ 习近平：《思政课是落实立德树人根本任务的关键课程》，人民出版社2020年版，第16页。

谅老师严厉刻板，但不能原谅老师学识浅薄。'水之积也不厚，则其负大舟也无力。'知识储备不足、视野不够，教学中必然捉襟见肘，更谈不上游刃有余。"① 思政课重在价值引导、信仰塑造，但绝非是与知识教育相分离的，真善美从来交融一体。合格的"人师"、合格的"经师"，二者在合格的思政课教师这里，也始终应是高度统一的。古人云："学识一分不到，便有一分遮障，譬之掘河分隔，一界土不通，便是一段流不去，须是冲开，要一点碍不得。涵养一分不到，便有一分气质，譬之烧炭成熟，一分木未透，便是一分烟不止，须待灼透，要一点烟也不得。"② 没有扎实的学识，自身"不通""不透"，教学必然是烟笼雾罩，更谈不上引学生进入"澄明之境"了。在学校思想政治理论课教师座谈会上，习近平总书记强调思政课教师视野要广，要有知识视野，除了具有马克思主义理论功底之外，还要广泛涉猎其他哲学社会科学以及自然科学的知识；此外还要具备宽广的国际视野、历史视野。这些都是对思政课教师厚积扎实学识提出的要求。

三是要打牢理论功底。思政课教师的理论功底，最根本的是马克思主义理论功底。近年来，习近平总书记反复强调领导干部要掌握马克思主义理论这一看家本领，称马克思主义理论"是我们做好一切工作的看家本领，也是领导干部必须普遍掌握的工作制胜的看家本领"③，"领会了贯穿其中的

---

① 习近平：《做党和人民满意的好老师——同北京师范大学师生代表座谈时的讲话》，人民出版社 2014 年版，第 8—9 页。

② （明）吕坤：《呻吟语卷二 内篇》，《吕坤全集》，中华书局 2008 年版，第 715 页。

③ 习近平：《在中央党校建校 80 周年庆祝大会暨 2013 年春季学期开学典礼上的讲话》，人民出版社 2013 年版，第 7 页。

马克思主义立场、观点、方法，才能心明眼亮，才能深刻认识和准确把握共产党执政规律、社会主义建设规律、人类社会发展规律，才能始终坚定理想信念，才能在纷繁复杂的形势下坚持科学指导思想和正确前进方向，才能带领人民走对路，才能把中国特色社会主义不断推向前进"①。对于思政课教师来讲，马克思主义理论更是必须掌握好的看家本领。我们的思政课，是马克思主义的思政课，本质是讲道理。思政课教师"要练就不怕问、怕不问、见问则喜的真本领"②，以透彻的学理分析回应学生，以彻底的思想理论说服学生，用真理的强大力量引导学生，并勇于"直面各种错误观点和思潮，旗帜鲜明进行剖析和批判"③，基本功就在于透彻地掌握马克思主义理论。"理论只要彻底，就能说服人。"④ 马克思主义理论是彻底的理论，也是我们可以增强"眼力"的"望远镜和显微镜"⑤。打牢马克思主义理论功底，具备过硬的"看家本领"，思政课教师才会有感知问题的敏锐、透解问题的智慧、"不怕问"的底气、"见问则喜"的胸襟。打牢马克思主义理论功底，要求我们思政课教师扎实、系统地读原著、学原文、悟原理，学懂弄通马克思主义基本原理及其中国化的理论成果，学懂弄通习近平新时代中国特色社会主义思想这一当代中国的马克思主义、二十一世纪的马克思主义，并发扬理论联系实际的学风，结合党和人民

① 习近平：《在中央党校建校 80 周年庆祝大会暨 2013 年春季学期开学典礼上的讲话》，人民出版社 2013 年版，第 8 页。

② 习近平：《思政课是落实立德树人根本任务的关键课程》，人民出版社 2020 年版，第 18 页。

③ 习近平：《思政课是落实立德树人根本任务的关键课程》，人民出版社 2020 年版，第 19 页。

④ 《马克思恩格斯选集》第 1 卷，人民出版社 2012 年版，第 10 页。

⑤ 《毛泽东选集》第 1 卷，人民出版社 1991 年版，第 212 页。

的百年奋斗史，结合新时代的新实践，"坚持用马克思主义之'矢'去射新时代中国之'的'"①，从而在教学中充分展现马克思主义理论的真理性、生命力，增进教学的针对性和说服力。

（本文原刊于《马克思主义研究》2020 年第 6 期，刊时题为《学习习近平总书记关于思想政治理论课建设的重要论述》）

---

① 《习近平谈治国理政》第 4 卷，人民出版社 2022 年版，第 30 页。

把准"大思政课"建设的核心关键

　　思政课是立德树人的关键课程；善用"大思政课"，是办好思政课的重要理念和重要抓手。自 2021 年 3 月初习近平总书记在看望参加全国政协会议的医药卫生界教育界委员时提出"'大思政课'我们要善用之"的明确要求以来，围绕"大思政课"而展开的理论研究与实践探索不断深化、丰富，成为新时代学校思想政治理论课建设创新发展的重要发力点。2022年 7 月，教育部等十部门印发的《全面推进"大思政课"建设的工作方案》，在深刻领会习近平总书记关于思政课建设重要论述、总结"大思政课"建设研究成果及实践经验的基础上，对全面推进"大思政课"建设作出了系统部署，为"大思政课"建设更为自觉、更加广泛、更可持续、更富成效地推进作出了顶层设计、规划了重点任务、确立了制度框架，必将对"大思政课"建设发挥积极引领作用。在贯彻落实《全面推进"大思政课"建设的工作方案》、深化"大思政课"建设实践探索中，汇聚开放多元的"大思政课"资源、构建协同一体的"大思政课"机制、完善强劲有力的"大思政课"内核、增强立德树人的"大思政课"作用，是我们应当切实把准的核心关键。

一　汇聚开放多元的"大思政课"资源

学校和课堂在培养人的思想政治素质、促进人的全面发展中发挥着至关重要的作用。但是，如果学校、课堂不能够与广阔的社会、生动的实践有效对接、紧密关联起来，不能够充分灌注社会生气、敏锐反映时代精神、准确把握实践脉动，那么，其教育效力无疑会大打折扣。正如马克思、恩格斯在《德意志意识形态》中论及人的发展时所强调的那样："这不决定于意识，而决定于存在；不决定于思维，而决定于生活……任何道德说教在这里都不能有所帮助。"① 学校教育如果离开了现实存在、社会实践，必然是自我局限的，是无根的、乏力的。也正是在这一意义上，马克思将"生产劳动同智育和体育相结合"称为"造就全面发展的人的唯一方法"。②

思政课要有效发挥立德树人的关键作用，同样必须打开"书斋"之门、"教室"之门、"学校"之门，直面时代、贴近生活、植根实践，充分吸纳、用好社会现实和实践中丰富多样的教育资源。近些年来，习近平总书记反复强调思政课"要善于利用国内外的事实、案例、素材，在比较中回答学生的疑惑，既不封闭保守，也不崇洋媚外，引导学生全面客观认识当代中国、看待外部世界，善于在批判鉴别中明辨是非"③；强调"思政课不仅应该在课堂上讲，也应该在社会生活中来

---

① 《马克思恩格斯全集》第3卷，人民出版社1960年版，第295—296页。
② 《马克思恩格斯选集》第2卷，人民出版社2012年版，第230页。
③ 习近平：《思政课是落实立德树人根本任务的关键课程》，人民出版社2020年版，第15页。

讲","一定要跟现实结合起来";① 强调青年学生要"用脚步丈量祖国大地,用眼睛发现中国精神,用耳朵倾听人民呼声,用内心感应时代脉搏,把对祖国血浓于水、与人民同呼吸共命运的情感贯穿学业全过程、融汇在事业追求中"②。习近平总书记这些重要论述所要求我们的,便是要将思政小课堂与社会大课堂充分地对接、贯通起来,充分挖掘、汇聚社会现实和实践中蕴含的宝贵教育资源,服务于思政课的教育教学,服务于学生的成长成才。概言之,就是要善用好"大思政课"。

在中华民族一万年文化史、五千多年文明史上,在我们伟大祖国九百六十多万平方公里的土地上,记述着光荣与梦想,承载着苦难与辉煌;在一百多年来的复兴图强进程中,中国共产党带领中国人民浴血奋战、百折不挠,自力更生、发愤图强,解放思想、锐意进取,自信自强、守正创新,书写了中华民族几千年历史上最恢宏的史诗,书写了世界社会主义运动史上最激越的篇章,开拓了马克思主义在当今时代创新发展的新境界。其中,蕴含着中国共产党之所以"能"、中国特色社会主义之所以"好"、马克思主义之所以"行"的最深刻的"根据"、最有说服力的"论据"。全面推进"大思政课"建设,重要的基础性工作就是坚持打开门办思政课,将陈列在祖国大地上、融含在民族历史里、贯穿在勇毅前行中的各种宝贵教育资源有效汇聚起来、组织起来,使其在更加自觉的层面服务于青年学生的思想引领、价值塑造、品格陶养,增强青年学生做中国人的志气、骨气、底气。2022 年 7 月,在教育部等十部门印发《全面推进"大思政课"建设的工作方案》之后不久,

---

① 杜尚泽:《"'大思政课'我们要善用之"》,《人民日报》2021 年 3 月 7 日。
② 《习近平在中国人民大学考察时强调 坚持党的领导传承红色基因扎根中国大地 走出一条建设中国特色世界一流大学新路》,《人民日报》2022 年 4 月 26 日。

教育部办公厅等八部门旋即联合公布了首批 453 家"大思政课"实践教学基地。全面推进"大思政课"建设，要在切实用好这些实践教学基地的基础上，进一步深度挖掘、有效组织，持续推进开放多元的"大思政课"教学资源体系建设，最大限度地将全社会各方面的育人自觉充分调动起来，将全社会各类型的育人资源充分激活起来。

二 构建协同一体的"大思政课"机制

开放多元的"大思政课"资源要充分发挥立德树人的作用，必须有序地组织起来，联动呼应，共构合力。长期以来，在思政课建设中，如何有效凝聚合力，是人们广泛关注的"痛点"之一。近年来，习近平总书记针对"学校、家庭、社会协同推动思政课建设的合力没有完全形成，全党全社会关心支持思政课建设的氛围不够浓厚"[①] 等问题，反复强调"学校思想政治工作不是单纯一条线的工作，而应该是全方位的"[②]，"要建立党委统一领导、党政齐抓共管、有关部门各负其责、全社会协同配合的工作格局，推动形成全党全社会努力办好思政课、教师认真讲好思政课、学生积极学好思政课的良好氛围"[③]。习近平总书记的这些重要论述，所要求我们的，便是构建全员、全过程、全方位的育人育德体系，破解学校思想政

[①] 习近平：《思政课是落实立德树人根本任务的关键课程》，人民出版社2020年版，第 8 页。

[②] 习近平：《思政课是落实立德树人根本任务的关键课程》，人民出版社2020年版，第 27 页。

[③] 习近平：《思政课是落实立德树人根本任务的关键课程》，人民出版社2020年版，第 24 页。

治教育、思政课建设中力源单维、力向不一、力度不足等问题。从一定意义上讲，"三全"育人之"全"，与"大思政课"之"大"，具有内在的一致性，都是要将各类育人资源凝聚一体，形成育人的合力。在"大思政课"建设过程中，要注意将协同一体的机制建设贯穿始终。

构建协同一体的"大思政课"机制，根本前提是要让应当贯穿其中的"一"明确、有力。这里所应始终明确的"一"，是根本遵循，即习近平总书记关于教育的重要论述。党的十八大以来，习近平总书记从实现中华民族伟大复兴的战略高度，围绕抓好党和人民事业发展后继有人这个根本大计，深刻回答了"培养什么样的人、怎样培养人、为谁培养人"这一根本性问题，确立了中国特色社会主义教育事业发展的根本遵循。这同样是"大思政课"建设的根本遵循。这里所应始终明确的"一"，是根本目的，即立德树人。立德树人从来不是抽象的。推进"大思政课"建设，就是"要开展马克思主义理论教育，用新时代中国特色社会主义思想铸魂育人，引导学生增强中国特色社会主义道路自信、理论自信、制度自信、文化自信，厚植爱国主义情怀，把爱国情、强国志、报国行自觉融入坚持和发展中国特色社会主义、建设社会主义现代化强国、实现中华民族伟大复兴的奋斗之中"①。这是"大思政课"建设中一切教育资源的调动、汇集所应共同指向的"的"。这里所应始终明确的"一"，是根本共识，即"办好教育事业，家庭、学校、政府、社会都有责任"②。教育是国之大计、党之大计，是民族振兴、社会进步的重要基石，功在当

---

① 习近平：《思政课是落实立德树人根本任务的关键课程》，人民出版社2020年版，第7页。

② 《坚持中国特色社会主义教育发展道路 培养德智体美劳全面发展的社会主义建设者和接班人》，《人民日报》2018年9月11日。

代、利在千秋,"全社会要担负起青少年成长成才的责任"①。有了根本遵循、根本目的、根本共识上的清晰明确和深层认同,学校内外、社会各方面共建"大思政课"、共赴育人使命才会产生强大的内生动力与行动自觉,这是构建协同一体"大思政课"机制最根本的前提。

构建协同一体的"大思政课"机制,根本原则是同向同行、因事而化。同向同行,即校内外的各种教育资源都要努力围绕着立德树人而激活、发力。但同时还要认识到,协同一体绝非同质化,而是相互补充、紧密协作。乐律之美,美在"八音克谐","金石以动之,丝竹以行之,诗以道之,歌以咏之,匏以宣之,瓦以赞之,革木以节之"②。在立德树人及"大思政课"建设中,专业课程与思政课程、课堂教学与实践教学、学校教育与社会教育的具体功用、作用机理各不相同,要始终坚持基于其各自特性而从不同方面发力、以不同方式着力,因"事"而化,形成培根铸魂、启智润心的有效合力。

三 建好强劲有力的"大思政课"内核

协同一体的组织体系,一定有其内核。内核强劲有力,体系的各构成要素才能有力凝聚、有序运转,组织体系的功能才能有效发挥。在协同一体的"大思政课"体系中,内核不是别的,正是学校内严格课程意义上的思政课,即人们经常讲到的"思政小课堂"。思政课的本质是讲道理,系统的理论讲授

---

① 《坚持中国特色社会主义教育发展道路 培养德智体美劳全面发展的社会主义建设者和接班人》,《人民日报》2018 年 9 月 11 日。
② 《国语·周语》。

和教育离不开思政课的有效开展。放在"大思政课"的视野中来看，思政课如同于"盐"，各种教育资源立德树人的"合羹之美"因其而成。论及学校思政课时，习近平总书记曾强调"教师要做好画龙点睛工作，加强引导和总结提炼"①。"大思政课"各种教育资源的作用要由朴素而深刻、由自发而自觉、由感性而理性、由局部而全面、由散在而整体，亦离不开思政课的提炼升华、"点睛之笔"。《全面推进"大思政课"建设的工作方案》在总体要求之后的第一条，即以"改革创新主渠道教学"为题对思政课建设的多个方面作出明确要求和部署，便体现了对思政课这一"大思政课"内核建设的高度重视。概言之，"大思政课"建设中，不能缺了"内核"、弱了主渠道。

建强思政课这一"大思政课"的内核，是一个系统工程。党的十八大以来，在党和国家一系列战略推进中，思政课在教学内容创新、教学方法改革、教学生态优化等方面都取得了实质性的长足进展，但建强思政课时刻在路上。在新的发展境遇中进一步建强思政课，思政课教师队伍建设仍是必须始终紧扣的关键。强师方能强课。在学校思想政治理论课教师座谈会上，习近平总书记指出："办好思想政治理论课关键在教师。"②他强调，讲思想政治理论课，要让信仰坚定、学识渊博、理论功底深厚的教师来讲；思政课教师政治要强、情怀要深、思维要新、视野要广、自律要严、人格要正。这些论述，深刻阐明了思政课教师队伍建设的根本要求，提出了每位思政课教师都应时时对照的素质标准、不懈努力的方向。在思政课

---

① 习近平：《思政课是落实立德树人根本任务的关键课程》，人民出版社2020年版，第22页。

② 习近平：《思政课是落实立德树人根本任务的关键课程》，人民出版社2020年版，第10页。

教师队伍素质综合提升的过程中，马克思主义理论素养的提升应当进一步加强。开展马克思主义理论及其中国化时代化新成果的教育、讲透马克思主义"行"的道理是思政课的核心任务，过硬的马克思主义理论素养是思政课教师应有的看家本领。思政课教师要更加深入系统地研读马克思主义经典，努力精熟贯穿其中的立场、观点、方法，增进理论联系实际的自觉，提升讲深、讲透、讲活马克思主义道理的能力，提升在"大思政课"中"画龙点睛"的水平。

在"大思政课"建设中，不仅要建强作为"内核"的思政课，还要切实发挥好其"内核"的作用。如果将"大思政课"喻为校内外各种教育资源的"合奏"，那么，思政课则应是其中的"领奏"。思政课教师既要基于讲深、讲透、讲活道理的目标，精选并运用好引入思政课课堂教学的经典案例、实践素材等，同时也要精心设计好实践教学在哪个环节展开、在哪些教育场景中进行以及如何进行等要点。只有这样，才能真正有效地把思政小课堂同社会大课堂结合起来，让实践基地、实践活动真正成为校外的课堂、"行走的课堂"，成为思政课教学的有机组成部分。

四　增强立德树人的"大思政课"作用

"大思政课"的理念提出及实践推进，本身便是为了提升思政课教育教学的成效、提升立德树人的成效。应将育人目标、问题意识、效果导向等贯穿"大思政课"建设的各方面、全过程，绵绵用力、久久为功，使"大思政课"真正成为推动思政课建设"消痛点""解难题"的有力突破点，成为推动思政课高质量发展的有力抓手。

充分发挥好"大思政课"的作用,要在"用"字上下足功夫,让已经逐步调动起来、汇聚起来的校内外各类教育资源成为有效激活的教育力量。近期,教育部办公厅等八部门联合公布的首批"大思政课"实践教学基地名单,受到多方面高度关注,许多基地也以入选首批名单为荣。这从一个侧面体现了社会各方面对"大思政课"建设的高度关注与参与热情。接下来,最重要的便是要按照《全面推进"大思政课"建设的工作方案》等的要求,建立基地与学校之间的长效合作机制,有效对接学校思政课教学、思政教育的具体需求,引导基地精心设计并富有成效地开展好实践教学。充分发挥好"大思政课"的作用,要在"建"字上持续发力。支撑"大思政课"的校内外各类教育资源,要基于新时代立德树人的新要求,基于各自特点,加强人员培训,使其熟悉在"大思政课"建设中的自身定位,提升教育引导的能力与水平;加强育人元素挖掘,将更具典型意义、更富教育效力的育人元素充分提炼出来、集约组织起来;加强数字化建设,充分运用现代信息技术建设各类学生所适应的教育资源呈现与运用方式,以及所喜爱的、体验性更强的教育场景等。充分发挥好"大思政课"的作用,还要在"研"字上不断深化。在学校思想政治理论课教师座谈会上,习近平总书记强调:"要针对不同学段,根据思想政治理论教育规律和学生成长规律科学设置具体教学目标,抓好教学目标设计、课程设置、教材编写、教学改革、教师培养、考核评价等环节,既不能揠苗助长、操之过急,又不能刻舟求剑、故步自封。"① "大思政课"作用的充分发挥,同样确立在准确把握和遵循思想政治理论教育规律和学生成长规

---

① 习近平:《思政课是落实立德树人根本任务的关键课程》,人民出版社2020年版,第27页。

律的基础之上。要从"大思政课"的视野出发，以立德树人为聚焦点，深入研究新时代思政课教学、课程思政开展、实践教学推进以及学校教育、社会教育、家庭教育的规律，研究共构"大思政课"的校内外各类教育资源协同一体、凝聚合力的规律，从而为"大思政课"的全面建设和持续推进提供有力的学理支撑。

"大思政课"的建设，是从加强和改进学校思政课、提升立德树人成效的角度切入和起步的，但其意义，绝不止于此。随着"大思政课"建设的全面推进，将会有越来越多的社会教育资源被充分调动，参与到"大思政课"建设的进程当中，并以此为促动而努力开展更为自觉、更高水准的教育意义挖掘、利用与建设。它们是学校思政课的实践教学基地，同时，它们也是遍布于祖国大地上的开放的"课堂"，是面向人民大众、社会各界的教育场所，是传播理想信念、传承优秀传统、涵育时代新风、推动社会文明进步的有力支点。而这，不也正是"大思政课"建设所应实现的作用、意义之"大"吗？

（本文原刊于《人民教育》2022 年第 18 期）

"大思政课"我们要善用之：
思考与探索

　　思政课是落实立德树人根本任务的关键课程。2021年3月6日，习近平总书记在看望参加全国政协会议的医药卫生界教育界委员时，从湖北武汉抗击新冠疫情惊心动魄的斗争讲起，强调"'大思政课'我们要善用之，一定要跟现实结合起来"①。习近平总书记"'大思政课'我们要善用之"这一重要命题的提出，不仅为我们进一步办好思政课提供了根本遵循，也为我们进一步深化思政课改革创新指明了方向路径。我们应准确把握善用"大思政课"的主体，清晰理解善用"大思政课"的内涵，深刻认识善用"大思政课"的意义，有效探索善用"大思政课"的路径，推动新时代思政课在守正创新中更好地铸魂育人。

一　"我们"是谁

　　习近平总书记关于"'大思政课'我们要善用之"这一新理念新要求提出以后，广大思政课教师反响热烈、行动迅速，

---

　　① 杜尚泽：《"'大思政课'我们要善用之"》，《人民日报》2021年3月7日。

结合自身工作实际，深入学习、深刻领会、深度践行，特别是围绕新时代思政课该如何"大起来"，从大视野、大格局、大胸怀、大逻辑等不同维度作了诸多有益探讨，也发表了很多理论成果。

毫无疑问，思政课教师应当而且必须作为重要主体参与到善用"大思政课"的实践中。但是，对于习近平总书记这一重要命题践行主体的理解，如果仅限于思政课领域，囿于思政课教师上，那么，便有意无意间将这一宏大命题窄化了。近年来，围绕加强和改进高校思想政治工作、办好学校思想政治理论课，习近平总书记反复强调"学校思想政治工作不是单纯一条线的工作，而应该是全方位的。要完善课程体系，解决好各类课程和思政课相互配合的问题"①；明确要求"思想政治理论课要坚持在改进中加强，提升思想政治教育亲和力和针对性，满足学生成长发展需求和期待，其他各门课都要守好一段渠、种好责任田，使各类课程与思想政治理论课同向同行，形成协同效应"②；也多次提出"要坚持把立德树人作为中心环节，把思想政治工作贯穿教育教学全过程，实现全程育人、全方位育人"③。

同时，习近平总书记还以闳放的视野和高远的站位，多次就落实立德树人根本任务、培养德智体美劳全面发展的社会主义建设者和接班人，向全党全社会提出明确要求。他在全国高校思想政治工作会议上提出："各级党委要把高校思想政治工作摆在重要位置，加强领导和指导，形成党委统一领导、各部门各方面齐抓共管的工作格局。各地党委书记和

---

① 习近平：《思政课是落实立德树人根本任务的关键课程》，人民出版社2020年版，第27页。
② 《习近平谈治国理政》第2卷，外文出版社2017年版，第378页。
③ 《习近平谈治国理政》第2卷，外文出版社2017年版，第376页。

有关部门党组书记要多到高校走走，多同师生接触，多次去高校作报告，回答师生关注的理论和现实问题"①；在全国教育大会上提出："思想政治工作是学校各项工作的生命线，各级党委、各级教育主管部门、学校党组织都必须紧紧抓在手上"②，"要把立德树人融入思想道德教育、文化知识教育、社会实践教育各环节，贯穿基础教育、职业教育、高等教育各领域，学科体系、教学体系、教材体系、管理体系要围绕这个目标来设计，教师要围绕这个目标来教，学生要围绕这个目标来学"③；在学校思想政治理论课教师座谈会上提出："要建立党委统一领导、党政齐抓共管、有关部门各负其责、全社会协同配合的工作格局，推动形成全党全社会努力办好思政课、教师认真讲好思政课、学生积极学好思政课的良好氛围"④；等等。

如果将习近平总书记这些重要讲话、重要指示精神结合起来，不难发现"'大思政课'我们要善用之"中的"我们"，既包括全体思政课教师，也包括所有教育工作者，还包括全党全社会。换句话说，"大思政课"是面向全党全社会提出的一项明确要求，在具体教育实践中，只有调动一切育人主体、发掘一切育人资源、形成强大育人合力，才能更好地支撑、落实立德树人根本任务，"大思政课"才能真正实现"善用之"的目标。

---

① 《习近平谈治国理政》第 2 卷，外文出版社 2017 年版，第 379 页。

② 《习近平在全国高校思想政治工作会议上强调 把思想政治工作贯穿教育教学全过程 开创我国高等教育事业发展新局面》，《人民日报》2016 年 12 月 9 日。

③ 《习近平在全国高校思想政治工作会议上强调 把思想政治工作贯穿教育教学全过程 开创我国高等教育事业发展新局面》，《人民日报》2016 年 12 月 9 日。

④ 习近平：《思政课是落实立德树人根本任务的关键课程》，人民出版社 2020 年版，第 24 页。

二 何为"大思政课"

习近平总书记强调："当前形势下，办好思政课，要放在世界百年未有之大变局、党和国家事业发展全局中来看待，要从坚持和发展中国特色社会主义、建设社会主义现代化强国、实现中华民族伟大复兴的高度来对待。"① 因此，"思政课不仅应该在课堂上讲，也应该在社会生活中来讲"②。

从这个意义上来说，"大思政课"绝不是课堂之大。再大规模的课堂，放到广袤的天地之间，都不能称其为大。我们理解"大思政课"丰富内涵之时，一定要看到宏大的时代，看到鲜活的实践，看到生动的现实。

2021年3月7日的《人民日报》在报道习近平总书记看望参加全国政协会议的医药卫生界教育界委员、提出"'大思政课'我们要善用之"重要命题时，曾写下这样一段话："鲜活的思政课素材，正是亿万中国人已经书写和正在书写的时代篇章。那里，有人民的英雄，有英雄的人民，有'第二个百年'新征程上的阔步向前。"③ 这段话，为我们理解"大思政课"所指何为，提供了应有的视角。

鲜活的实践、生动的现实，波澜壮阔、横无际涯，蕴含着理论之源、信念之基、是非之度、情怀之根，蕴含着丰富的教育元素。当我们能够自觉地将其中的教育元素挖掘出来、整合起来，运用到立德树人的过程之中时，鲜活的实践、生动的现

---

① 习近平：《思政课是落实立德树人根本任务的关键课程》，人民出版社2020年版，第5页。
② 杜尚泽：《"'大思政课'我们要善用之"》，《人民日报》2021年3月7日。
③ 杜尚泽：《"'大思政课'我们要善用之"》，《人民日报》2021年3月7日。

实便会成为极具教育效力的"大思政课"。

三 为何要善用"大思政课"

思想政治素质是人的最重要的素质，而决定思想政治素质的根本性因素则是鲜活的实践、生动的现实。只有在这种广阔天地之中，我们才能更好地升华情感、坚定信念。再进一步来说，我们可以从理论、现实等不同层面来回答为何要善用"大思政课"。

从理论层面来说，马克思、恩格斯在《德意志意识形态》中论及人的发展时强调："这不决定于意识，而决定于存在；不决定于思维，而决定于生活……任何道德说教在这里都不能有所帮助。"[1] 马克思、恩格斯在这里揭示出，人的思想道德素质的提升，或者说人的全面发展的实现，不应立足于意识、思维等主观世界去理解和探寻，而应根植于现实存在、生活条件等客观世界来认识和推进。马克思在《资本论》第一卷中展望了未来的教育，强调"未来教育对所有已满一定年龄的儿童来说，就是生产劳动同智育和体育相结合，它不仅是提高社会生产的一种方法，而且是造就全面发展的人的唯一方法"[2]。强调教育与生产劳动相结合，是马克思主义教育思想中的一条基本原理。我们党始终强调、坚持这一基本原理。《中华人民共和国教育法》也将"教育与生产劳动和社会实践相结合"作为基本方针加以规定，提出"教育必须为社会主义现代化建设服务、为人民服务，必须与生产劳动和社会实践相结合，培养德智体

---

① 《马克思恩格斯全集》第 3 卷，人民出版社 1960 年版，第 295—296 页。
② 《马克思恩格斯选集》第 2 卷，人民出版社 2012 年版，第 230 页。

美劳全面发展的社会主义建设者和接班人"①。

中国共产党人也特别强调教育要联系实际、善用实践。1939年，毛泽东在陕甘宁边区小学教员暑期训练班毕业典礼上曾讲过这样一段话："在中国，比方孙中山先生，他的三民主义是从哪里学来的呢？孙中山先生进学堂，学的是孔夫子之类；又进过外国的学堂，就是帝国主义的学校，学的也不是三民主义的东西。后来他提出了三民主义，这是出了学堂，自己在工作中学习得来的。在外国，还有一个马克思，他的马克思主义也不是在学校里学来的，相反的，在学校里学的也不是马克思主义的东西，是资本家的道理，是黑格尔、费尔巴哈那一套。但是，他出了学校门，认真研究，知道先生的不对，创立了马克思主义。就是我，在学堂里起初学些孔夫子的东西，后来，学些资本家的道理，而这些东西，现在我就用得不多，因为它的基本精神就要不得。我在学校里，虽然也学到一些三民主义，但是大部分是在学校外面学的；至于马克思主义，那更不必说了，完全是在学校门外学到的。所以，我希望同志们还是在工作中学习的好，只要努力，没有学不到的东西。"② 同时，毛泽东也特别强调："并不是说反对进学校学习，如果是反对进学校学习，那末抗大、马列学院、党校、鲁艺都可以不要办了。不是反对进学校学习，我们要办这些学校。"③ 他所强调的是，要把教育与社会、实践、环境等紧密联系起来，既

---

① 《全国人民代表大会常务委员会关于修改〈中华人民共和国教育法〉的决定》，《人民日报》2014年4月30日。

② 中华人民共和国教育部、中共中央文献研究室编：《毛泽东邓小平江泽民论教育》，中央文献出版社、人民教育出版社、北京师范大学出版社2002年版，第28—29页。

③ 中华人民共和国教育部、中共中央文献研究室编：《毛泽东邓小平江泽民论教育》，中央文献出版社、人民教育出版社、北京师范大学出版社2002年版，第28页。

善于读"有字之书",又善于读"无字之书"。正是基于此,他在 1957 年普通教育工作座谈会上强调,"政治课要联系实际,生动有趣,不要教条式的……课本要两三年修改一次,使之不脱离实际"①。

邓小平在谈到青年的教育问题时也鲜明指出:"最终说服不相信社会主义的人要靠我们的发展。如果我们本世纪内达到了小康水平,那就可以使他们清醒一点;到下世纪中叶我们建成中等发达水平的社会主义国家时,就会大进一步地说服他们。"② 他还谈道:"这些年总的发展不错,国家情况好,人民生活逐步提高。学生们放假回家,可以看到自己家里生活确实发生了变化,父母也要给他们上课的。"③ 邓小平这些朴实生动的话语所蕴含的道理其实是一致的,那就是教育只有和时代发展、社会现实紧密结合在一起,才能产生更大的效果。围绕这一问题,习近平总书记也多次强调:"要高度重视思政课的实践性,把思政小课堂同社会大课堂结合起来,在理论和实践的结合中,教育引导学生把人生抱负落实到脚踏实地的实际行动中来,把学习奋斗的具体目标同民族复兴的伟大目标结合起来,立鸿鹄志,做奋斗者。"④

从现实层面来说,近年来,笔者一直坚持在做大学生思想

---

① 中华人民共和国教育部、中共中央文献研究室编:《毛泽东邓小平江泽民论教育》,中央文献出版社、人民教育出版社、北京师范大学出版社 2002 年版,第 69 页。

② 中华人民共和国教育部、中共中央文献研究室编:《毛泽东邓小平江泽民论教育》,中央文献出版社、人民教育出版社、北京师范大学出版社 2002 年版,第 185—186 页。

③ 中华人民共和国教育部、中共中央文献研究室编:《毛泽东邓小平江泽民论教育》,中央文献出版社、人民教育出版社、北京师范大学出版社 2002 年版,第 186 页。

④ 习近平:《思政课是落实立德树人根本任务的关键课程》,人民出版社 2020 年版,第 21 页。

政治状况的调查研究。调查结果显示，是否参与社会实践影响着大学生的理想信念、成长成才。总之，无论是理论层面的分析，还是现实层面的调研都表明，只有把思政小课堂与社会大课堂结合起来，善用历史长河、时代大潮、全球风云中的鲜活素材、生动故事讲好"大思政课"，才能更好地引导学生深刻理解中国共产党为什么能、马克思主义为什么行、中国特色社会主义为什么好。

四 如何善用"大思政课"

习近平总书记指出："讲好思政课不容易，因为这个课要求高。"① 善用"大思政课"更不容易，要求也更高。我们只有从多个方面着手，弄清根本要义、把牢核心关钮、明晰基本路径，才能把"大思政课"讲得有温度、有力度、有效度。

善用"大思政课"需要明确教育导向，打通教育场域，串连教育内容，让思政课与时代同向、与现实同频、与实践同行，真正发挥培根铸魂、启智润心的作用。具体来说，在教育导向上，要实现小我与大我的贯通，引导学生在"小我融入大我"中彰显人生价值、升华人生境界；在教育场域上，要实现学校与社会的贯通，引导学生在追求真理、观察社会中立大志、明大德、成大才、担大任；在教育内容上，要实现理论与实践的贯通、历史与现实的贯通、中国与世界的贯通，引导学生深刻理解中华民族苦难辉煌的过去、日新月异的现在、光明宏大的未来，在厚植爱党爱国爱社会主义情怀中，进一步坚定

---

① 习近平：《思政课是落实立德树人根本任务的关键课程》，人民出版社2020年版，第10页。

为实现中华民族伟大复兴而奋斗的信心和决心。

善用"大思政课"需要围绕问题展开对话。具体来说，"任何社会任何时期都会有各种问题存在，要教育引导学生正确看待、辩证认识、理性分析现实问题，辨明大是大非、真假黑白，在对社会假恶丑现象的批判中弘扬真善美。要坚持问题导向，学生关注的、有疑惑的问题其实也就几大类，要把这些问题掰开了、揉碎了，深入研究解答，把事实和道理一条条讲清楚。实际上，有时候不一定讲得那么高大全，从一个问题切入，把一个问题讲深，最后触类旁通，可以带动很多关联问题，有可能是一通百通，提纲挈领。要练就不怕问、怕不问、见问则喜的真本领，不能见学生提问就发怵。真理从来是在诘问和辩难中发展起来的，如果一问就问倒了，那就说明所讲的不是真理或者自己还没有掌握真理"[1]。2015—2020 年，我们连续 6 年开展的大学生思想政治状况滚动调查显示，在大学生对思想政治理论课教学内容的改进建议中，"密切与现实生活的联系"和"积极回应理论热点问题"两个方面一直位居前列。这提示我们，思政课的实效性和敢不敢于面对现实问题、善不善于解答热点问题密切关联，我们所推动的思政课改革创新，所善用的"大思政课"，要经得起学生各种"为什么"的追问，才能取得好效果。

从基本路径层面来说，需要重点关注两个维度。一个维度是，要以波澜壮阔的实践为课堂，把学生带出去，感受天地之间的浩然正气，让他们在实践中深化理论认知、陶养情操情怀、增强信仰信念；另一个维度是，要引生动鲜活的实践进课堂，让学生沉下来，探寻理实交融的无限奥秘，让他们在课堂

---

[1] 习近平：《思政课是落实立德树人根本任务的关键课程》，人民出版社 2020 年版，第 20 页。

上提升实践感悟、探寻事物本质、把握发展规律。当然，这两个维度都需要老师带着学生去做，这就给教育者提出了更高的要求。一方面，把学生带到广阔的天地之中以后，能不能把现实社会中的教育元素提炼出来，点化学生，引导他们在纷繁复杂的现实社会生活中求真理、悟道理、明事理，进而实现精神上的洗礼、思想上的升华，这对于教育者来说是一种考验；另一方面，把生动鲜活的实践引到课堂以后，能不能基于鲜活的素材提炼规律，引导学生，激励他们在攀登知识高峰中追求卓越、在肩负时代重任时行胜于言，进而在真刀真枪的实干中成就一番事业，对于教育者来说也是一种考验。西晋文学家陆机曾经写过一篇《文赋》，其中有一句"笼天地于形内，挫万物于笔端"，对于教育者从上述两个维度用好、讲好"大思政课"有很大的启发意义。"笼天地于形内"启示我们，要胸怀天下，有宽广的视野，能结合社会现实，通过生动、深入、具体的纵横比较，把道理给学生讲清楚、讲明白；"挫万物于笔端"则启示我们，要心存信仰，有扎实的功底，能活用多种方式，以透彻的学理分析回应学生，以彻底的思想理论说服学生，让学生心服口服、受益终身。

在这两个维度上，武汉大学围绕讲好抗疫"大思政课"，进行了全方位、多角度的探索与实践，取得了较为显著的效果。一是把抗疫战场变为现实课堂。在抗击新冠疫情期间，武汉大学两家附属医院先后投入医护人员 17000 余人，提供 13000 多张床位，收治病患 10920 人；涌现出"看夕阳老人"王欣等众多鼓舞人心的抗疫故事；接管雷神山医院，创造出"边建边治边培训"奇迹；全校 1549 名学生自愿报名，组成志愿服务队，为 641 名一线医务人员子女结对服务。其中，99.6% 的学生为"90 后"，"00 后"近半数，党团员比例超过 98%。二是把抗疫故事用作教育素材。学校组建了全国高校首家"弘扬抗疫精神,坚定爱国力行"宣讲团。宣讲团由校党委书记韩进、校长窦贤康担任团长,由 57 名成员组成。博士生宣讲团、青年讲师团、榜样珞珈宣讲团等,用青春话语讲述抗疫故事,推出"战疫微宣讲"专题 37 集,宣讲 100 余场,覆盖全校两万余名师生员工。三是把抗疫元素融入文化建设。2020 年 6 月 20 日,在疫情防控形势有所缓和的情况下,学校克服重重困难、经过激烈论证,举行了盛大的毕业典礼,并通过 5G 网络向全世界直播。相关视频在各网络平台播放量超 5000 万次,5 个相关话题登上微博热搜榜,总浏览量超 7 亿,被誉为一堂最美大学校园里的"最美思政课"。学校把抗疫的珍贵记忆放进展览馆、博物馆。精心筹划举办了"我们在一起——武汉大学抗击新冠疫情特展",再现了 420 余幅珍贵照片、140 件(套)一线抗疫实物。展出期间,共接待团队 310 批、观展 53147 人次、志愿讲解 1929 小时、超过 4000 名观众点赞留言。防护服、出入证、消毒用具、测温仪……展览把丰富的细节保存下来,把感人的故事传递出去,让师生接受精神的洗礼、心灵的熏陶。与特展相配合,学校还围绕弘扬抗疫精神和武大精神主题,举办了"同舟·回珈"抗疫文艺展演、科普宣传讲座、防疫知识问答等一系列宣传教育活动,进一步扩大了展览的传播力、影响力和感召力。2021 年 3 月,学校举办抗疫医护赏樱专场,以"最高礼遇"迎接各方抗疫英雄。1500 余名学生和 100 余名教师自发担任志愿者,为 58109 名医护人员及家属提供"一对一"服务。在鲲鹏广场,抗疫英雄和师生们共同唱起《没有共产党就没有新中国》《我和我的祖国》,《新闻联播》等 9 档央视栏目 26 次报道相关内容;中央电视台、新华社等全国逾百家媒体平台直播赏樱专场仪式,播放量近千万次,人民日报、央视网等新媒体平台直播学校致敬抗疫英雄文艺晚会,全网播放量逾 200 万次。大家之所以对这类以文化人活动如此关注，更多的是对活动中间价值元素和教育力量的关切。四是把抗疫精神融入课程教学。除了将抗疫精神融入已有的思想政治理论课之外，在湖北省教育厅的推动下，学校还组织教学团队，打造了全省首门高校省级本科素质教育选修课程——《伟大抗疫精神》，课程以翔实的数据为基，以感人的事例为引，围绕伟大抗疫精神"由何而来""体现何处""何以形成""价值何在""如何弘扬"等问题，进行了深入浅出的讲解，在学生之中引起了强烈反响，全省共有66所高校的8万多名学生选修了本门课程。以上这些，都是我们善用"大思政课"的有益探索。

（本文原刊于《思想政治教育研究》2021年第3期，系2021年6月19日作者在"伟大抗疫精神与'大思政课'理论研讨暨学习交流会"上发言的一部分）

论高校思想政治理论课的细节叙事

习近平总书记指出："思政课就要讲好中华民族的故事、中国共产党的故事、中华人民共和国的故事、中国特色社会主义的故事、改革开放的故事，特别是要讲好新时代的故事。"①这一论述对高校思想政治理论课教学叙事提出了明确的要求。然而，当前部分高校思想政治理论课的教学叙事存在着简单停留于宏大叙事而忽略细节叙事的问题，在一定程度上影响了叙事效果。在教学实践中，不少学生的疑惑往往生于细节，学生的提问也常以细节的方式呈现。学生的疑惑是思政课必须讲清楚的重点，高校思想政治理论课要真正地答疑解惑，就不能回避学生的细节问题。教师欲解答学生的疑惑，也需要深入细节、呈现细节，把问题掰开了、揉碎了讲透彻。因此，提升高校思想政治理论课亲和力、感染力，增强高校思想政治理论课的针对性和实效性，需要高校思想政治理论课教学中细节叙事的有效在场。深入研究高校思想政治理论课的细节叙事，需要回答好细节何为的价值问题、以何细节的内容问题和如何细节的方法问题。

---

① 习近平：《思政课是落实立德树人根本任务的关键课程》，人民出版社2020年版，第22—23页。

一 细节何为：细节叙事在高校思想政治理论课教学中的重要作用

细节叙事是微观叙事的一种，以突出把握事物或故事细节为主要特征，是十分重要的一种叙事方法。在古今中外的典籍中，对细节叙事的强调常见诸笔端。司马迁自序曰："我欲载之空言，不如见之于行事之深切著明也。"① 丰富的细节描写不仅使历史长河中的人事活灵活现，而且还巧妙地寓褒贬于其中，成就了史记的煌煌之名。顾炎武称赞道："古人作史，有不待论断而于序事之中即见其指者，惟太史公能之。"② 刘知几在《史通》中指出章句之言"一言而巨细咸该，片语而洪纤靡漏"③，在强调行文方法的同时也强调写史不能忽视细节。高尔基认为："创作——这就是把许许多多细小的东西结合成为形式完美的或大或小的整体"④，更是将细节叙事提高到文学创作的本体高度来审视。习近平总书记也强调细节之于文艺创作的重要意义，他强调"很多事情都是在细节，演电影、写小说都是细节"⑤。可见，无论是写史，还是作文，但凡是叙事活动，都不能忽略细节叙事的重要意义。在高校思想政治理论课的叙事中，细节叙事也十分重要。用好细节叙事，能大大增加高校思想政治理论课的思想深度、趣味程度、信息密度和

---

① 《史记·太史公自序》。
② （明）顾炎武著，（清）黄汝成集释：《日知录集释》（校注本）第五册，乐保群校注，浙江古籍出版社 2013 年版，第 1462 页。
③ （唐）刘知几：《史通》，黄寿成校点，辽宁教育出版社 1997 年版，第 52 页。
④ 中国社会科学院外国文学研究所、外国文学研究资料丛刊编辑委员会：《外国理论家作家论形象思维》，中国社会科学出版社 1979 年版，第 522 页。
⑤ 《习近平谈治国理政》第 3 卷，外文出版社 2020 年版，第 325 页。

情感温度，使高校思想政治理论课能吸引学生的目光，真正走进学生的心里。

恰当的细节叙事可以增加高校思想政治理论课的思想深度。高校思想政治理论课的思想深度往往体现教师对社会历史现象和规律理论分析的透彻程度，而理论分析要想透彻澄明，就不能缺少对细节的把握。恩格斯在评价赫拉克利特等古希腊哲学家朴素的运动世界观时指出："这种观点虽然正确地把握了现象的总画面的一般性质，却不足以说明构成这幅总画面的各个细节；而我们要是不知道这些细节，就看不清总画面。"①总画面由无数的细节积累而成，如果没有细节，总画面也难以看清。细节是整体之部分，是全局之局部，体现矛盾特殊性的细节往往承载着事物整体和过程全局所具有的普遍性规律，是理论阐释最好的例证。中国古人所强调的"见微知著""察几达变""原始察终"也是对部分展现整体、局部揭示全局这一细节作用的自觉应用。高校思想政治理论课教师如果不想将科学的理论讲成干瘪空洞的原则教条，就必须紧密结合气象万千的具体实际，以丰富生动的细节展现理论蓬勃的生命力。善用细节叙事，思想理论的讲授才能更加向细延伸、向深挖掘、向远拓展。在理论细节的展开和故事细节的叙述中，学生的认识也才能完成由感性而理性、从抽象到具体的飞跃，真正深入理解科学思想理论的内核与本质。

恰当的细节叙事可以增加高校思想政治理论课的趣味性。高校思想政治理论课中的很多内容，关注的是国家、民族、社会等大主题，切入的是历史、整体、全局等大视野。这样的大主题、大视野无疑是新时代的青年大学生所应当关注、应当涵育的。在对这些大主题、大视野的讲述中，教师如果能善于与

---

① 《马克思恩格斯文集》第 3 卷，人民出版社 2009 年版，第 539 页。

学生日常生活的小世界、截断面等进行关联，那么，这样的思政课便更可能有一种以"趣味盎然"的方式通于"大道"的境界。这是因为：其一，细节内容有趣味。动人的细节往往来自生活的视角、常人的视野，能够贴近学生的日常生活、契合学生的日常审美。细节叙事是一种放大局部、聚焦过程的深描，或是呈现给学生许多未尝关注的生活或历史细节，或是唤醒学生已有的细节记忆，能够迅速抓住学生的兴趣点。其二，细节表述有趣味。细节表述是描述性的，所营造出来的真实感可以带给学生独特的心理体验，使学生沉浸在叙事的氛围中，从而更容易理解教师叙事的逻辑。细节叙事一般采用的是通俗平实的语言，通常饱含着生活的汁液，更易于反映日常生活世界这一普通人的会意空间。概言之，细节叙事有助于避免生硬的理论说教、消解学生的逆反心理，能够在细节的无声流淌中激发学生的思考，在喜闻乐见中促进学生由被动接受向主动探索的积极转变。

恰当的细节叙事可以增加高校思想政治理论课的信息密度。丰富的信息往往蕴藏于细节之中。毛泽东喜欢读《红楼梦》，认为"它有极丰富的社会史料"①，可以让人看到封建社会的生活百态。1938 年，毛泽东在延安鲁迅艺术学院的讲话中就举了一个《红楼梦》中的细节："比如它描写柳湘莲痛打薛蟠以后便'牵马认镫去了'，没有实际经验是写不出'认镫'二字的。事非经过不知难，每每一件小事却有丰富的内容，要从实际生活经验中才会知道。"②《红楼梦》之所以能成为千古名著，与其内容丰富的细节是分不开的。而一些思政课教学，之所以被学生认为"枯燥乏味"，与其细节的贫乏大有

---

① 《毛泽东文集》第 2 卷，人民出版社 1993 年版，第 124 页。
② 《毛泽东文集》第 2 卷，人民出版社 1993 年版，第 124 页。

关联。一些教师在授课中只讲道理、不讲故事，只讲梗概、不讲细节，理论没有具象、故事没有内容、人物没有塑造，既导致理论推演和故事讲解停留表面，也没有足量信息的冲击，因而难以深入学生的内心世界，无法为学生提供足够的获得感。事实上，恰当的细节叙事可以充分给高校思想政治理论课进行信息赋能。细节叙事可以将大量学生想要获知的具体细节平铺眼前，用饱满的信息回应学生的知识渴求，用具体的经验为学生指点迷津，可以抚平学生的时间焦虑、缓解学生的本领恐慌，提供更为充实的获得感。细节蕴含的丰富信息还可以给学生留下长久回味的空间，使高校思想政治理论课真正成为可以多次琢磨、反复品味的"金课"。

恰当的细节叙事可以增加高校思想政治理论课的情感温度。其一，细节可以充分展现故事人物的情感。细节叙事所营造的真实氛围可以给人以身临其境、以身代之的心理体验，将人们纳入共同的主体视角，引发人们对故事人物所表现情感的深深共鸣。习近平总书记讲述刘少奇同志心系人民、廉洁奉公时曾提到刘少奇同志对讲排场、摆阔气等现象的深恶痛绝，讲了刘少奇同志回家乡农村调查睡在"养猪场饲养员用过的铺了稻草的木板床上"①的细节，充分展现了老一辈革命家对廉洁朴素作风的珍视和对铺张浪费的反感。其二，细节叙事本身就蕴含着叙事人的情感倾向。一个故事往往蕴藏着无数的细节，讲哪些细节、不讲哪些细节根本上由教师的情感倾向所决定，最终也反映出教师对一件事情的态度和看法。教师在细节叙事中的情感倾向会在不知不觉间濡染着学生。习近平总书记回忆初中政治课老师讲述焦裕禄

---

① 习近平：《在纪念刘少奇同志诞辰 120 周年座谈会上的讲话》，人民出版社 2018 年版，第 15 页。

事迹时说："特别是讲到焦裕禄肝癌最严重时把藤椅给顶破了，我听了很受震撼。"①"把藤椅给顶破"这一细节充分地反映了焦裕禄同志是如何饱受病痛的折磨，凸显了"痛"这一自然情感，让人们感同身受英雄的境遇，更能深刻理解英雄选择的可贵。教师选择讲述这一细节，也不难看出他心中对焦裕禄同志的无限崇敬，这一崇敬之情正是在细节叙事之间传递给了学生。其三，细节叙事还可以拉近教师与学生之间的心理距离。细节叙事不是高高在上的真理揭示，而是平等的故事讲述与倾听，细节叙事创造的"对话空间"可以最大限度地使学生放下戒备和抗拒心理，有效消除师生之间的心理隔膜。

细节叙事在高校思想政治理论课教学中具有重要作用，有着诸多方面的原因。其中，既有契合人类认识规律的深层逻辑，也有符合当代青年大学生接受特点的现实原因。从一般的认识过程来看，人们认知事物往往是从小到大、从一到多、从简单到复杂、从部分到整体、从形象到抽象、从感性到理性。细节本身就是小的、简单的、部分的、形象的、感性的，既饱含信息，又无须进行过于复杂的思考判断，因此能够更容易地被人们识别、理解和接受。从当代青年大学生的接受特点来看，当代青年大学生是在互联网中成长起来的一代，互联网碎片化的信息传播和接受机制在某种程度上形塑了他们对细节叙事的接受偏好。在互联网中，"这里的核心是个人，分享的是个人的经历片段和对某事的零星看法。这些'片段'和'零星看法'，注定是'碎片化'的"②。高校思想政治理论课用好

---

① 习近平：《思政课是落实立德树人根本任务的关键课程》，人民出版社 2020 年版，第 13 页。

② 杨伯溆：《宏大叙事与碎片化：全球化进程中互联网传播及其意义》，《现代传播》2019 年第 11 期。

细节叙事，既有适应这一接受特征的一面，也有引导这一接受偏好的一面。高校思想政治理论课的细节叙事不是让野蛮生长的细节将感性思维和理性思维阻隔开来，让学生沉浸于碎片堆积的虚假满足，而是要通过精心选择的细节促使学生的认识深化更自然发生、更自觉推进。

二 以何细节：高校思想政治理论课细节叙事的内容

高校思想政治理论课具有用好细节叙事的丰富细节资源。从历史来看，五千多年中华文明史、五百多年世界社会主义运动史、一百多年中国共产党的奋斗史、七十多年中华人民共和国的发展史中充满着可歌可泣的奋斗史诗。从现实来看，新时代以来我们党领导中国人民取得了前所未有的历史性成就，我们正阔步于波澜壮阔的中华民族伟大复兴新征程。历史与现实中的诸多细节都对讲好高校思想政治理论课具有十分重要的价值。其中，有心理细节、外貌细节、行为细节，有数字细节、有文字细节，有个人的细节、有群体的细节，有衣、食、住、行的细节，还有理论本身的细节及其发生、发展的细节，等等。高校思想政治理论课的细节叙事，不必面面俱到，需有择而叙，体现出鲜明的引导性。高校思想政治理论课教师欲讲好细节，讲出好的细节，尤其需将最真实、最震撼、最近人的细节呈现给学生，让学生真真切切地感受到创业之难、信念之坚、成就之巨、前途之明、奋斗之力，不断增强做中国人的志气、骨气、底气。

其一，讲述原汁原味的真实细节。"真者，精诚之至也。

不精不诚，不能动人"①。真实的细节，最具有生命力。习近平总书记在论述文艺创作时指出："细节要真实，而真实要去挖掘"②，充分指出了细节对于文学影视创作的重要意义，也同时揭示了细节的真实对于叙事的重要意义。高校思想政治理论课教学不是文艺创作，无须从无到有创作仿真细节，而是要学会挖掘和传递细节，但对其细节真实的要求与文艺创作是一致的。法国文学大师巴尔扎克在文学创作中最为重视细节的真实性，他强调，因为"当我们在看书的时候，每碰到一个不正确的细节，真实感就向我们叫着：'这是不能相信的！'如果这种感觉叫得次数太多，并且向大家叫，那么这本书现在与将来都不会有任何价值了"③。高校思想政治理论课教学也是如此。如果教师的细节叙事与人们的常识相悖，经不起推敲和考证，学生难免怀疑细节的真实性，一旦这种怀疑积累到一定程度，那么不仅教师所叙之事，甚至所传之道都会受到质疑。事实上，我们的高校思想政治理论课，完全可以堂堂正正地讲出最真实的细节。中国共产党领导中国人民的奋斗历史是真实可考的，党和人民所取得的伟大成就是真实可感的，我们没有理由不把真实的细节呈现给学生。在高校思想政治理论课教学的实践中，之所以会出现学生对教师叙事细节真实性的疑问，很大程度上是因为部分教师疏于考证，轻易取信从网络上或其他渠道"拿来"的材料。教师要讲出真实的细节，应当坚持尊重科学的态度、求真务实的精神，在呈现给学生之前自己再三考证、不断推敲。

其二，讲述震撼人心的典型细节。真实的细节浩如烟海，

---

① 《庄子·渔父》。
② 《习近平谈治国理政》第 3 卷，外文出版社 2020 年版，第 325 页。
③ 童庆炳、马新国主编：《文学理论学习参考资料新编》（上），北京师范大学出版社 2005 年版，第 118 页。

不可能——平铺，高校思想政治理论课教师需从其中选择出对叙事说理最有价值的细节。"真正的细节必须是承载了文化情感结构、具有文化情感表现力的对象。"① 在我们要讲述的细节中，最不可或缺的是能够吸引关注、震撼人心、留下烙印、引起共鸣的典型细节。这种能够抓住人的震撼细节，不是谁的编造，而是真实发生的客观事实。我们讲述这种震撼的细节，不是为了猎奇娱乐或者简单地夺人眼球，而是为了让学生明悟选择、传承信念。习近平总书记在讲党史故事时就特别注重动人细节的讲述，特别会以细节论理想、以细节讲信念。在论及革命先辈前仆后继不畏牺牲的革命信念时，他提到了"毛主席一家为革命牺牲 6 位亲人，徐海东大将家族牺牲 70 多人，贺龙元帅的贺氏宗亲中有名有姓的烈士就有2050 人"② 这样的数字细节。革命先辈牺牲之惨烈、革命意志之坚定，于此细节中可见缩影。在论及革命先辈的坚贞不屈时，他深情讲述陈树湘"断肠明志"的牺牲细节。一个人需要有多大的毅力，才能忍受剧痛自己断肠术死？信念之坚，片语可见。在论及共产党人的廉洁无私时，他讲述了长征途中管被装的军需处长被冻死时"穿着单薄的旧衣服"③ 的细节。共产党人廉洁自律的高尚品德和先人后己的奉献精神在细节之间冲击人们的心灵。在论及吉林的光荣革命传统时，他讲述了杨靖宇牺牲时"胃里全是枯草、树皮和棉絮，没有一粒粮食"④ 的细节。共产党人坚持不屈的斗争精神在细节之间给人留下了深刻印象。习近平总书记讲述的这些细节十

---

① 吴琼：《"上帝住在细节中"——阿比·瓦尔堡图像学的思想脉络》，《文艺研究》2016 年第 1 期。

② 人民日报评论部：《习近平讲故事》，人民出版社 2017 年版，第 71 页。

③ 习近平：《论中国共产党历史》，中央文献出版社 2021 年版，第 30—31 页。

④ 习近平：《论中国共产党历史》，中央文献出版社 2021 年版，第 160 页。

分典型，所产生的效果也极为震撼，为高校思想政治理论课教师活用动人的细节作出了榜样。高校思想政治理论课教师应当精心拣选、精心设计，用最具代表性最打动人的细节讲好中国故事、传承中国精神、凝聚中国力量。

其三，讲述贴近生活的平常细节。一个完整的故事需要多种细节，令人震撼的典型细节是其中一种，贴近生活的平常细节则是另外一种，前者是叙事的高潮，后者是叙事的铺垫，但是铺垫也十分重要。平常细节的呈现能够带给人们身临其境的体验感，没有平常细节的铺垫，高潮会显得突兀，主题的论证也难免漏洞百出。高校思想政治理论课应当讲述的细节中，也不能忽略贴近生活的平常细节。无产阶级革命家列宁非常重视平常细节的叙事。他在评论阿尔卡季·阿韦尔琴科的小说《插到革命背上的十二把刀子》时对其中"吃"的描写给予了高度评价，他写道："旧俄罗斯的阔佬们怎样大吃大喝，怎样在彼得格勒（不，不是在彼得格勒，而是在彼得堡）花 14 个半卢布或者 50 个卢布吃一顿小吃，等等。作者描写这一切的时候，简直馋涎欲滴。"① 这些细节描写充分展现了资产阶级的奢靡无度，更凸显了无产阶级生活的困苦，从而更容易激发无产阶级的阶级情感。毛泽东讲故事也十分注意贴近生活平常细节的描述。在与埃德加·斯诺谈到自己早年在北京的求学生活时，他谈到自己住在北京三眼井拥挤的大通铺，睡觉的时候"每逢我要翻身，得先同两旁的人打招呼"②，形象地说明了当时生活的窘境。但是，尽管生活拮据，他也并没有抱怨，反而被北京的美所吸引，将故都的美作为对生活的丰富补偿。"北

① 《列宁全集》第 42 卷，人民出版社 2017 年版，第 285—286 页。
② ［美］埃德加·斯诺：《红星照耀中国》，董乐山译，人民文学出版社 2016 年版，第 143 页。

海上还结着坚冰的时候，我看到了洁白的梅花盛开。"① 这些日常生活的小细节透露着伟人不屈于困境的豁达心态和积极向上的革命乐观精神。习近平总书记也时常注意使用平常细节。在讲焦裕禄的故事时，他还曾提到一个生活中令人潸然泪下的细节。"他的衣、帽、鞋、袜都是拆洗多次，补了又补、缝了又缝。"② 这种日常生活的细节呈现使一个生活俭朴勤俭节约的公仆形象跃然眼前。在教学实践中，教师需根据故事讲述的需要选择呈现贴近生活的平常细节。

三　如何细节：高校思想政治理论课教师善用细节叙事的方法

　　细节叙事在高校思想政治理论课教学中具有重要作用，思想政治理论课也具有细节叙事的丰富资源，但是要讲好细节，还需注意方法。高校思想政治理论课的细节叙事需聚焦讲道理这一思政课的本质，围绕提升育人实效来做文章，不能为细节而细节，不能因细节而消解"宏大"、弱化"价值"、虚无"理论"。高校思想政治理论课教师要善于讲细节，需要明晰细节叙事的边界，依循科学理论的指导，兼顾具体故事的语境。

　　明晰细节叙事的边界。细节叙事有具体的适用场景，有恰当的使用数量，一旦超出，则不仅不能达成效果，反而有可能起到反作用。一方面，细节也有不能叙之事。思政课教师当以

---

①　［美］埃德加·斯诺：《红星照耀中国》，董乐山译，人民文学出版社2016年版，第143页。

②　习近平：《做焦裕禄式的县委书记》，中央文献出版社2015年版，第41页。

纵横世界的视野、贯通古今的思维、革故鼎新的气魄为学生提纲挈领，把学生需要关注的大问题、如何解决问题的大逻辑、应当一以贯之的大情怀摆到学生视域中的突出位置。这些都不是细节叙事所单独能为的。宏大叙事可以全景式地展现历史故事、史诗般地彰显历史价值，提供完整的、全面的、系统的视野，这是细节叙事所难以企及的。另一方面，细节叙事有着适量的要求。细节过多会忽略叙事的重点、模糊说理的焦点。在中西文学艺术史上，有不少名家都关注到了细节繁多对叙事的影响。我国古代文论大家刘勰曾论写作的细节问题，他认为："骈拇枝指，由侈于性，附赘悬疣，实侈于形"①，认为作文应当裁剪枝叶、畅通主干。我国古代戏曲家李渔也曾批评一些剧作者"不讲根源，单筹枝节"，只以为人越多、故事越多越好，其结果是"令观场者如入山阴道中，人人应接不暇"。他精辟地指出："头绪繁多，传奇之大病也。"② 法国启蒙思想家狄德罗也反对细节过于错综复杂，他在论述戏剧诗时指出"诗人对枝节的选择必须严格，而且在利用时应善于节制"③。俄国作家契诃夫批评叶·米·莎芙罗娃的小说细节过多未善加使用，"您的小说里，情形也是这样：动作少，细节多，那些细节堆积起来了"④。这些对过度细节的思考凝结着对细节叙事的规律性认识，对高校思想政治理论课的细节叙事也极具启示意义。在高校思想政治理论课中，细节叙事需用在关键之处、关键之时，需与宏大叙事相配合，而不能简单地让细节成为主

---

① 《文心雕龙·镕裁》。

② 李渔：《闲情偶寄》，《李渔全集》第三卷，单锦珩校点，浙江古籍出版社1991年版，第12—13页。

③ ［法］狄德罗：《论戏剧诗》，《狄德罗美学论文选》，徐继曾、陆达成译，人民文学出版社1984年版，第154页。

④ ［俄］契诃夫：《写给叶·米·莎芙罗娃》，《契诃夫论文学》，汝龙译，人民文学出版社1958年版，第248页。

场景、成为基本色。

依循科学理论的指导。细节叙事基于细节，但是不能拘于细节。习近平总书记在论述大局观时就深刻阐述了基于细节、跳出细节的重要思想："所谓正确大局观，就是不仅要看到现象和细节怎么样，而且要把握本质和全局，抓住主要矛盾和矛盾的主要方面，避免在林林总总、纷纭多变的国际乱象中迷失方向、舍本逐末。"① 以科学的思想理论为指导，在把握本质、放眼全局、紧扣矛盾的基础上讲细节，细节叙事才更具价值。高校思想政治理论课教学中细节叙事的开展需注意如下三点。一是在思想理论的框架中叙述细节。思想理论教育是高校思想政治理论课的主要内容，细节叙事只有置于思想理论讲授的框架之中、沿着思想理论讲授的逻辑展开，才真正有助于加深学生对思想理论的理解。也只有在思想理论的框架中进行细节叙事，才能避免和克服细节叙事可能导致的逻辑碎片化问题。高校思想政治理论课教学何时该讲细节、该讲什么细节、该讲多少细节需要根据思想理论授课的内容、结构和形式具体统筹。二是教导学生分辨细节。社会历史中的现象和细节本就纷繁复杂，一些别有用心之人还妄图用虚假的、夸张的细节来消磨崇高、掩盖真理、肢解整体，学生容易陷于细节的海洋不知所措。列宁曾这样讲过："资产阶级的学者和政论家替帝国主义辩护，通常都是采用比较隐蔽的方式，掩盖帝国主义的完全统治和帝国主义的深刻根源，竭力把局部的东西和次要的细节放在主要的地位，拼命用一些根本无关紧要的'改良'计划，诸如由警察监督托拉斯或银行等等，来转移人们对实质问题的注意。"② 高校思想政治理论课教师需活用辩证唯物主义和历

---

① 《习近平谈治国理政》第3卷，外文出版社2020年版，第427页。
② 《列宁选集》第2卷，人民出版社2012年版，第670页。

史唯物主义，善用创新思维、辩证思维，抓住关键、找准重点、提炼焦点，在比较分析中教导学生透过现象抓住本质、拨开迷雾分清主次，全面客观地认识和分辨细节。三是点拨学生升华细节。细节叙事本身不是目的。高校思想政治理论课教师需促进学生从对事物细节的感性认识升华为对事物全局的理性认识，在对细节事实的理性判断中生发出对科学思想理论的系统认知和深层认同。在用科学理论驾驭细节叙事方面，马克思为我们做了很好的示范。在《1848 年至 1850 年的法兰西阶级斗争》《路易·波拿巴的雾月十八日》等著作中，马克思对特殊历史截面的精细描述紧扣思想阐释的框架和理论论证的过程，其细节描述不仅本身就能抓住人，而且还暗含着马克思对历史的总体看法，既有效展现了宏大历史的精微脉动，也清晰凸显了马克思对社会历史规律的科学揭示。"表层的微观描述与深层的宏大叙事相互映衬、表里一致，构成了独具特色的历史唯物主义叙事方式。"①

兼顾具体故事的语境。细节是故事的重要成分，细节叙事是讲故事的重要方法。没有细节的点缀，故事就失去血肉不再丰满，没有故事的语境，细节则只剩下枝叶不见主干。讲细节就是讲故事，讲细节是为了讲好故事，对具体故事语境的观照是细节叙事必须一以贯之的重点。一方面，细节叙事只有放入具体故事之中才具有完整性。孤零零的细节叙事容易出现整体逻辑的断裂、关键信息的缺失，常常难以实现叙事的效果，甚至还可能起到反作用，成为"低级红""高级黑"。一些历史虚无主义者正是挑选、截取、放大了历史中的个别细节，以个案代替全部、以细节代替整体，试图歪曲、否定和虚无主流历

---

① 丁匡一：《历史唯物主义的叙事方式——基于宏大叙事与微观描述》，《现代哲学》2017 年第 4 期。

史记忆，消解主流价值，解构科学理论。一些人披着"尊重常识""回归真实"的外衣，抽离故事发生时具体的历史情境，一味地以当代人的思想观念、生活条件对历史中的个别细节进行所谓的"常识判断""科学研究"，最终得出虚无英雄、拒斥崇高的荒谬结论。高校思想政治理论课的细节叙事也要切忌裁剪割裂、断章取义。另一方面，一个故事往往会有多个多种细节，这些细节之间的关系也需要根据故事的逻辑精心安排。一是避免同质化细节反复出现。单一的细节容易使人产生审美疲劳，削弱细节叙事的效果，而多维度的细节则可以更好地激发学生思考。二是细节与细节之间需紧密串联、有机协同。正如狄德罗在论述戏剧创作时所强调的："他应该把各个枝节按照题材的重要性作适当的安排，并在它们之间建立一种几乎不可或缺的联系。"① 高校思想政治理论课在开展细节叙事之时也应当梳理好细节之间的逻辑，以一以贯之的主线串联起各有特色的细节，实现细节叙事的良好效果。

天下大事必作于细。思想政治理论课是立德树人的关键课程，高校思想政治理论课是这一关键课程的关键部分，讲好高校思想政治理论课，需要从大处着眼，也需从小处着手。高校思想政治理论课教师善用细节叙事，讲好"细节"，讲透理论，青年大学生才能够从关键课程中汲取更多的营养，向着有理想、敢担当、能吃苦、肯奋斗的新时代好青年成长奋进。

（本文原刊于《中国高等教育》2023 年第 17 期，与蒋从斌合作）

---

① ［法］狄德罗：《论戏剧诗》，《狄德罗美学论文选》，徐继曾、陆达成译，人民文学出版社 1984 年版，第 154 页。

讲出思想政治理论课应有的精彩

在学校思想政治理论课教师座谈会上，习近平总书记明确将思想政治理论课称为"不可替代"的"关键课程"。这是对思想政治理论课性质与作用的精准定位。思想政治理论课能不能真正发挥好立德树人的关键性、不可替代性作用，归根到底要看思想政治理论课的教学质量；思想政治理论课能否为学生真心喜爱、终身受益，归根到底也关乎思想政治理论课的教学质量。教学质量是思想政治理论课的生命线，是"金课"含金量的唯一计量标准。落实习近平总书记在学校思想政治理论课教师座谈会上的重要讲话精神，最根本的，就是要以重要讲话精神为指导，切实提升思想政治理论课的教学质量，讲出思想政治理论课应有的精彩，将思想理论的魅力充分地展现在担当民族复兴大任时代新人的成长之中。

近年来，党和国家对思想政治理论课的建设一以贯之地给予了高度重视，改进思想政治理论课的合力不断强化、氛围更加浓厚，创新性探索更加丰富，思想政治理论课教学的质量不断提高、效果不断提升。我们在全国一些高校的连续性年度调查研究（2014—2017 年参与高校为 35 所，2018 年为 40 所），也充分反映了思想政治理论课教学质量与成效方面的积极态势。数据显示，被访大学生对思想政治理论课育德作用的肯定性评价（含"非常大""大""一般"），2014 年至 2018 年分

别为 85.0%、89.4%、91.3%、92.9%、95.3%；其中认为
"非常大"和"大"的比例，由 2014 年的 45.5% 提升至 2018
年的 72.7%。在 2018 年年底进行的最新一次调查中，29.2%
的被访大学生认为思想政治理论课教学总体状况"非常好"，
48.6% 的大学生评价"比较好"，合计有近八成的大学生给予
"好评"，给予差评的比例仅为 2.6%。这些数据以及不同年份
数据之间呈现的发展变化态势，所展现的无疑是思想政治理论
课建设不断夯实、教学质量不断提升的良好状态。

但是，也需要看到的是，在加强改进、守正创新中提高思
想政治理论课教学质量，还承载着很多的期盼，还有很大的努
力空间。在 2018 年度的调查数据中，差评比例虽然较低，但
有近两成（19.6%）的大学生评价"一般"，实际上也是思想
政治理论课教学仍需努力的明确提示。在日常教学过程中，照
本宣科、内容陈旧、方法呆板、简单重复，或应付差事、空洞
说教等现象仍然存在，影响着思想政治理论课的"到课率"
"抬头率"，更影响着思想政治理论课的"入脑率""走心
率"。提高教学质量，对于教育而言，是一个永恒的命题。加
强改进思想政治理论课教学，我们始终在路上。

在思想政治理论课教学过程中，教师是主角、是主导，是
提高教学质量的关键力量。在学校思想政治理论课教师座谈会
上，习近平总书记提出了"推动思想政治理论课改革创新，不
断增强思政课的思想性、理论性和亲和力、针对性"[1] 的明确
要求，并系统阐述了思想政治理论课改革创新中需要坚持的八
个"相统一"，即坚持政治性和学理性相统一、坚持价值性和
知识性相统一、坚持建设性和批判性相统一、坚持理论性和实

---

① 习近平：《思政课是落实立德树人根本任务的关键课程》，人民出版社
2020 年版，第 17 页。

践性相统一、坚持统一性和多样性相统一、坚持主导性和主体性相统一、坚持灌输性和启发性相统一、坚持显性教育和隐性教育相统一。这八个"相统一"，揭示的是思想政治理论课有效教学的规律，是提升思想政治理论课教学质量应当遵循的方法论。落实好这些要求，需要我们的思想政治理论课教学在深、实、新、活上下大功夫、下足功夫。

一 在"深"上下功夫

面对知识储备更加丰富、理性思维加快发展、价值选择愈益多样、思想渴求更为强烈、青春跃动、快速成长中的大学生群体，高校思想政治理论课要以深度增进磁性、强化引导力。这是思想政治理论课教学提高实效之需，也是大学生成长发展之需。在教育实际中，有的教学之所以难以引起学生的兴趣，就在于其在学生已有的认识水平上简单重复，或停留在教材的纸面上打转。在"深"上下功夫，着力点之一就是要在学生已有知识储备、理论认知等基础上再进一步、深一层，引导学生在政治认知、理论思考、价值情感等方面有深化、有升华。学生在不同的学习时期都会接触思想政治理论课，但高校思想政治理论课是最高学段的思想政治理论课。习近平总书记强调要"在大中小学循序渐进、螺旋上升地开设思想政治理论课"①。"循序渐进、螺旋上升"在高校思想政治理论课的重要体现，即在深度上的加强和升华。解决大中小学思想政治理论课的重复性问题，路径不在于将当下的中小学生应当学习了解

---

① 习近平：《思政课是落实立德树人根本任务的关键课程》，人民出版社2020年版，第6页。

的内容推迟到多年后在他们上了大学时再讲，而在于"循序渐进、螺旋上升"，在于大学的思想政治理论课教学较之学生们以往的学习理解更加深化。这就要求高校思想政治理论课教师不仅精研大学阶段的相关教学内容，还要了解思想政治理论课的中小学学段。在"深"上下功夫，另一着力点是在教材简明阐述、纲要式呈现的基础上再进一步、深一层，在更广阔的历史、现实与理论空间中引导学生对教材中呈现的原理、概述的结论有更加深刻的理解和认同，从而进一步坚定中国特色社会主义道路自信、理论自信、制度自信、文化自信，进一步坚定将小我融入大我、在实现中国梦的宏伟进程中担当奉献、奋斗拼搏的志向和自觉。"深"非晦涩的同义语、亦非生动的对立面。努力讲"深"，不是要故作高深、晦涩艰深，而是给学生以更深入的学理分析、更前沿的知识传授、更深层的价值引导。

二　在"实"上下功夫

思想政治理论课教学的鲜明指向，是引导学生厚植理想信念、坚定信心信仰、提升境界情怀。理想信念、信心信仰、境界情怀，唯其有真理的力量、知识的力量、事实的力量等支撑时，才会更高远、更坚实、更笃定、更深远。在"实"上下功夫，要求思想政治理论课教学要有内容之充实。要坚持价值性与知识性的统一，增强教学内容的知识含量，寓价值观引导于知识传授之中，注重价值引导与知识教育的深层融合，在满足学生对知识渴求的过程中实现对学生的价值引导，实现传授、授业、解惑的有机一体。在"实"上下功夫，要求思想政治理论课教学要时刻遵循理论联系实际的法则。只有在与实际的紧密联系中，理论才得以更鲜活的表达、更生动的阐述，才能从抽象走向具体、更有力地"开悟"于人。思想政治理论课教学中一个多见的问题，即由概念而概念、从理论到理论，将本来鲜活的理论，从生动的现实中剥离开来，流为远离生活的思维演绎。在我们的调查研究中，"密切与现实生活的联系"，多年来位居被访大学生关于思想政治理论课教学改进建议的首条，2015 年至 2018 年的数据分别是 68.4%、69.0%、72.0%、76.2%；期盼"积极回应问题"的被访大学生比例，每年也均达到六成以上（2015 年至 2018 年分别为 63.6%、60.4%、65.4%、62.9%）。用好理论联系实际的法则，要求我们有更自觉的问题意识，坚持问题导向，直面现实提出、学生关心的理论和现实问题，迎着问题讲，而非避开问题走；要求我们的思想政治理论课教师对历史和现实有更多的观察与思考，发掘、积累并用好典型案例，以之为理论讲解的切入引导、剖析对象或事实例证，增强教学的现实针对性和理论说服力。

三 在"新"上下功夫

面对党的思想理论的创新性发展，面对中国特色社会主义事业的创造性推进，面对时代的日新月异和世界的瞬息万变，面对培养担当民族复兴大任时代新人的战略要求，思想政治理论课唯有不断创新，才能成为新时代精神动能的激发者，成为青年大学生思想成长的引领者。1939 年 5 月，在延安在职干部教育动员大会上的讲话中，毛泽东同志曾经批评过一种现象："现在看到我们的有些教员，他手里的一本政治常识，还是中央苏区时代出版的，他对这本书上的东西相当熟，因为大概他已教过七八十遍了，但是其他东西就不知道了，真是'两眼不看书外事，一心只管政治常'，他不知道结合新的形势把书上的东西加以进一步的发挥。……我们现在要打破这种现状，改善我们的工作，就是加紧学习。"① 毛泽东同志批评的这种现象，在当下，犹当引以为戒。在"新"上下功夫，要求我们的思想政治理论课教学自觉把握习近平新时代中国特色社会主义思想在思想政治理论课教学内容体系中的中心位置，在教学中充分反映 21 世纪马克思主义发展的新成果，反映中国特色社会主义建设的新实践，反映哲学社会科学及相关学科的新探索；在注重内容创新的同时，注重话语创新，注意政治话语与学理话语的转换，避免将思想政治理论课简单变为一般的政治宣传、讲成生硬的政治说教。在"新"上下功夫，还要求我们积极运用新技术、新方法，构建思想政治理论课的新形态。从 2016 年秋季起，武汉大学与高等教育出版社联手在中国大学 MOOC 平台（"爱课程"网）整体推出四门思想政治理论课在线开放课程，并在此基础上深化探索混合式思想政治理论课教学模式，取得了良好成效。截至 2019 年 7 月，课程已完成三次迭代，累计选课人数逾 55 万。思想政治理论课教学的"求新"，是守正与创新的统一，我们不能在不断的"开疆拓土"中忽视对规定必修课的精耕细作，不能在形式与手段的创新中忽视对内容本身的更多关注。

四　在"活"上下功夫

思想政治理论课教学之"活"可以而且应当表现在许多方面，如方法之活、话语之活、形式之活，等等。在我们

---

① 《毛泽东文集》第 2 卷，人民出版社 1993 年版，第 178—179 页。

2018 年的调查中，55.2% 的大学生希望思想政治理论课"增强教学趣味性"，49.7% 的大学生建议更好"开展实践教学"，40.4% 的大学生期盼"加强师生互动交流"，21.3% 的大学生建议提出"强化案例教学"。这些都对如何思考、增进思想政治理论课教学之"活"具有重要启示。但教学之"活"的最关键处，在于坚持主导性与主体性的统一，在于教师在充分发挥教学过程主导作用的同时，对学生学习主体性的充分激活，使学生成为活跃的发问主体、积极的思考主体、主动的探索主体、思想理论的自觉传播主体、践行主体。学生学习主体性被有效激活，思想政治理论课的教学，才会是有交流互动、心灵对话、思维碰撞、情感共鸣的教学；学生的思想政治理论课学习，才不会流为简单的词句记诵、概念复述，知识才会更好地化为信仰，思想才会更好地见诸行动。充分激活学生学习的主体性，需要我们的教师深度地关注学生、研究学生，了解学生认知学习、成长发展、信息接受的特点和规律，掌握学生关注的热点、心中的疑点、思想引导的着力点，从而以学生为中心有针对性地进行教学设计。在这方面，近年来思想政治理论课的教学实践中已经出现了许多富有实效的探索，需要在此基础上提炼提升，深化规律性的认识，推广可复制的经验。其中，推进以学生为主体的经典研读，应当给以更多重视。马克思主义经典著作是共产党人的"真经"，中华民族的文化元典承载着中国人的精神命脉。熟悉我们的经典、元典，是坚定"四个自信"的内在要求，也是启迪思想、陶冶情操、温润心灵的重要路径。调查数据表明，总体上看，对于马克思主义经典著作和中华文化元典中的不少篇章，当代大学生并不陌生，且阅读率呈不断上升的态势，但客观而言，接触和熟悉的程度尚需普遍提升。思想政治理论课教学和哲学社会科学相关课程的教学，都要注重引导大学生更多地"走近""走进"经典，涵泳其间，滋养正气、淬炼思想、升华境界、坚定自信。

思想政治理论课教学讲深、讲实、讲新、讲活，将八个"相统一"落到实处，与思想政治理论课教师的素质是紧紧联系在一起的。讲台上的精彩，绝非只是一个教学技法问题，更是教师理想信念、育人情怀、知识素养、教学能力等的综合展现。没有对马克思主义的坚定信仰、对中国特色社会主义的坚定信心、对党的领导的坚定信任，没有厚实的思想理论和知识储备，没有为党和国家育才造士的深情厚感，再好的教学技法，都不可能得到良好运用，产生穿透力和感召力。在学校思想政治理论课教师座谈会上，习近平总书记专门长篇阐述思想政治理论课教师的素养问题，意义也正在于此。育人有法，但归根到底，育人者，是以人育人。对于思想政治理论课教学而言，更是如此。思想政治理论课教师应当珍惜新时代学科建设和教学事业大好的发展机遇，按照习近平总书记提出的政治要强、情怀要深、思维要新、视野要广、自律要严、人格要正的要求，强内功，多磨砺，以明德施教，以大道化人，讲出思想政治理论课教学应有的精彩，发挥好思想政治理论课在立德树人中的关键性、不可替代性作用。

（本文原刊于《求是》2019 年第 16 期）

论新时代思想政治理论课的改革创新

　　思想政治理论课是思想政治教育的主渠道，担负着对学生进行系统马克思主义理论教育的重要任务，历来受到党和国家的高度重视。2019 年 3 月 18 日，习近平总书记主持召开了新中国教育史上的首次学校思想政治理论课教师座谈会，并发表了重要讲话。讲话深刻阐明了思想政治理论课的地位作用，系统指出了办好思想政治理论课的根本要求、重要基础及路径方法，确立了新时代扎实推进思想政治理论课建设发展的科学方法论与改革创新的行动方略。积极推进思想政治理论课改革创新，是写好中国特色社会主义教育时代新篇章的奋进之笔，更是落实立德树人根本任务的关键一环，需要我们把握好守正与创新、主导与主体、形式与内涵的关系，也需要我们把握好学段与全程、主力与合力的关系。

一　把握好守正与创新的关系

　　守正创新是思想政治理论课改革创新的首要原则。"守正"是基础、是前提，坚持"守正"，改革创新才能有坚定立场、有正确方向。"守正"与"创新"辩证统一于思想政治理论课改革创新的进程中。把握好守正与创新的关系，要求我们在坚守本正要求、用好基础条件的同时勇于破除一切束缚，最大限度地调动一切创新要求、用活一切创新资源，塑造思想政治理论课教育教学的新形态。

（一）坚守本正要求

思想政治理论课的改革创新意味着"破"与"立"，此乃无疑。但这种"破"与"立"是有定位的，不能"恣纵己意"，更不能"任意妄为"。在改革创新的进程中，对于应改什么、创新什么，哪些该坚守、哪些需扬弃，必须要有清醒认识、有明确章法。站稳立场、把好原则、走对方向，改革创新才能直路而行，才能行稳致远。作为在学校传播马克思主义的重要抓手，作为体现我们教育社会主义性质和保证学校社会主义办学方向的关键课程，思想政治理论课是以培养一代又一代拥护中国共产党领导和我国社会主义制度、立志为中国特色社会主义事业奋斗终身的有用人才为使命的，有着鲜明的立场要求与政治导向。思想政治理论课是政治课而不是其他什么课，政治性、社会主义意识形态性是其安身立命的根本、不可丢失的灵魂。不管怎么改革，也不论怎样创新，思想政治理论课都不能抛弃根本、丢失灵魂。那种以"纯粹学术""纯粹德育"为名而鼓呼"价值中立"或"不谈政治"的说辞，只要思想教育、道德教育而避谈政治教育的做法等，都是与思想政治理论课的本质要求相悖的。思想政治理论课的改革创新决不能削弱政治性、淡化价值性，必须要坚持政治性和学理性相统一、价值性和知识性相统一，必须紧紧围绕"培养什么人、怎样培养人、为谁培养人"这一根本问题，坚持马克思主义指导，坚持社会主义办学方向，坚持党的领导，全面贯彻党的教育方针，坚持用习近平新时代中国特色社会主义思想铸魂育人。

（二）用好基础条件

任何的发展进步都要以成功的经验、优良的传统、现实的条件为基础。思想政治理论课的改革创新不是"推倒重来"，更不是"决裂过去"，而是要在适切社会变迁与时代转换充实新内容探索新形式的同时做好继承工作，做好基础资源和条件的挖掘、利用和转化工作，实现"传统"与"现代"、"基础"与"前沿"的有效对接。中国特色社会主义取得的举世瞩目成就与不断增强的道路自信、理论自信、制度自信、文化自信；中华民族几千年来形成的博大精深的优秀传统文化与我们党带领人民在革命、建设、改革中锻造的革命文化和社会主义先进文化；思想政治理论课建设长期以来形成的一系列规律性认识与成功经验；等等，这些不仅是我们办好思想政治理论课的自信来源与有力支撑，更是我们奋力前行、改革创新的重要基础与深厚力量。推进思想政治理论课改革创新，需要以高度的自觉、以创造性的努力将这些既有条件、宝贵资源以及优势力量用活、用好。

（三）不断推动创新

改革创新是发展进步的动力源泉，没有改革创新就会止步不前。当今时代日新月异，社会环境变动不居，新的历史形势与条件、社会的变革与实践都对思想政治理论课提出了新的要求。网络信息技术的迅猛发展、多样社会思潮的甚嚣尘上、多元思想文化的碰撞影响、新生代教育对象的崭新特性，等等，也使思想政治理论课面临着更大的挑战。近年来，在党和国家的高度重视下，在各部门的奋力紧抓下，思想政治理论课建设取得了显著成效，但针对性不强、吸引力不够、实效性不高、发展不平衡不充分等问题仍客观存在。不断推动创新是思想政治理论课应新境遇而进、应新使命而行、应新挑战而化的客观要求，也是思想政治理论课富有生机、能有成效、进步发展的必然需要。不断推动思想政治理论课创新，要立足于、着眼于国家和社会发展的现实实践，与社会主义现代化建设同频共振，与当今时代和社会的发展同舞共动；要紧密结合学生的思想实际，与学生的需求期待相适应；要牢牢坚持问题导向，不断解决自身存在的问题，积极回应社会热点问题，着重解答学生成长发展与学习生活中的困惑问题。

二　把握好主导与主体的关系

教师与学生是思想政治理论课教学格局中的两大核心角色，也是影响思想政治理论课质量效益的关键要素。教师主导着教学活动，离开了教师的主导，教学活动就会失去方向。学生是学习的能动主体，脱离了对学生积极性、主动性的有效激发和利用，任何教学努力都不可能收到理想的成效。有效的教学，赖于教师主导作用与学生主体性的同生并用。充分发挥教师的主导作用，有效激发学生的主体性，是办好思想政治理论课的关键环节，也是思想政治理论课改革创新的核心关钮。在这一方面，人们的意识越来越强，但客观而言，实践中的推进仍需更多着力。

（一）在充分发挥教师主导作用上作出更多努力

在教育中，教师并非教育内容与要求的机械执行者，而是扮演着一种更为积极、能动的角色。作为思想政治理论课开展、实施的直接承担者，思想政治理论课教师主导着整个教学活动，决定着思想政治理论课以怎样的形态落到实处，其主观能动性、专业自主性的发挥深刻影响着思想政治理论课的质量建设。作为与学生联系交流的主导者,思想政治理论课教师有着很强的榜样与示范作用,一言一行都会对学生产生影响,其自身素质、人格魅力也与思想政治理论课的成效紧密关联。同时,思想政治理论课教师还是新理念新思路、新方式新方法的探索者、实践者,在现实层面上推动着思想政治理论课的发展创新。习近平总书记强调"办好思想政治理论课关键在教师,关键在发挥教师的积极性、主动性、创造性"①,这深刻指出了教师在办好思想政治理论课中的地位作用。推动思想政治理论课改革创新,必须在充分发挥教师的主导作用方面下更大气力,最大限度地激发思想政治理论课教师的育人热情、创新激情。一是强化教师队伍的素质能力建设。教师的主导意识与素质能力是其主导作用有效发挥的基础,最直接地决定着思想政治理论课的开展样态、成效状态,决定着能否给学生心灵埋下真善美的种子、滋养出真善美的胚芽。不断强化教师队伍的素质能力建设,需要更加明确"政治要强""情怀要深""思维要新""视野要广""自律要严""人格要正"的建设标准、建设要求,更加严格地抓好师德师风、职业道德建设,着力打造能真正播种真善美、提供心灵养料的"灵魂之师""有德之师"。二是形成增进教师积极性、主动性、创造性的激励安排。教师的育人意识、作用发挥怎样,积极性、创造性如何,既与教师自身的职业能力和素养有关,也与相应的制度安排、环境氛围有关。要想充分发挥教师的积极作用,就要破除制约性的规制,形成有利于增进育人积极性、主动性的安排,充分激发创新创造活力,营造勇于创新、不断革新的环境氛围。

---

① 习近平:《思政课是落实立德树人根本任务的关键课程》,人民出版社2020年版,第10页。

（二）在有效激发学生主体性上有更多建树

教学，是"教"与"学"须臾不可离的共生共存体与一体化的有机融合，任何的偏废都不可能带来高效的结果。在思想政治理论课教学这种"双边双侧"的关系模式中，"单边单侧"的改革建设是远远不够的。成功的思想政治理论课不只在于教师高质有效的供给，更在于学生积极的接受与吸收。"学不学"，"学多少"，"学的效果怎样"都与学生的学习主体性紧紧地联系在一起。只有充分激活学生的主体性，充分释放其内在潜力、增强其主体活力、利用好学生的主体动力，实现教师"有效教"与学生"有效学"的有机结合，才能为思想政治理论课的建设发展注入全动能，才能真正办好思想政治理论课。思想政治理论课的改革创新要更加强调和重视学生主体性的重要意义，在进一步激发学生的主体性方面下更大功夫，更加充分地发挥学生的主体作用。更加充分地发挥学生的主体作用，要把握好学生认知学习、成长发展、信息接受的特点规律，不断探索、有效运用这些规律，为激发学生的主体性提供有效基础；要把激发、培养学生主体性作为重要内容，不断探索调动学生积极性主动性的有效路径、学生良好思想道德素养自我建构的激励机制，引导学生自觉提升自身的思想政治认知、自觉践行思想道德原则和要求，变被动为主动；还要更加了解学生的需求期待，紧密结合学生的生活实际、思维特点、个性喜好，切实提高学生的兴趣、乐趣，真正走进学生内心，不断增强思想政治理论课的吸引力、亲和力。

（三）坚持教师主导与学生主体的统一

教师的主导作用与学生的主体作用，是就不同层面、不同角度而言的，二者并不是互排互斥的，而是紧密联系在一起、辩证统一于教学活动的。教师的主导是学生主体性发挥的前提，而教师主导作用的有效实现也要以学生主体性的发挥为基础。强调学生主体性的发挥，并不意味着教师无关紧要，或者在教学中可以少作为，而是要改变传统的"填鸭式灌输"模式，充分调动学生参与的积极性、主动性。学生主体性的调动关键还在于教师，发挥学生的主体性并非降低对教师的要求，而是提高了对教师的要求。这要求教师既要有扎实的理论知识，还要有与学生有效沟通、有效激发学生主体性、有效创设和驾驭互动式课堂的能力。

三　把握好形式与内涵的关系

形式是事物的表现方式，内涵是事物的实质内容。任何事物都是内容与形式的辩证统一，事物的发展进步也是内容建设与形式建设的共推共进，但内容的建设更具决定性意义，是推动事物发展的根本。在进一步的思想政治理论课改革创新中，我们要把握好形式与内涵的关系，推进有"根"和"魂"的形式创新、有生动神采的内涵建设，实现形式创新与内涵建设的协调统一、共同推进。

（一）更好推进形式创新

形式绝非不重要，而是极为重要。好的形式不仅可以更好地展现内容，还可以激起兴趣、提高关注。思想政治理论课以什么样的形式呈现、用什么样的方式开展，在很大程度上影响着内容的落实以及教学的成效。学生的健康成长与发展需要思想政治理论课，但并不意味着他们天然就会喜欢。思想政治理论课具有一定的抽象性、枯燥性，本身就很难引起兴趣，如果在形式上又没有什么吸引眼球的地方，是很难抓住学生心的。我们依托所承担的《中国大学生思想政治教育发展报告》项目于 2018 年 10—11 月在全国 40 所高校开展的调查显示，24.5%的大学生对思想政治理论课教学方法给予了"一般"的评价，3.6%的大学生给予差评；55.2%的大学生建议思想政治理论课"增强教学趣味性"，49.7%的大学生建议"开展实践教学"，40.4%的大学生建议"加强师生互动交流"，21.3%的大学生建议"强化案例教学"。这些数据提醒着我们，思想政治理论课在方式方法上还存在着很多不尽如人意的地方，这同时也在说明形式的创新、方法的改进是符合学生期待的。以精湛"工艺"、新颖"配方"、时尚"包装"打造的思想政治理论课，无疑更能吸引起学生的兴趣、触动学生的心。而当学生对其感兴趣、动心后，才更有可能全心投入教学中，才更有可能接受形式所传达的内容、所承载的意义，这对思想政治理论课效果的提升显然具有很强的现实意义。这要求我们在利用新技术、新媒介、新载体，采用学生喜欢的方式方法进行生动活泼的呈现方面；在转换话语，采用体现时代性、学生"听得进"的话语进行生动有趣的表达方面；在创新模式，进行互动式、实践式教学，调动学生参与热情方面，都要作出更多的探索与努力。

（二）更加关注内涵建设

内涵是思想政治理论课吸引力感召力的磁源所在。形式创新要成为有"根"和"魂"的创新，根本前提在于内涵建设的不断加强和深化，根本法则在于和不断深化的内涵建设紧密联系。一方面，形式的创新只有紧密结合内容并与之相匹才会有意义。内容是基础，形式是由内容决定的，更是为内容服务的。方式方法、形式模式的革新创新都是为了更好地传递教学内容，如果脱离了内容本身，任何的形式创新都只能成为虚华的外表，除了热闹、炫目，不可能产生真正的实效。为了提高吸引力，思想政治理论课需要别出新意、创新形式，也需要更加生动活泼、更加"接地气"，但决不能舍本逐末，更不可为了迎合学生喜好、为了"生动有趣"而丢失内涵，失去思想性、深刻性。形式的创新必须紧紧围绕内容，以更好地呈现内容、传递内容为目的。另一方面，思想政治理论课改革创新的目的在于提高实效性、使学生真正受益，这种实效性与受益最根本的还是源于思想政治理论课本身的内涵。正如马克思所指出的："理论只要说服人，就能掌握群众；而理论只要彻底，就能说服人。"① 思想政治理论课是特定思想理论的载体，具有丰厚的思想性、显著的理论性、充分的科学性。这种思想性、理论性以及科学性，才是思想政治理论课真正的魅力所在、真正的力量源泉，而充分挖掘和利用思想的魅力、理论的魅力，才能真正吸引人、感染人、诚服人。抛开内涵建设谈创新，或者过分追求形式而忽略内容，都不可能实现真正的发展。思想政治理论课改革创新的根本还在于内涵建设，在于思想性、理论性的提升，在于使思想政治理论课"实"起来。

四 把握好学段与全程的关系

学段与全程表达的是思想政治理论课在学校教育上的"纵向设置"问题，也就是思想政治理论课的"全程贯穿"与"学段差异"的关系问题。一方面，思想政治理论课需要贯穿于大中小学校教育的全过程，落实到所有学段。育人是一项艰

① 《马克思恩格斯选集》第 1 卷，人民出版社 2012 年版，第 9—10 页。

巨、复杂且要久久为功的工作，需要持续的努力，需要长效的进行，需要从学校抓起、从娃娃抓起。思想政治理论课是落实立德树人根本任务的关键课程，只有将其贯穿于大中小学校教育的全过程，才能将科学思想理论的教育引导融入学生学习和成长发展的关键期，才能为培养一代又一代社会主义建设者和接班人提供有效保障。另一方面，思想政治理论课的安排设置还要考虑学段性特征。学校教育是一项系统的工程，更是一个螺旋式上升、层次性递进的过程，各教育阶段之间既连续衔接又相对独立。在不同教育阶段，学生的认知水平、身心特点与发展需求，面临的成长、学习、生活问题等各不相同，呈现出明显的学段差异性。这要求思想政治理论课的安排部署要符合学生发展的阶段性特征与教育教学的层次性要求，做到"全程性"与"学段性"相统一。正如习近平总书记所强调的，"在大中小学循序渐进、螺旋上升地开设思政课非常必要"①。由于种种原因，在实际工作中我们把更多的目光聚焦在了某一"学段"上，对思想政治理论课在整个学校教育"全程"中的布局缺乏宏观性的视野与整体性的把握，导致出现了一系列的衔接性问题，严重影响了思想政治理论课的整体效果。如何处理好"学段"与"全程"的关系，将思想政治理论课流畅地贯穿于大中小学校教育的全过程，有针对性地落实到每一学段，是思想政治理论课在改革创新中需要着力做好的重要工作。

（一）处理好学段与全程的关系关键在于做好课程衔接工作

当前，思想政治理论课存在的一个突出问题就是课程内容

---

① 习近平：《思政课是落实立德树人根本任务的关键课程》，人民出版社2020年版，第6页。

存在重复，知识出现"倒挂"。我们的调查①显示，18.7%的大学生建议思想政治理论课要"避免与高中教材内容重复"，17.1%的大学生认为应"加强理论性和思想性"，这些建议是与大中小学思想政治理论课的衔接不畅、有效连接不良相联系的。实际上，学校教育的螺旋式上升在某种程度上也意味着思想政治教育的某些核心内容会不断地重现，意味着许多核心主题是相同的。但当这些需要反复出现的内容在深度、广度、难度上逐步加深、有序扩展时，这种重复就会是有意义的，且会有常学常新之感，这就涉及课程的合理区分与有效连接的问题。由于不同教育阶段的课程由不同部门设定，教材由不同部门牵头编订，缺乏统筹协调，再加上不同阶段的教育教学"各自为政"，缺乏必要的交流沟通，这就很容易出现衔接问题，导致无意义的简单重复。这就要求课程的建设或设计要在谋求与学生身心发展、思维变化、认知水平相一致的基础上努力做到层次清晰、合理区分、相承相接、有序渐进、逐步深化，实现课程的有机衔接、流畅连接。

（二）做好课程衔接需要统筹推进大中小学思想政治理论课一体化建设

做好课程衔接，实现课程的流畅连接，需要将思想政治理论课绵延贯穿于大中小学校教育的全过程，将全过程的思想政治理论课打造成一个有机统一的整体，避免断裂或重叠，无序和杂乱。这就需要在总揽大中小学校教育全局的基础上进行整体性的安排设置，统筹推进大中小学思想政治理论课一体化建设。推进大中小学思想政治理论课一体化建设，首先要做好顶

---

① 我们依托所承担的《中国大学生思想政治教育发展报告》项目于2018年10—11月在全国40所高校开展的调查。

层设计与统筹协调工作。思想政治理论课的一体化设置，需要有贯穿大中小学校教育全过程的宏观视野，也需要有一体化的组织管理与规划部署。这要求教育部门要统筹安排大中小学不同阶段的课程，合理设计课程目标、课程内容，统一编写教材，编制教学大纲，避免"各自行动"。推进大中小学思想政治理论课一体化建设，还要建立不同教育阶段间的沟通机制，打破"各自为政"的隔离局面。思想政治理论课的教育教学要做到一脉相承、有序连接，就要对不同阶段思想政治理论课教育教学状况有系统的把握。尤其是高校教师对中学阶段教育教学状况的了解更为重要，因为高校思想政治理论课是中学思想政治课的延伸，二者内容的交叉性、关联性更强，更容易出现重复。高校思想政治理论课教师只有充分了解、深入研究中学阶段思想政治课的目标要求、学习内容、开展状况，才能详略得当地进行教学调整，避免"炒剩饭"，进而才能推进教育教学的递进式纵深发展。这就需要相关部门搭建交流平台，建立起沟通了解与协同合作的机制安排，增进互通互联、互相交流。

五 把握好主力与合力的关系

主力与合力的关系问题也就是思想政治理论课育人力量发挥与其他育人力量联合、配合的问题。思想政治理论课在学校的立德树人中发挥着关键作用，扮演着主要角色，但育人工作的有效推进、立德树人任务的贯彻落实是一项综合性的事业，绝不是思想政治理论课"单打独斗"就能完成的。这要求我们在进一步的思想政治理论课改革创新中要把握好、处理好主力与合力的关系，将思想政治理论课置于立德树人的大图景中，改变思想政治理论课"单曲独奏"的局面，形成各类课程与思想政治理论课的"交响合奏"，实现"合力育人"，形成各方联动、协同配合办好思想政治理论课的大格局，实现"合力建设"。

（一）同向同行，强化各类课程与思想政治理论课协同发力

各类课程都具有育人的功能，都蕴含着思想政治教育的资源。不能片面地认为"立德""育人"只是思想政治理论课或者部分哲学社会科学课的事，其他课程只管进行知识教育，只负责培养学生的专业技能。在传授专业知识、培养专业能力的同时，各类课程也可以进行思想教育、价值引领，培养学生的思想道德素质，引导学生树立正确的世界观、人生观和价值观。习近平总书记在全国高校思想政治工作会议上强调："要用好课堂教学这个主渠道……其他各门课程都要守好一段渠、种好责任田，使各类课程与思想政治理论课同向同行，形成协同效应。"① 各类课程与思想政治理论课相互配合、同向同行是实现全员育人、全程育人、全方位育人的关键一环，也是落实立德树人根本任务的必然要求。实现各类课程与思想政治理论课的相互配合、同向同行，需要充分挖掘各类课程和教学方式中蕴含的思想政治教育资源，将专业知识传授与进行思想政治教育融为一体；需要不断推进"课程思政"建设，明确各类课程的育人责任、育人作用，将"立德""育人"的具体要求内置到各类课程中；需要更加注重制度安排对各类课程教师"立德""育人"积极性、主动性的导向作用，推动责任自觉、行动自觉的形成；还需要积极搭建促进各类课程与思想政治理论课密切联系与协同配合的平台，加强相互间的学习、交流和

---

① 《习近平谈治国理政》第2卷，外文出版社2017年版，第378页。

沟通。

（二）同心同力，强化各方联动共同办好思想政治理论课

思想政治理论课教师是办好思想政治理论课的主体力量，但仅仅依靠思想政治理论课教师是远远不够的。思想政治理论课的发展建设是一个系统的工程，也是一个长期的工程，既需要统筹各方力量、各方资源，也需要形成协同联动的长效机制。一方面，要建立党委统一领导、党政齐抓共管、有关部门各负其责、全社会协同配合的工作格局。各级党委要把思想政治理论课建设摆上重要议程、摆在突出位置，要积极采取建设措施，推动形成全党全社会努力办好思想政治理论课、教师认真讲好思想政治理论课、学生积极学好思想政治理论课的良好氛围。另一方面，要加强党政团干部、辅导员、班主任、心理咨询教师、专业课教师等各方力量与思想政治理论课教师的密切配合与互联互通，做到统一思想、统一步调、同向发力。尤其是学校党委书记、校长以及各地区各部门的负责人，要带头走进课堂，带头联系思想政治理论课教师，充分发挥好统领建设作用。

总之，在新的时代境遇中，在新的起点征程上，思想政治理论课要始终秉持改革创新的高度自觉与澎湃激情，要把握好发展建设中的重要关系，找对方向、走对路子，唯有如此才能阔步向前、稳健而行，才能开创新的发展局面。

（本文原刊于《思想理论教育》2019 年第 5 期，与董祥宾合作）

多视野中的大中小学思政课一体化建设及其突破

党的二十大报告指出，要"用社会主义核心价值观铸魂育人，完善思想政治工作体系，推进大中小学思想政治教育一体化建设"①。大中小学思政课一体化建设，是大中小学思想政治教育一体化建设的重中之重。立足新起点、奋进新征程，必须进一步放大理论与实践视野，从多个维度审视推进大中小学思政课一体化建设，为构建大中小学思想政治教育一体化工作体系奠定基础。

推进大中小学思政课一体化建设，是学校思政课改革创新的重要任务，也是思政课提质增效的重要渠道，多年来一直受到广泛关注。在1978年4月召开的全国教育工作会议上，邓小平不仅提出"革命的理想，共产主义的品德，要从小开始培养"②，而且要求"按照中小学生所能接受的程度"③ 来充实中小学教育内容，提高中小学教育质量；1979年5月，教育部在分析高校政治理论课基本情况和存在的问题时认为，要从学

① 习近平：《高举中国特色社会主义伟大旗帜 为全面建设社会主义现代化国家而团结奋斗——在中国共产党第二十次全国代表大会上的报告》，人民出版社2022年版，第44页。

② 《邓小平文选》第2卷，人民出版社1994年版，第105页。

③ 《邓小平文选》第2卷，人民出版社1994年版，第104页。

生的年龄特征和社会主义现代化建设的需要出发，研究解决大、中学校政治理论课"过多的重复""如何分工衔接"等问题；① 1985 年《中共中央关于改革学校思想品德和政治理论课程教学的通知》，"紧密联系青少年不同时期的思想、知识、心理发展的特点，循序前进，由浅入深，从具体到抽象，从现象到本质"，进一步明确了大中小学马克思主义思想品德和政治理论课的主要内容与要求；② 1994 年《中共中央关于进一步加强和改进学校德育工作的若干意见》则明确提出，学生良好的思想品德"是一个通过教育逐步形成的过程"，要针对青少年不同年龄及学习阶段的理解和接受能力，逐步提高德育内容的深浅和侧重点，各教育阶段的德育课程要"加强整体衔接，防止简单重复或脱节"；③ 2004 年教育部出台的《普通高中思想政治课程标准（实验）》，不仅厘清了高中思政课在大中小学思政课一体化中的定位，还提出"高中思想政治课与初中思想品德课和高校政治理论课相互衔接，与时事政策教育相互补充，与高中相关科目的教学和其他德育工作相互配合，共同完成思想政治教育的任务"④；2005 年《教育部关于整体规划大中小学德育体系的意见》，对科学设置、不断优化德育课程，分学段提出了具体要求，努力推动"小学、中学、大学各教育阶段的德育课程形成由低到高、由浅入深、

① 教育部社会科学司：《普通高校思想政治理论课文献选编（1949—2008）》，中国人民大学出版社 2008 年版，第 76—77 页。

② 教育部社会科学司：《普通高校思想政治理论课文献选编（1949—2008）》，中国人民大学出版社 2008 年版，第 106—107 页。

③ 教育部社会科学司：《普通高校思想政治理论课文献选编（1949—2008）》，中国人民大学出版社 2008 年版，第 152 页。

④ 《教育部关于印发〈普通高中思想政治课程标准（实验）〉的通知》，中华人民共和国教育部政府门户网站（http://www.moe.gov.cn/srcsite/A26/s8001/200403/t20040302_167352.html），2004 年 3 月 2 日。

循环上升、有机统一的体系"①；2010 年发布的《国家中长期教育改革和发展规划纲要（2010—2020 年)》则从宏观战略的高度提出，"构建大中小学有效衔接的德育体系⋯⋯增强德育工作的针对性和实效性"②。在各方共同努力和持续探索之下，"大中小学思政课一体化建设初显成效"③，为在新的更高起点推进思政课改革创新奠定了基础。

党的十八大以来，习近平总书记站在世界百年未有之大变局、党和国家事业发展新局，以及中华民族伟大复兴战略全局的高度，对加强学校思政课建设作出一系列重要部署，就推进大中小学思政课一体化建设提出一系列重要论述。特别是在 2019 年 3 月 18 日主持召开的学校思想政治理论课教师座谈会上，习近平总书记系统阐述了大中小学思政课一体化建设的重要意义、现实状况和深化路径，为在新形势下破解制约大中小学思政课一体化建设的难题，推动大中小学思政课一体化建设走深走实，提供了根本遵循、指明了行动方向、注入了强大动力。之后，大中小学思政课一体化建设得到前所未有的重视和关注，围绕"何为一体化""为何一体化""何以一体化"等问题的探讨与探索已然成为一个热点，既是理论探讨的热点，也是实践探索的热点。在这种广泛的、日益深入的探讨与探索中，形成了许多具有启益的理论成果和实践经验提炼，给大中小学思政课一体化建设带来了很大的推动。但是，从已有研究成果来看，宏观抽象地描述概貌较多，深入细致地剖析问题较

① 教育部思想政治工作司：《加强和改进大学生思想政治教育重要文献选编（1978—2014)》，知识产权出版社 2015 年版，第 316—318 页。

② 教育部思想政治工作司：《加强和改进大学生思想政治教育重要文献选编（1978—2014)》，知识产权出版社 2015 年版，第 402 页。

③ 习近平：《思政课是落实立德树人根本任务的关键课程》，人民出版社 2020 年版，第 7 页。

少；囿于某一方面（如教材、教师、教学、课程、内容）而论的单向度思考较多，整体上探讨大中小学思政课一体化建设的动力、机制、规律等相对不足。因而，深化大中小学思政课一体化建设，需要进一步打开视野。以多种视野审视之，在多种视野的交汇融合中推进之。

一 强化"破解难题"的视野

马克思指出："主要的困难不是答案，而是问题。因此，真正的批判要分析的不是答案，而是问题。"[①] 在习近平总书记关于大中小学思政课一体化建设的重要论述中，坚持问题导向是十分鲜明的特点。他强调："大中小学思政课一体化建设需要深化"[②] 是亟待解决的问题，"要把统筹推进大中小学思政课一体化建设作为一项重要工程，坚持问题导向和目标导向相结合"[③]。从已有理论成果来看，基于存在问题、难题的探讨，是大中小学思政课一体化建设研究共同的视野。从实际情况来看，大中小学思政课一体化建设导向的提出，本身便是基于对思政课建设存在问题的关注及破解的自觉。因此，这一视野是我们在探讨一体化建设中始终应坚持的。

基于这一视野下的研究，目前的突破点应是"向实处用力"——具体地而非抽象地、系统地而非零碎地、明确地而非模糊地把握、呈现大中小学思政课在一体化这个维度上存在的

① 《马克思恩格斯全集》第 1 卷，人民出版社 1995 年版，第 203 页。
② 习近平：《思政课是落实立德树人根本任务的关键课程》，人民出版社 2020 年版，第 7 页。
③ 习近平：《思政课是落实立德树人根本任务的关键课程》，人民出版社 2020 年版，第 27 页。

问题及其新形态，准确地弄清楚在"一体化"这个维度上，经过这么多年的努力，是否还存在问题，存在多大问题、什么问题，在哪些关键点位上存在问题。基于此，再以实实在在的态度探寻实实在在的有效路径。而要从整体上将问题把准、找全、看清，需要我们静下来，下足文本、调查研究的功夫，从多个维度出发，弄清制约大中小学思政课一体化建设的"难题"之所在。

（一）从课程标准的维度来看，完整性有待加强

课程标准体现一个国家对教育"培养什么人、怎样培养人、为谁培养人"的本质理解与理想预设，它不仅凝结着课程理念和课程性质，规定着课程目标和课程内容，也为从整体上发挥课程培根铸魂、启智增慧作用指引着方向、铺陈着道路。目前，中小学阶段均修订出台了新的思政课课程标准，分别是2022年版的《义务教育道德与法治课程标准》，2017年版、2020年修订的《普通高中思想政治课程标准》和2020年版的《中等职业学校思想政治课程标准》。这些新课标立足相应学段学生所应具备的学科核心素养，较为具体地规定了思政课在相应学段"教什么""怎么教""教到什么程度"，在加强中小学思政课一体化设计、促进中小学思政课一体化衔接，提升中小学思政课课程的科学性和系统性等方面发挥着"指挥棒"作用。与之相反，高等教育阶段目前并没有专门的思政课课程标准，仅有2021年教育部发布的《高等学校思想政治理论课建设标准》，而这一标准仅从组织管理的宏观维度，规定了高校思政课"建什么""怎么建""如何建好"，与中小学课程标准并没有具体的连接贯通之处。

由此观之，大中小学思政课课程标准还不够完整，课程标准纵向贯通、横向融通还有较大提升空间，这也客观上制

约了大中小学思政课教材、教学、教师等维度一体化建设的深化拓展。为此，有必要从培育和发展学生的政治认同、道德修养、法治观念、健全人格、责任意识等思想政治核心素养出发，一体化研制有机铺垫、有序过渡和有效衔接的大中小学思政课课程标准，一体化破解课程标准存在的不一致、不连贯、不完整等现实问题，为在大中小学循序渐进开设思政课、科学合理上好思政课做好顶层设计、路径规划与实践安排。

（二）从课程内容的维度来看，进阶性有待深化

习近平总书记指出："坚持大中小学纵向主线贯穿、循序渐进，各类课程横向结构合理、功能互补的原则，确保教材的政治性、科学性、时代性、可读性。"① 由于学生成长成才是一个连续不断的过程，因此，必须结合不同年龄段学生的认知特点，一体化设计大中小学思政课教材，由低到高螺旋上升、由简及繁逐层递进地把各学段思政课内容都铺陈好，为大中小学思政课一体化建设奠定坚实的进阶基础。梳理大中小学现有思政课教材不难发现，经过近些年的持续努力，思政课教材名称不一、课程属性模糊、教学内容倒挂等问题已得到很大改善。如小学原《品德与生活》《品德与社会》和初中原《思想品德》被整合为《道德与法治》，小学思想品德课、中学思想政治课、大学思想政治理论课被统称为思想政治理论课，等等。特别是随着中共中央办公厅、国务院办公厅《关于深化新时代学校思想政治理论课改革创新的若干意见》，中共中央宣传部、教育部《新时代学校思想政治理论课改革创新实施方

---

① 习近平:《思政课是落实立德树人根本任务的关键课程》，人民出版社2020年版，第27页。

案》等系列文件的印发实施，大中小学思政课内容一体化建设的目标、路径、体系等更为清晰。

在形成上述良好发展趋势的同时，新时代新征程对大中小学思政课内容一体化建设提出了新要求新期待，但对标这些要求与期待，大中小学思政课内容一体化建设仍不同程度存在交叉重复、断层脱节、次序倒置等有待破解的进阶性问题。以交叉重复方面的问题为例，在纵向上，不同学段的思政课内容仍存在着一些重复。如初中八年级下册《道德与法治》"维护宪法权威""保障宪法实施"与大学阶段《思想道德与法治》"维护宪法权威"内容存在近似；高中阶段必修 1《中国特色社会主义》"分两步走建成社会主义现代化强国"与大学阶段《毛泽东思想和中国特色社会主义理论体系概论》"建成社会主义现代化强国的战略安排"内容存在重复；高中阶段必修 3《政治与法治》"法治中国建设""全面推进依法治国的基本要求"与大学阶段《思想道德与法治》"建设法治中国"的主体内容均围绕"法治国家、法治政府、法治社会""科学立法、严格执法、公正司法、全民守法"展开；高中阶段必修 4《哲学与文化》前两个单元与大学阶段《马克思主义基本原理》导论及前两章，在主体内容、核心概念上存在较大篇幅的交叉重复，且前后递进、螺旋上升的特点不够明显；等等。横向上，同一学段的不同思政课教材之间也或多或少存在着重复。如大学阶段《毛泽东思想和中国特色社会主义理论体系概论》"走中国特色社会主义法治道路""深化依法治国实践"与《思想道德与法治》"为什么要走中国特色社会主义法治道路""建设法治中国"内容高度一致；《毛泽东思想和中国特色社会主义理论体系概论》"适合中国特点的社会主义改造道路"与《中国近现代史纲要》"党在过渡时期的总路线及其实施"内容多有重复。从增强学生记忆实效性和保持知识体系完整性角度来说，大中小学思政课内容方面存在适当重复是必要的，但简单重复易造成学生的新鲜感和获得感不强，甚至对所授内容失去兴趣与期待，产生"这都学过"的消极厌倦心态，思政课教学效果势必大打折扣。因而，我们所强调的思政课内容的进阶性，应是一种难度上逐步增加、广度上有序拓展、深度上合理升华的更高形态的重复。

（三）从课程评价的维度来看，实效性有待提升

习近平总书记强调："有什么样的评价指挥棒，就有什么样的办学导向……要坚决克服唯分数、唯升学、唯文凭、唯论文、唯帽子的顽瘴痼疾，从根本上解决教育评价指挥棒问题。"[①] 评价体系是大中小学思政课一体化建设的"指挥棒"，聚焦一体化建设，完善大中小学思政课评价，构建集目标指引、问题诊断、激励纠偏、成效检验等于一体的评价体系，是推进大中小学思政课一体化建设的重要保证。从纵向上来看，当前贯穿大中小学思政课的评价体系建设较为滞后，评价目标的衔接性、评价内容的针对性、评价方法的科学性、评价结果的适用性等在各个学段都有待加强和改进。比如，小学阶段思政课由于对学生升学影响不大，受重视程度不够，评价的主观性较强；中学阶段学生升学压力越来越大，特别是受应试教育和新高考改革的影响，主要依据学生的考试成绩来进行评价，评价的手段较为单一；大学阶段思政课作为必修课，也主要采用考试的方式对学生进行评价，对学生日常思想政治表现关注不够，且不同门类思政课之间评价的衔接存在空当，对学生思想政治状况变化关注不够持续。从横向上来看，大中小学在思

---

① 《习近平谈治国理政》第 3 卷，外文出版社 2020 年版，第 348 页。

政课的评价方面，都有一套相对独立的体系。虽然这有利于提高某一学段思政课评价的针对性和实效性，但也容易导致各学段思政课的场域疏离，使得各学段思政课教师"各扫门前雪"，缺乏对相邻学段思政课内容的积极关注与有效衔接。再者，从评价主体上来看，目前大中小学思政课的评价主体均以教师和学生为主，缺乏家庭与社会的有效参与，容易导致评价结果的单一性和片面性。

评价是检验、推进思政课一体化建设的重要手段，应充分发挥以评促建、以评促学、以评育人的重要作用，构建大中小学思政课考核评价一体化体系。在评价目标上，应聚焦不同学段学生的核心素养，注重从学生的知、情、意、信、行等多个维度进行目标预设，一体化引导学生践行社会主义核心价值观，争当社会主义的建设者和接班人。在评价内容上，应一体化关照学生的价值观念、学习态度、过程表现、学业成绩等，在考查学生对课程内容的理解接纳水平的同时，更加注重评价学生在日常真实情境中进行分析、判断和选择时所表现出的综合水平。在评价方法上，应避免以往仅通过考试判断学生水平的单一方法，注重将定性评价与定量评价、静态评价与动态评价、结果评价与过程评价相结合，构建跨学段的评价衔接方法。在评价主体上，应发挥教师、学生、家长、学校、教育行政部门等不同评价主体的作用，加强各评价主体之间的沟通协调，从各个渠道收集学生的思想行为表现，提高评价的全面性、准确性和连续性。在评价结果上，应避免单纯以考试分数评价学生，针对不同学段学生的特点，给出个性化、发展性的评价引导。同时，应注重跨学段评价结果的共享与运用，为学生成长成才与教师教学改进注入持久动力。

二 强化"凝聚合力"的视野

马克思认为:"单个劳动者的力量的机械总和,与许多人手同时共同完成同一不可分割的操作(抬重物等等)所发挥的机械力量有本质的差别。协作一开始就创造了一种生产力,这种生产力本身是集体力。"① 推进大中小学思政课一体化建设,就是要坚持横向贯通、有机协同,纵向衔接、螺旋上升,凝聚、形成、增进立德树人的"集体合力"。从凝聚合力的视野出发,目前深化一体化研究的突破点应是"向精处用力"——更精细、精准、精深。

(一)在凝聚横向合力上,应更加注重思政课建设各个发力点的精细运行

从具体的学段上看,或者说从横断面看,凝聚大中小学思政课一体化建设合力,就是要实现思政课建设各个发力点"有力"及力向的一致。这些发力点包括教师、教材、教法等诸多方面。从教师这个发力点来看,"讲好思政课不容易,因为这个课要求高"② 。思政课不仅涉及政治、经济、文化、社会、生态等多个现实领域,还涉及哲学、经济学、历史学、法学、教育学等多个学科领域,思政课教师把蕴含其中的道理与哲理讲深、讲透、讲活并不容易。并且,有思政课上常常有学生会提出一些尖锐敏感的深层次理论与实践问题,把这些问题掰开

---

① 《马克思恩格斯全集》第21卷,人民出版社2003年版,第406页。
② 习近平:《思政课是落实立德树人根本任务的关键课程》,人民出版社2020年版,第10页。

揉碎、抽丝剥茧、解答清楚，对思政课教师素养的要求更高。2021 年年底，我们对 70 余所高校进行的调查显示，大学生认为思政课教师能力水平方面存在的主要问题是："缺乏创新能力"（61.9%）、"对学生关爱不够"（26.4%）、"缺乏国际视野"（24.8%）、"知识储备不足"（12.1%）、"个别教师师德失范"（6.3%）、"个别教师立场不坚定"（6.2%）等。这些数据较为精细地反映了思政课教师思维要新、情怀要深、视野要广、人格要正、自律要严、政治要强等不同维度素养的现实状况及未来需要提升的着力点。从教材这个发力点来看，教材是大中小学开展思政课教学的基本依循。在前文述及调查中，大学生认为思政课所呈现出的教材内容存在的主要问题有："授课内容枯燥乏味"（47.9%）、"与高中政治内容重复，缺乏新意"（29.0%）、"教学案例过于陈旧"（28.4%）、"语言不够通俗，很难懂"（27.4%）、"没有联系实际，很空洞"（27.0%）、"理论深度不足，不解渴"（25.3%）。党的十八大以来，思政课教材进行了数轮修订，反映了中国特色社会主义的新进展和新成果。但囿于篇幅版面、体例结构、编撰规范等的限制，思政课教材对很多内容的呈现只能是简单、抽象、静态、结论性的。因此，思政课教师在立足教材的基础上还要善于突破教材，对教材核心内容进行必要的加工整合、丰富拓展和深化提升，打造适合学生动态需求的逻辑体系、知识体系与话语体系，给学生以更透彻的学理分析和更有效的思想引导。从教法这个发力点来看，大学生认为思政课教学方法存在的问题集中在："理论说教过多"（48.5%）、"教学形式单一"（41.5%）、"缺乏实践教学"（40.0%）、"不注重课堂互动"（29.7%）、"不善于运用新媒体"（20.9%）。这些数据提示我们，应精准把脉"00 后"学生接受新生事物快、参与意识强、思维比较活的特点，用活新媒体新技术创新教学手段，用好"大思政课"探索案例式、沉浸式、体验式、互动式、专题式、分众式教学，引导学生在亲身参与、亲自体验中将个人"小我"融入祖国"大我"。

（二）在凝聚纵向合力上，应更加注重思政课各个学段作用力的精准衔接

从不同学段的衔接，或者说从纵向维度看，凝聚大中小学思政课一体化建设合力，就是要实现思政课育人之"力"前有"引"、后有"续"，前有"垫"、后有"增"。目前，各学段思政课的育人之力尚未完全达到精准衔接和有效发挥，仍存在衔接的完整性不足、针对性不强、溯及性不够等薄弱环节。从衔接的完整性不足方面来看，不同学段思政课内容之间的衔接仍存有空白。如"加强中华优秀传统文化教育，引导学生坚定文化自信"是思政课的重要内容，但大中小学思政课这方面内容的衔接不够顺畅。小学阶段每一年级的《道德与法治》教材几乎都涉及中华优秀传统文化，包括传统节日、民间风俗、古代科技、传统美德、家风家教、爱国主义等内容。但在中学阶段，思政课有关中华优秀传统文化的内容，仅在初中九年级《道德与法治》（上册）第三单元"守望精神家园"的一节、高中必修 4《哲学与文化》"继承发展中华优秀传统文化"的一节中论及。到了大学阶段，相关内容仅散见于《思想道德与法治》"继承优良传统 弘扬中国精神""遵守道德规范 锤炼道德品格"部分章节，纵向贯通、横向交汇、逐级进阶显得不足。从衔接的针对性不强方面来看，不同学段思政课与学生成长成才需求之间的衔接也存有死角。如，小学和初中阶段的思政课比较重视学生的生命健康教育，且从生理、心理的多重维度进行了展开，但高中和大学阶段出现了断层，思政课这方面的教育几乎空白。从现实来看，高中生面临青春叛逆、高考升

学等多重压力，大学生面临恋爱、交友、求职等多重困惑，理应发挥思政课主阵地作用，加强这方面的教育引导，满足学生成长成才需要。再如，互联网对学生的思想观念、学习方式、生活习惯等影响愈发深刻，"无人不网""无时不网""无处不网"已经成为描摹学生群体的真实镜像。面对纷繁复杂的网络世界，引导学生科学触网、合理用网、文明上网，逐步增强学生网络世界的价值判断和价值选择能力，应是大中小学思政课义不容辞的责任。但综观大中小学思政课教材，仅有小学四年级《道德与法治》（上册）第三单元中的一节"网络新世界"，初中八年级《道德与法治》（上册）第二单元的一节"网络生活新空间"，大学阶段《思想道德与法治》第五章第三节第一目"遵守社会公德"部分内容涉及网络思想政治教育。从衔接的溯及性方面来看，不同学段思政课与学生未来发展路向选择之间的衔接还存有盲区。习近平总书记强调，教师要努力讲好思政课，"让学生真心喜爱、终身受益"[1]。何谓"终身受益"？指的是思政课对学生来说，应是一门作用长远、持续受益的课程，其对学生思想观念、价值观点和行为方式的影响，不拘囿于一时一地一事，要有面向未来的前瞻性和引领性。当然，"时间有限的学校思政课教学，不可能解答、预答学生在漫长的人生道路上、广阔的社会天地间、崭新的未来开拓中碰到的各种各样的问题，但是，可以通过培养学生分析解决问题的能力，而发挥使学生受益终生的作用"[2]。从当今社会现实状况来看，并不是所有的青少年都能完整地接受大中小学教育。如，学生初中毕业后，可能就读高中，也

① 习近平：《思政课是落实立德树人根本任务的关键课程》，人民出版社2020年版，第12页。

② 沈壮海：《学习习近平总书记关于思想政治理论课建设的重要论述》，《马克思主义研究》2022年第6期。

可能就读中职，还可能直接走向社会。学生高中毕业、大学毕业也面临类似的不同选择。思政课应充分考虑学生的未来发展，更为精准地与学生成长之路衔接，让各学段不同类型的学生都能真正受益、终身受益。目前来看，这方面做得还很不够。

（三）在凝聚合力机理上，应更加注重思政课育人时度效规律的精深探求

习近平总书记强调，做好宣传思想工作"关键是要提高质量和水平，把握好时、度、效，增强吸引力和感染力，让群众爱听爱看、产生共鸣"[1]。从思政课育人力量的作用机理、规律角度来看，只有科学把握蕴含其中的时、度、效，才能有效凝聚各方面的作用力，收到沟通心灵、启智润心、激扬斗志的效果。从"时"的角度来看，应立足宏观层面的"时势"、把准中观层面的"时机"、顺应微观层面的"时序"，高质量推进大中小学思政课建设。所谓立足宏观层面的"时势"，就是各个学段在发挥思政课育人作用的过程中，都要遵循"虽有智慧，不如乘势"[2] 的客观规律，向学生科学解答好中国之问、世界之问、人民之问、时代之问，引导学生全面客观认识百年变局与复兴全局的时与势，坚定为实现共产主义远大理想和中国特色社会主义共同理想而奋斗的信念。所谓把准中观层面的"时机"，就是在思政课教学过程中，要准确意识到"来而不可失者，时也；蹈而不可失者，机也"[3]，积极利用重大节日、重大事件和重要节点、重要人物，推动教学内容直达人心、引

---

① 习近平：《论党的宣传思想工作》，中央文献出版社 2020 年版，第 16 页。
② 《孟子·公孙丑上》。
③ 《代侯公说项羽辞》。

发共鸣、取得实效。所谓顺应微观层面的"时序",就是要看到"物有本末,事有终始"①,思政课必须遵循学生成长成才规律和不同学段学生思想认识实际,科学规划教学目标、合理设定教学内容、准确选择教学方法,在循序渐进、螺旋上升中实现教育教学与学生成长需求的"无缝对接"。从"度"的角度来看,"质胜文则野,文胜质则史。文质彬彬,然后君子"②。因而,在思政课育人力量作用发挥过程中,要掌握好"分寸""火候"和"尺度"。所谓掌握好"分寸"就是要看到,政治引导、价值引领是各学段思政课的基本功能。但强调思政课的这一功能,并不是要把课讲成简单灌输的政治宣传和空洞无物的价值观说教,"没有生命、干巴巴的"③。而是要善于掌握灌启结合的"分寸",寓政治引导于学理分析和真理感召之中,化价值观引导于知识传授和能力培养之中,做到"启中有灌""灌中有启",让学生在水到渠成中得出结论、在心悦诚服中接受真理。所谓掌握好"火候"就是要看到,各学段思政课育人效力的发挥,既离不开教师的主导性,也离不开学生的主体性。特别是近年来,随着思政课改革创新力度的加大,虚拟现实、情景展示、研学交流、翻转课堂等有利于发挥学生主体性作用的方式方法被引入思政课各学段的教学之中,增强了思政课的亲和力与感染力。在这方面的探索过程中,思政课教师应注意把握好"火候",做好画龙点睛工作,不失时机地进行教育引导和总结提升,避免教学陷入单纯的娱乐化、形式化、表面化。所谓掌握好"尺度"就是要看到,建设性是思政课的根本,批判性是马克思主义的特征,面对社会存在

① 《礼记·大学》。
② 《论语·雍也》。
③ 杜尚泽:《"'大思政课'我们要善用之》,《人民日报》2021 年 3 月 7 日。

的不良现象，学生关注的各类问题，思政课既不能选择回避问题，也不能单纯只讲问题，而应"迎着问题去""沿着问题讲""提出问题收"①，引导学生在辩证认识问题中弄清真假，在批判鉴别问题中明辨是非，在理性分析问题中看穿表里，并在此基础上逐步掌握科学的思维方法。从"效"的角度来看，人类全部社会实践都追求实现多维度的预期效果。就思政课育人力量作用发挥之"效"来说，应内在包含效率、效果、效期等多重维度。在效率维度上，应注重提高思政课的"到课率"和"抬头率"，增强思政课各个学段育人效果的辨识度和显示度，在落实立德树人根本任务上发挥好示范引领作用。在效果维度上，应注重发挥关键课程的关键作用，在循序渐进中把问题讲深、理论讲透、思想讲活，在学生心灵中埋下真善美的种子。在效期维度上，应把"终身受益"作为大中小学思政课建设的共同目标，注重打造学生"毕生难忘"的高水平思政"金课"，涵育学生正确的价值观念、必备的能力品格和高尚的道德情操，为学生一生成长奠定科学的思想基础。

三　强化"共建共享"的视野

共建共享机制的构建，是深化大中小学思政课一体化建设的重要保障。从共建共享的视野出发，应当深入研究大中小学思政课共建共享的核心需求是什么、关键点位在哪里、可行办法有哪些，以进一步推动构建共建共享机制的努力成为思政课建设中更广泛的普遍自觉。

---

① 沈壮海：《学习习近平总书记关于思想政治理论课建设的重要论述》，《马克思主义研究》2022 年第 6 期。

（一）切准共建共享的关键点位

习近平总书记强调："办好思想政治理论课关键在教师，关键在发挥教师的积极性、主动性、创造性。"[①] 立足共建共享视野深化大中小学思政课一体化建设，应牢牢抓住教师这个关键点位，从一体化构建培养培训、集体备课、交流研讨机制等方面入手，推动大中小学思政课教师共育、共学、共研、共成长，并在此基础上打造大中小学思政课教师育人共同体。一体化构建培养机制方面，应充分发挥高校马克思主义学院的平台优势、马克思主义理论学科的专业优势，将大中小学思政课教师培养纳入马克思主义理论学科本硕博一体化人才培养体系，为深化大中小学思政课一体化建设源源不断提供高素质人才储备。同时，在深入实施高校思政课教师队伍后备人才培养专项支持计划、高校思政课教师在职攻读马克思主义理论博士学位专项计划的基础上，可探索设立面向中小学思政课教师在职攻读马克思主义理论硕士、博士学位专项计划，一体化提升各个学段思政课教师的学科素养和专业能力。在一体化构建备课机制方面，应按照《关于深化新时代学校思想政治理论课改革创新的若干意见》的要求，"加大思想性、理论性资源供给"，"建立健全大中小学思政课教师一体化备课机制，普遍实行思政课教师集体备课制度，全面提升教研水平"。[②] 特别是对于相同或相近主题，可探索开展同备一堂课、同听一堂课、同讲一堂课、同评一堂课等活动，在相互沟通中推进大中小学思政课的有效衔接。此外，还应打破物理空间的阻隔，探

---

① 习近平：《思政课是落实立德树人根本任务的关键课程》，人民出版社2020年版，第10页。

② 《关于深化新时代学校思想政治理论课改革创新的若干意见》，人民出版社2019年版，第13页。

索建立网上集体备课平台，面向网络开放大中小学思政课的课堂资源，推动不同学段教学信息和网络资源的共建共享，促进大中小学思政课教师在互学互鉴中拿稳"接力棒"，在集思广益中跑好"接力赛"。在一体化构建研修机制方面，应按照教育部等五部门印发的《关于加强新时代中小学思想政治理论课教师队伍建设的意见》，完善思政课教师一体化的研修体系与合作平台，建立纵向跨学段、跨年级，横向跨学科、跨学校的交流研修机制，支持鼓励不同学段思政课教师组建一体化的教学团队、开发一体化的精品课程，促进大中小学思政课教师整体联动、高效协同。针对大中小学思政课建设和青少年成长成才过程中的难题，可联合开展教育教学试验和科研项目攻关，致力于打造大中小学思政课教师学术共同体。

（二）抓住共建共享的核心需求

大中小学思政课建设具有许多可以共建共享的资源，包括教师队伍资源、教学科研资源、校园文化资源、实践基地资源，等等。现实中，这些资源分布与利用存在着不平衡、不充分的问题，客观上限制了资源的优势互补与作用的充分发挥。在共建共享视野之下，我们应抓住制约大中小学思政课共建共享的核心要素，坚持以问题为导向，以需求为牵引，推动大中小学思政课育人资源的共享与优化。从资源分布的角度具体来看，当前思政课育人资源既有纵向分布的不对称性，又有横向分布的不平衡性。如纵向上，中小学阶段受中高考、应试教育影响较深，思政课教师普遍注重教学效果的提升，对科研方面的关注较为欠缺，思政课的科研资源不如教学资源丰富。大学阶段受职称评审等因素的制约，思政课教师普遍比较注重科研成果的产出，对教学方面的深度探索相对薄弱。横向上，则整体存在着民办学校、中外合作办学与公办学校之间，农村学校与城市学校之间思政课资源分布不平衡的问题。这就需要加强顶层设计，完善体制机制，推动思政课育人资源的有效流通与合理配置。从资源流通与配置的角度来看，目前思政课育人资源流通仍不够顺畅、配置仍不够高效，不同学段之间缺乏稳定的共享交流平台，"背靠背"开展教学多，"面对面"备课交流少，这也导致了思政课教师对相邻学段学情了解不清楚、资源利用不充分，以至于在教学过程中出现大学思政课教师"不瞻前"、中小学思政课教师"不顾后"，大中小学思政课存在交叉重复、脱节倒置等问题。有鉴于此，推动大中小学思政课的共建共享，应牢固树立"一盘棋"理念，各学段不仅要认真"守好一段渠"，还要主动"畅通各段渠"，并以此为基础，推动各学段之间、同一学段内部的育人资源流动更加顺畅、分布更加均衡、共享更加充分，进而为深化大中小学思政课一体化建设提供坚实支撑。

（三）探索共建共享的可行办法

当前，大中小学思政课的顶层管理较为分散，条块分割、各自为战的现象依然存在。一体推动大中小学思政课共建共享涉及多个主体、诸多方面，"要建立党委统一领导、党政齐抓共管、有关部门各负其责、全社会协同配合的工作格局"①，着力打破"条块"、清除"壁垒"、连通"孤岛"，统筹运用好各方面的力量与资源。具体来说，要发挥国家教材委员会指导作用，建立大中小学思政课教材编写人员联席沟通机制，推动思政课教材的统编统审统用；构建大中小学思政课立体化教材体系，推动思政课配套用书及优质教学资源的共建共享共用。

---

① 习近平：《思政课是落实立德树人根本任务的关键课程》，人民出版社2020年版，第24页。

要发挥教育部大中小学思政课一体化建设指导委员会统筹作用，建立跨学段交流研讨机制，定期组织面向全国大中小学思政课教师的师资培训、教学研讨、集体备课、科学研究等活动，提高各学段思政课教师的教学科研水平。要发挥各级教育行政部门的引导作用，加强大中小学思政课共建共享的顶层设计和条件保障，立足整体性发挥思政课立德树人作用，建立面向本地区大中小学思政课教师的跨学科、跨学校、跨学段的协同联动机制，通过划拨专项经费、设立专项课题、举办专项培训、开展专项活动等，把不同学段的思政课教师团结凝聚在一起；同时，按照全面推进"大思政课"建设的工作要求，遴选面向大中小学开放的"大思政课"实践教学基地，在思政小课堂与社会大课堂相结合中，提升大中小学思政课一体化建设实效。要发挥各级各类学校的能动作用，通过举办夏令营、实地参观考察、相互听课评课等，加强大中小学思政课资源的共建共享和师生的沟通交流。具体到每个学段来说，要注重发挥高校思政课的示范带动作用、中学思政课的承上启下作用、小学思政课的启蒙奠基作用，推动教学、科研、实践等环节资源的共享和力量的协同。具体到横向不同类型学校来说，要注重发挥思政课建设基础较好的公办学校引领作用，与中等职业学校、民办学校、偏远地区学校等开展结对共建，通过教师对调、送教上门、跟班听课、集体备课等，推动大中小学思政课一体化建设整体上台阶、上水平。

四　强化"品德铸育"的视野

铸魂育人是思政课的神圣使命，更好地铸魂育人也是深化大中小学思政课一体化建设的出发点、落脚点。从品德铸育这一视野出发，目前深化一体化的研究，突破点应是注重对学生品德整体性提升机理与规律的研究，并以此推动大中小学思政课在理念、目标、内容等方面的全过程建构。

（一）遵循思想品德形成发展规律，注重育人理念的有机融通

从一定意义上来讲，分析研究大中小学思政课的一体化建设，可有纵横的维度，也要有内外的维度。如果说，课程设置、教材编撰、师资培养、资源配置等方面的探讨是外在维度的话，那么，思政课建设如何更好地促进、实现学生品德各关键构成要素的整体性、一体化提升发展，则可以称之为内在维度。学生品德的关键构成要素，包括知识、价值、情感、信念、能力等。这几者之间，是紧密关联、一体共生、一体共进的。国外不少学者往往更看重能力而忽视或有意排开知识与具体的价值等，是有其局限的。"知识是载体，价值是目的。"[1] 在思政课教学中，让学生记住一些知识容易，把学生的情感一时间充分调动起来，似也不太困难，但让思政课有力推进学生品德中知识、价值、情感、信念、能力的共进，则并非易事。而这恰恰是检验思政课育人成效的重要标尺。那么，大中小学思政课教学如何更好服务学生品德中知识、价值、情感、信念、能力等的整体发展、一体共进呢？《关于深化新时代学校思想政治理论课改革创新的若干意见》提出：要"遵循学生认知规律设计课程内容"，"全面提升学生思想政治理论素养，实现知、情、意、行的统一"。[2] 为此，应遵循学生的认知规

---

① 习近平：《思政课是落实立德树人根本任务的关键课程》，人民出版社2020年版，第19页。

② 《关于深化新时代学校思想政治理论课改革创新的若干意见》，人民出版社2019年版，第4页。

律与思想品德形成发展规律，树立整体性的育人理念与之相适应。所谓整体性的育人理念，从外在维度来说，就是要将学生看作是一个完整的、现实的、不断成长发展着的人，既关注本学段的思政课教学状况，又关注前后学段的思政课教学状况。从内在维度来说，就是要按照推动思政课改革创新"八个相统一"的要求，从整体上把握知情意信行等要素之间的相互关系、逻辑依存与各自独特价值，在不同学段的思政课教学中将学生知识体系的搭建、情感心理的塑造、意志水平的提升、价值能力的培养进行有机整合融通，既满足学生丰富的知识渴求和深刻的情感体验，又在此基础上自然地引导学生理想信念的确立、行为习惯的养成，最终实现学生由理解掌握知识到自觉肩负使命的持续跃迁。

（二）遵循学生成长规律，注重课程目标的有序贯通

习近平总书记强调："人的成长、成熟、成才不是一蹴而就的，而是一个渐进的过程，就跟人的生理发育一样，所以要把这几个阶段都铺陈好"[1]；"要针对不同学段，根据思想政治理论教育规律和学生成长规律科学设置具体教学目标"[2]。在品德铸育的视野下加以观照不难发现，思政课教学内容的综合性、教学对象的多样性、教学时序的复杂性决定了思政课课程目标纵横交错的结构形态。从纵向上来看，由于不同学段知识接受水平、理论消化能力、行动自觉程度不同，学生品德素养的提高是一个由低级到高级的发展过程。这就要求我们在遵循学生相应学段成长发展规律的基础上，

---

[1] 习近平：《思政课是落实立德树人根本任务的关键课程》，人民出版社2020年版，第6页。

[2] 习近平：《思政课是落实立德树人根本任务的关键课程》，人民出版社2020年版，第27页。

从知识目标、情感目标、能力目标、行为目标等方面着眼，整体规划思政课课程目标体系，打造一条贯通大中小学全学段发展性的育人目标链条，并以此为指引，确保立德树人总体目标在各个学段的合理分解与有效落实。具体来说，应按照《关于深化新时代学校思想政治理论课改革创新的若干意见》和《新时代学校思想政治理论课改革创新实施方案》对大中小学思政课建设提出的目标要求，在小学阶段注重启蒙道德情感，引导学生具有做社会主义建设者和接班人的美好愿望；在初中阶段注重打牢思想基础，引导学生强化做社会主义建设者和接班人的思想意识；在高中阶段注重提升政治素养，引导学生形成做社会主义建设者和接班人的政治认同；在大学阶段注重增强使命担当，引导学生争做社会主义合格建设者和可靠接班人。① 从横向上来看，同一学段的各门思政课课程目标也各有侧重，特别是对于大学阶段的各门思政课来说，在围绕落实立德树人根本任务总目标的前提下，要科学定位各门课程的具体教学目标，做到既不"缺位"也不"越位"。同时，还要注重思政课程与课程思政的统筹推进，促进思政课课程目标与其他课程目标的横向贯通，充分发挥各类课程的品德铸育功能，寓思想引领、情感陶冶、意志锻炼于知识传授和能力培养之中。只有这样，学生才能实现知识、价值、情感、信念、能力等方面的持续共进。

（三）遵循课程建设规律，注重教学内容的有效联通

思政课教学内容承载着思想体系、知识体系和目标体系，

---

① 《关于深化新时代学校思想政治理论课改革创新的若干意见》，人民出版社 2019 年版，第 5 页。

关涉着学生思想品德的形成，是大中小学思政课一体化建设的核心关纽。如果没有教学内容的有效联通，就难以实现学生良好思想品德诸要素的共生共进。为此，应以政治认同、家国情怀、道德修养、法治意识、文化素养为重点，以爱党、爱国、爱社会主义、爱人民、爱集体为主线，在大中小学统筹推进马克思主义理论教育、中国特色社会主义和中国梦教育、社会主义核心价值观教育、法治教育、劳动教育、心理健康教育、中华优秀传统文化教育。同时，应按照《关于深化新时代学校思想政治理论课改革创新的若干意见》和《新时代学校思想政治理论课改革创新实施方案》对大中小学思政课提出的内容建设要求，遵循由简及繁、由浅入深的原则，合理有序规划、落实好各学段思政课内容。小学阶段应以学生的生活为基础，重在开展启蒙性学习，主要讲授学生与自我、家庭、班级、社会、国家、世界、自然等的关系；初中阶段应以学生的体验为基础，重在开展体验性学习，主要讲授个人和集体、自我和时代、社会规则和社会秩序、社会责任和社会担当、宪法和法律、国家利益和国家目标、中国和世界等内容；高中阶段应以学生的认知为基础，重在开展常识性学习，主要讲授中国特色社会主义的开创与发展，习近平新时代中国特色社会主义思想的丰富内涵、思想精髓和理论意义，帮助学生理解社会主义基本经济制度、中国特色社会主义政治发展道路、中华优秀传统文化、革命文化和社会主义先进文化等内容；本专科阶段应重在开展理论性学习，主要讲授反映马克思主义世界观和方法论的最基本的原理，马克思主义中国化的理论成果，中国近代以来争取民族独立、人民解放和实现国家富强、人民幸福的历史，马克思主义的人生观、价值观、道德观、法治观，社会主义核心价值观与社会主义法治建设的关系，以及形势与政策等内容；研究生阶段应重在开展探究性学习，专题讲授新时代中国特色社会主义理论和实践的重大问题，当代世界重大问题等内容。① 概而言之，要善于将抽象复杂的思想理论转化为适应不同学段特点的思政课内容，为学生思想品德诸要素的共生共进提供丰厚滋养。

总之，要因应新形势新任务新要求，不断拓宽工作视野，打开建设思路，将深化大中小学思政课一体化建设，作为推进大中小学思想政治教育一体化建设的中心环节抓紧抓实，引导各学段学生立德成人、立志成才，在全面建设社会主义现代化国家、全面推进中华民族伟大复兴新征程中当好开路先锋、事业闯将。

（本文原刊于《马克思主义理论与现实》2023 年第 2 期，与刘灿合作）

---

① 《关于深化新时代学校思想政治理论课改革创新的若干意见》，人民出版社 2019 年版，第 6—7 页。

论新时代高校思想政治
工作体系的构建

2018年5月，习近平总书记在北京大学考察时指出："人才培养体系涉及学科体系、教学体系、教材体系、管理体系等，而贯通其中的是思想政治工作体系。加强党的领导和党的建设，加强思想政治工作体系建设，是形成高水平人才培养体系的重要内容。"① 从"贯通其中"到"重要内容"，构建新时代高校思想政治工作体系已经成为建设高水平人才培养体系、培养德智体美劳全面发展的社会主义建设者和接班人的紧要任务。构建新时代高校思想政治工作体系，必须更加深刻地把握体系化在推进高校思想政治工作中的重大意义，更加清晰地认识新时代高校思想政治工作体系的应有样态，不断加强党对高校的全面领导，着力强化党委统筹、理念引领、制度保障，以更为完备有力的高校思想政治工作体系，夯实高水平人才培养体系之基、贯通人才培养全程。

---

① 习近平：《在北京大学师生座谈会上的讲话》，人民出版社2018年版，第10页。

一 体系化是新时代高校思想政治工作加强改进、创新发展的着力点

一直以来，党和国家都高度重视思想政治工作的体系化建设，高校也不断通过具体实践探索推进思想政治工作体系的完善和发展。但要看到的是，新时代对高校思想政治工作体系建设提出了更高要求，高校思想政治工作体系化建设还客观存在不少需要克服解决的难题、需要回答应对的新题。我们必须以体系化建设为着力点，推动新时代高校思想政治工作加强改进、创新发展。

体系化是高校思想政治工作价值实现的本质要求。以体系化的眼光观察、思考、推动高校思想政治工作，是我们党关于高校思想政治工作的重要传统，也是高校思想政治工作的一贯努力。之所以如此，是因为体系化在高校思想政治工作价值实现过程中具有特殊意义。高校思想政治工作是以师生为对象、以培养担当民族复兴大任的时代新人为导向、事关社会主义办学方向的一项极端重要的工作。高校思想政治工作价值实现的过程就是多方面力量相互联系、相互作用、相互影响的过程，多方面力量的相互作用、矛盾运动所形成的整体自然就构成了高校思想政治工作体系。高校思想政治工作的价值实现本质上是思想政治工作体系运行的结果，价值的实现也不断推动着思想政治工作体系的完善。抓好了这个体系，就能明确加强改进、创新发展高校思想政治工作向何处用力、怎么用力；而离开了这个体系，高校思想政治工作就会变为抽象的存在，也不可能实现其应有的价值。

在数十年的实践历程中，高校思想政治工作的体系化建设

取得了很大的成绩，但我们还要看到的是，此间也仍然有不少值得关注的问题，阻碍高校思想政治工作的实效及其提升。这些问题，尤其表现为以下几种现象。一是"孤岛"现象。在不少人的固有思维中，思想政治工作仅仅是党务干部、思想政治理论课教师、辅导员等专职思想政治工作队伍或者部门的事，专业课教师、管理服务人员等与人才培养同样密切相关的群体往往把自己的工作仅仅定位在知识传授、能力培养、事务处理或者生活保障层面，价值塑造的意识、动力和本领还不够强，进而使得育人主体的构成受到限制、工作似为"孤岛"。二是"条块"现象。现有高校组织管理体系之下，不同职能部门有着不同的业务职能，不同的人事岗位有着不同的业务职责。这种体系，一定程度上使得各自为战、协同不足、本位主义等在思想政治工作的开展中有不少存在，各方面力量围绕立德树人根本任务联结汇聚起来还不够充分，形成以学生为中心的交流、联动、协作的育人合力还有许多需要努力的空间。三是"片面"现象。一些学校在工作中容易将教职工的思想政治工作片面地简化为人事管理，对教职工思想政治状况的示范性、教育性等重视不够，教工党支部建设存在虚化、弱化、边缘化的倾向，师德师风建设机制还需要不断细化完善，全面、系统地对教职工思想政治工作与学生思想政治工作进行整体谋划、协同推进十分迫切。四是"脱节"现象。一些思想政治工作的呈现内容和方式与师生不同阶段的思想状况、发展需要衔接还不够紧，师生关注、关心的热点、焦点、难点往往得不到及时、准确、透彻的回应和解答。把准时代脉搏、时间节点进而有效对接需求、吸引师生、回应期待还要下更大的力气。五是"隔膜"现象。主要反映为思想政治工作游离于学科建设、课程教学、管理服务等具体工作之外，或对思想政治工作在不同教学内容、业务环节中的不同体现还缺乏系统深入的把握，生搬硬套的现象仍有存在，导致思想政治工作与师生工作学习实际联系不够紧、"两张皮"。

新时代对高校思想政治工作的体系化建设提出了新的更高要求。当今中国处于近代以来最好的发展时期，当今世界处于百年未有之大变局。在这样一个新时代，一方面，实现中华民族伟大复兴的中国梦在召唤，全社会对德智体美劳全面发展的卓越人才比任何时候都更加渴求，这就要求高校思想政治工作体系能更好地适应人才培养的需要，能够培养更多堪当民族复兴大任的时代新人。另一方面，随着国家间特别是大国间的竞争更趋激烈、信息技术特别是社交媒体带来社会环境、社会结构的复杂变化、社会大众特别是青年一代的思想活动更加多元多样多变，高校思想政治工作所面临的新形势、新挑战比以往任何时候都更复杂多样。在这样的背景下，高校思想政治工作体系能否以更加完备有力的姿态应对变化、迎接挑战，更好地发挥其应有作用，事关人才培养的成效，事关党和国家的前途命运。近年来，在党和国家的高度重视下，通过各方面坚持不懈的努力，思想政治工作不断呈现向上向好的态势。但我们也需要清醒地认识到，思想政治工作的质量和成效、针对性和吸引力等的提高，始终在路上。我们所面临的现实问题，有些是长期存在的，有些是新形势下产生的，但归结在一起，都多与思想政治工作的体系化建设推进还不够有关，也迫切地要求高校思想政治工作以体系化为重要着力点，在加强中改进、在创新中发展，更好地解答老问题、回应新问题。

二 新时代高校思想政治工作体系的应有样态

构建新时代高校思想政治工作体系，根本在于思想政治工作在人才培养体系中的贯通，也就是要把高校思想政治工作贯通于人才培养全过程，实现全员育人、全程育人、全方位育人。在笔者看来，更加完备有力的新时代高校思想政治工作体系应该是主体广泛激活、力量有效联结、对象全面覆盖、工作全程贯穿、要素深度融入的体系。

其一，主体广泛激活。高校育人工作不仅是知识传授、能力培养的过程，更是价值熏陶和塑造的过程。如果教师在教学科研活动中"只教书不育人""只育智不育德"，管理人员和服务人员只做分内之事、不思育人之责，只靠专门的辅导员和思想政治理论课教师来开展思想政治工作，那么学校中将有很多本该发挥作用的育人力量没有得到充分激活，学生的"拔节孕穗期"也不可能获得最为充足的"水分"和"阳光"，进而影响学生的健康成长和全面发展。因此，体系化推进高校思想政治工作的首要目标就是广泛地激活育人主体，特别是专任教师这个群体，同时要让学校中方方面面的人员都能清楚地了解各自育人的职责，不断增强育人的动力，并且自觉提升育人的本领，着眼学生成长发展定位工作目标、履行工作职责，在本职岗位上、举手投足中，直接或间接地向学生传递关爱、传送价值，帮助学生体味做事做人、求学奋斗的道理，形成"全员"落实立德树人根本任务的大图景。

其二，力量有效联结。思想政治工作是做人的工作，必须围绕人、关照人。分散在各个部门、各支队伍的思想政治工作力量也只有围绕人、关照人，加强协同联动，突破"条块分割"，把力量聚焦到学生成长需要、成才需要上，才能使各条战线的优势充分迸发，加工出一份份"味道可口、营养均衡"的饭菜，真正形成高水平的思想政治工作体系。实现各方面力量有效联结，既要考虑系统的力量，也要考虑个体的力量。系统层面，党委和行政的力量要有效联结，更加自觉地坚持和加强党对学校的全面领导，不断提升党的建设质量和水平，以党坚强有力的领导统一思想、凝聚力量，统筹推动思想政治工作贯穿教育教学管理全过程。此外，学校各机关部门和各个学院的力量要有效联结，形成围绕学科、教学、科研、实践、环境等重点育人环节的研究谋划、交流会商、协调协作的有效机制，确保各个机关在各司其职的同时实现有效协同联动，充分发挥各自的优势和作用；确保机关的服务能对接学院的需要、机关的指导能对准学院的困惑，进而共同汇聚形成思想政治工作体系的强大合力。个体层面，要把广大教职员工、广大青年学生的力量有效联结起来，将各条战线教职员工优势充分交叉融通，将学生中的先进分子充分调动，形成"联合作战"，共同研讨学生关注的热点问题、共同探析学生深层次思想困惑、共同引领学生的价值追寻。此外，力量有效联结的根本在于有效，不能"形联神不联"，有效联结就必须把握好协同联动与分工负责的关系，实现在协同联动下更好地分工负责，在分工负责的基础上更好地协同联动。

其三，对象全面覆盖。教育者先受教育，传道者先明道，是教育者更好地承担起立德树人神圣使命的先决条件。在一些人的观念中，学生是天然的受教育者，老师则是天然的教育者。然而，要想把学生培养为德智体美劳全面发展的合格人才、优秀人才，就离不开其在校园里接触的每一位师长的言传身教和耳濡目染，就必须注意到教职工思想政治工作的水平很大程度上影响着学生思想政治工作的水平。因此，体系化的高校思想政治工作，需要在加强和改进大学生思想政治工作的同时，把教职工思想政治工作摆在同等重要甚至更为基础的位置，做到思想政治工作对象的全面覆盖。实现对象的全面覆盖，一方面是实现学生的全面覆盖，另一方面就是实现教职工的全面覆盖。学生的全面覆盖就是要覆盖各种层次、类别的学生。教职工的全面覆盖就是要将思想政治工作覆盖到每一位教师和职工。在全面覆盖教职工的过程中，也要充分考虑到各个类别、各个年龄段甚至各个学科的特点和不同，切实发挥基层党组织的政治核心和战斗堡垒作用，不断增强群团组织的政治功能，在帮助教职工提升能力、发展事业的过程中实现思想引领。

其四，工作全程贯穿。思想政治工作对象在其成长发展的各个阶段所面临的思想、学习、工作和生活问题等都各不相同，生活中的每时每刻都会有着情绪的起伏、状态的变换。因此，在思想政治工作中，就需要科学把握工作对象的特点，遵循工作对象成长规律、身心发展规律，因时而进、深耕细作。对于教职工特别是专任教师，要针对其职业生涯不同"路段"的特点开展思想政治工作，引导其明大德、守公德、严私德、厚师德，积极践行"四个相统一"。对于广大学生，要点面结合、突出重点地全程贯穿其所在的学段、所处的时段、所遇的片段，并且形成螺旋式上升、层次性递进的思想政治工作体系。贯穿不同学段就是不仅要结合本科、硕士、博士阶段学生的实际，有重点、有针对性地开展思想政治工作，还要对每个学段进一步细化，特别是本科阶段还要综合考虑大一、大二、大三、大四不同的学段特点开展思想政治工作。贯穿不同时段就是要以重大节日、重大事件、重要活动和假期以及开学季、毕业季、表彰季等重要节点为契机，积极营造育人氛围、开展形式多样的育人活动。贯穿不同片段就是充分调动教职员工的力量，通过朋友圈、微博等便捷媒介，以及平时紧密的关注、关心、关照，尽可能多地掌握每个学生的喜怒哀乐、思想波动，与他们分享喜悦、分担忧愁，帮助他们分解烦恼、指点迷津，把思想政治工作贯穿于一个个与学生生活密切相关的重要片段中。

其五，要素深度融入。高校思想政治工作是用马克思主义科学理论、用社会主义核心价值观教育引导师生，帮助他们确立正确世界观、人生观、价值观的过程。马克思主义科学理论、社会主义核心价值观就是高校思想政治工作的"精华素"，但这些要素如果不能和师生教学和学习紧密联系结合，必然会变成脱离实际、难以吸收的"空话""大话"，自然也就起不到思想政治工作应有的效果。因此，体系化的思想政治工作就必须实现要素的融入，并且是深度地融入。要素深度融入，要坚持因事而化，要结合学科建设、课程教学、社会实践、管理服务、环境营造等学校教育管理各个方面的实际，深层次、全方位地与业务工作融为一体。融入学科建设就是要切实发挥马克思主义科学理论在各个学科发展中的统领作用，坚持在每个学科凝练发展方向的时候就要同我国发展的现实目标和未来方向紧密相连，并且始终扎根中国大地、坚持"四个服务"。融入课程教学就是要用足用好课堂这个基础性、系统性的主渠道，把思想政治理论课建设成为学生想听爱听、受益终身的"精神大餐"，同时深入挖掘各类课程教学中社会主义核心价值观的元素和实现民族复兴的理想和责任。融入社会实践就是要让学生在亲身参与和劳动锻炼中认识国情、了解社会、增长才干，深化思想、情感和政治认同，增进担当奉献的意识和本领。融入管理服务，就是要使得无论在学校哪个管理环节、哪个管理岗位，都能实实在在地感受到以师生为中心的体验和服务，感受到"尊重人、理解人、关心人"的柔性管理和人文关怀，让师生逐渐将这种价值体验转化为自身的价值呈现。融入环境营造就是要突出物质环境、文化环境的陶染，充分发挥校训、校风甚至每个建筑物以及各类健康向上、格调高雅的校园文化生活涵养德行的作用；同时也要突出网络环境的引领、规范、"滴灌"。在网络已然成为主要信息传播渠道的当下，必须使思想政治工作的传统优势与现代信息技术充分融结起来，在吸引学生的同时引领学生，也不断规范提升学生的网络素养和辨别能力，还要充分发挥大数据等现代信息技术优势，推动思想政治工作通过微博、微信等微传播渠道，精准"滴灌"。

三 深化新时代高校思想政治工作体系化建设的实践路径

如前所述，体系化是推动高校思想政治工作提质增效的总抓手。步入新时代，推动高校思想政治工作在加强中改进、创新中发展必须走稳走好体系化之路。深化推进这项建设工程，需要切实强化高校党委领导统筹，着力推动"大思政"理念深入人心，不断完善各类制度配套和保障，让新时代高校思想政治工作体系更加完备有力。

一要强化高校党委领导统筹。高校思想政治工作体系是一个有机的整体，牵扯面广、涉及因素多，只有强化高校党委的领导统筹、落实好主体责任，才能更好地凝聚各方面的力量，为体系构建提供坚强政治保障和组织基础。强化高校党委的领导统筹，必须要有过硬的领导统筹能力、高效的领导统筹机制、坚实的领导统筹基础。首先，领导统筹能力是突出重点、带动全局的能力，高校党委只有做到娴熟运用，才能有序、有效构建好思想政治工作体系。增强领导统筹能力关键在于吃透情况、抓住要害，高校党委班子成员要深刻认识构建高校思想政治工作体系的迫切需要、重大意义和根本要求，沉到课堂、实验室、学生园区等育人一线"望闻问切"，找准思想政治工作体系构建的"堵点""痛点""难点"，方能以此为基础谋划出高质量的思想政治工作体系顶层设计和实施方案。其次，做好领导统筹，必须要有一个好的机制贯通上下、协调运行，才能确保思想政治工作体系稳健有效。这就需要落实好责任机制和反馈机制，要以"第一责任人责任""党政同责""一岗双责"为总抓手，建立高校党委班子成员抓分管领域育人工作定期汇报机制，推动育人责任向各领域、各环节延伸；也要健全相关议事协调机构、明确议事范围和责任，定期研判思想政治工作体系建设推进情况、存在不足和改进计划，针对需要解决的突出问题及时拿出建议方案提请学校党委决策，形成思想政治工作体系由宏观设计到微观落实进而不断迭代深化的闭环。最后，领导统筹的根本目的在于更好地把思想政治工作体系贯通人才培养体系，把"能"赋到所有参与人才培养的一线教职工身上，这就需要夯实领导统筹的基层基础。要把压实基层党委、党支部及党员的思想政治工作责任作为破解基层党组织虚化、弱化、边缘化的突破口，推动院系党委、支部在教学、科研等重要环节统筹谋划、研判、推进育人工作，推动高校机关党委及职能部门支部围绕育人研究、落实、改进业务工作，推动党员教师、干部、职工成为立足岗位育人的先锋、标杆和旗帜，坚决避免基层组织变成思想政治工作的"传声筒""中梗阻"。

二要推动"大思政"理念深入人心。"思想政治工作绝不是单纯一条线的工作，而应该是全方位的，无处不在、无时不在的"①。在思想政治工作的广阔时空场域当中，要达到时时、处处育人的目标和效果，需要人人都秉持"大思政"理念，并且使这个理念在人的思想层面领航、能力层面定标、动力层面牵引。思想层面领航，就是要将理念贯穿学习教育，引导育

---

① 本报评论员：《坚持党对教育事业的全面领导——论学习贯彻习近平总书记全国教育大会重要讲话》，《人民日报》2018 年 9 月 18 日。

人主体时刻体察到育人要求所在，实现从"要我育人"到"我要育人"的观念转变。这就需要充分发挥中心组学习、岗位培训、"三会一课"等学习载体的作用，紧贴学校、学院办学和思想政治工作体系建设等实际，结合师生的困惑与需求抓好各类学习辅导，把贯彻理念的各类政策要求、背景意义等分门别类、及时有效地传达给教职工。能力层面定标，就是要挖掘理念的实践样板，帮助育人主体以此为对照逐步提升育人水平，实现从"我要育人"到"我能育人"的能力提升。这就需要在学习辅导的基础上，进一步发挥典型示范作用，通过适当的竞争机制筛选出一些能反映理念、具有示范性的个体和组织，通过"请进来""走出去""集中研讨"等形式将典型的做法、经验、思考让更多的个体和组织充分地、创造性地吸收，从而实现"点燃一盏灯，照亮一大片"的目的；此外还要时刻警惕、坚决杜绝"速成典型""盆景典型"的负向作用。动力层面牵引，就是要把理念融入考核评价，激励育人主体愿意将育人作为事业发展的有机组成长期坚持，实现从"我能育人"到"我愿育人"的动力升级。这就需要以"大思政"理念为指引、以人才培养质量为导向，同时防止将手段当成目标、过程当成结果，进而完善资源配置、职务职称职级晋升等评价体系，引导机关职能部门、学院和广大教职员工更自觉地明晰育人职责、挖掘育人元素、密切育人联动、增强育人能力、提升育人实效，在推动"大思政"理念不断深入人心的过程中，把全员全程全方位育人真正落细落小落实。

三要不断完善制度配套保障。高校思想政治工作体系之所以称之为体系，一个重要方面就在于有一系列与之相配套的制度将其以规则、模式、秩序等形式科学地固化下来，并且稳健有效运行。随着新时代高校思想政治工作不断加强改进、创新发展，特别是更加突出全员全程全方位育人的"大思政"理念之后，原有制度和机制就需要在工作实践的基础上提档升级、完善配套，如此才能为新时代的高校思想政治工作体系提供坚实保障。基于此，完善制度配套保障就要从"全员全程全方位"破题，而实现"三全"育人的目标，就需要高校上上下下、方方面面明晰所承担的任务和职责。这就要求针对不同层面的组织、不同类别的任务以及不同岗位的个体，以分层、分类、分众为原则，对有关职责或要求进行梳理，完善相应的制度配套保障，从而确保制度发挥作用、体系有效运行。所谓分层，就是要分别站在学校、机关部处和学院、个体三个视角，来考察其制度需求，让学校、机关部处和学院、个体都能明晰各自的任务书、着力点，从而提升制度的适用性和有效性。所谓分类，就是要围绕思政课程、课程思政、教师思政、职工思政等不同类别的重点、难点任务形成相应的项目化、平台化、标准化的制度规范，既明确工作的目标、考核的指标，也明确实施的路径、推进的策略，通过制度设计化解制度执行过程中"上下一般粗"的问题。所谓分众，就是要根据教师、干部、职工、学生的不同任务、特点和需要，梳理各类制度重新编辑整理，并以简洁、生动的形式展示，形成"说明书"式的操作手册，让教师清晰了解其在课程、科研思政等过程中的育人着力点、能力提升点、发展激励点，让干部、职工清晰了解其教育管理服务各环节的育人职责、育人规范和实践案例，让不同阶段受教育的学生清晰了解在德智体美劳各方面应完成的重要学习任务、实践任务以及相应等级标准，从而真正将制度用起来，真正形成促进个体目标与组织目标深度融合、高度统一，促进师生由自发育德向自觉育德积极转换的完整制度配套保障体系。

概言之，高校思想政治工作体系是不断发展完善的体系。在新的时代征程中，高校思想政治工作必须深省历史经验、紧跟时代步伐、紧密联系实际，以体系化建设为着力点，不断实现在加强中改进、在创新中发展，进而把思想政治工作体系贯通学科体系、教学体系、教材体系、管理体系等，为培养堪当民族复兴大任的时代新人打好坚实基础。

（本文原刊于《思想理论教育》2019 年第 12 期，与李佳俊合作）

在思想政治工作体系中理解和
推进课程思政建设

立德树人是学校的根本任务。在这一根本任务的有效落实中，思想政治工作发挥着极其重要的作用。如何因应新境遇新课题新要求，不断加强和改进高校思想政治工作，推动其因事而化、因时而进、因势而新，更好地服务于担当民族复兴大任时代新人的培养，始终是党和国家高度关注的重大课题。党的十八大以来，以习近平同志为核心的党中央对此提出了一系列新理念新要求，作出了一系列强有力的战略部署。

习近平总书记指出："人才培养体系涉及学科体系、教学体系、教材体系、管理体系等，而贯通其中的是思想政治工作体系。加强党的领导和党的建设，加强思想政治工作体系建设，是形成高水平人才培养体系的重要内容。"①从整体上看党的十八大以来高校思想政治工作的加强和改进，扎实推进体系化建设，可谓是贯通其中的重要理念、鲜明筋脉。这既深刻把握了高校思想政治工作有效开展的本质要求，也有力切准了高校思想政治工作中长期以来以不同形式不同程度存在的"孤岛化""碎片化""两张皮""表层化"等问

---

① 习近平：《在北京大学师生座谈会上的讲话》，人民出版社 2018 年版，第10 页。

题，对于高校思想政治工作落到实处、提质增效具有重要意义。近年来，中共中央、国务院《关于加强和改进新形势下高校思想政治工作的意见》（中发〔2016〕31号）对构建教书育人、科研育人、实践育人、管理育人、服务育人、文化育人、组织育人长效机制的明确要求，党的十九届四中全会通过的《中共中央关于坚持和完善中国特色社会主义制度推进国家治理体系和治理能力现代化若干重大问题的决定》对"加强和改进学校思想政治教育，建立全员、全程、全方位育人体制机制"的特别强调，以及教育部《高校思想政治工作质量提升工程实施纲要》对"十大育人体系"质量提升的着力推动，教育部等八部门《关于加快构建高校思想政治工作体系的意见》（教思政〔2020〕1号）的颁发和实施，如此等等，都是推进高校思想政治工作体系化建设的有力引领和积极探索。

"课程思政"建设，正是在这一背景下，在高校思想政治工作体系化建设的进程中被提出并一步步走向深化的。长期以来，在高校思想政治工作中，要充分发挥所有课程的育人功能，是一个虽被反复强调但实践力度亟须强化的要求。"课程思政"的提出和实践推进，对"充分发挥所有课程的育人功能"给出了简明有力的理念化表达，更加清晰地揭明了课程在高校思想政治工作体系中所具有的意义、担负的责任，并对这一理念的实践落地，一步步构建起系统的行动方案。教育部新近颁发的《高等学校课程思政建设指导纲要》在系统总结课程思政试点探索实践经验的基础上，首次面向整个高等教育领域集中、清晰地展示了高校课程思政建设的指导思想及行动法则，是高校课程思政建设的里程碑，也标志着高校思想政治工作体系化建设的又一关键性新推进。

富有生命力的高校思想政治工作体系，是"主体广泛激活、力量有效联结、对象全面覆盖、工作全程贯穿、要素深度融入的体系"①。让高校里所有的育人主体、资源、要素等都真正"动起来""实起来""联起来",都高度自觉、发挥作用并凝成合力,是高校思想政治工作体系化建设当循的核心要义。对于在高校思想政治工作体系化建设进程中提出和强化的课程思政,我们也应始终将其放在高校思想政治工作体系之中来理解和把握,推动其在"动起来""实起来""联起来"的过程中更好地发挥立德树人的作用。

一　让课程在高校思想政治工作中成为责任自觉"充分激活"的方面

要进一步普遍唤醒、普遍增进每一门课程立德树人的高度自觉。在教育领域,许许多多的教师都能够清晰地认识到自己肩上、自己执教课程所担负的育人职责,既教书也育人,既做"经师"也做"人师",但也有一些教师误以为学生德性的成长、价值观念的引导,或者说思想政治素质的培养,是思想政治理论课的事、是学生工作队伍的事,自己的责任只是知识的传授、能力的培养等;或误以为自己所讲授的是专业课、是所谓"与价值无涉"的知识课、技术课,发挥不了育德的作用、价值引导的效力;等等。这些认识、观念或教育习惯的存在,客观上助长了高校思想政治工作中的"孤岛"现象,思想政治工作成为一部分人之事、一部分课之事,成为"专人"之事、"专课"之事。这样的思想认识,显然没有全面理解师者

---

① 沈壮海、李佳俊:《论新时代高校思想政治工作体系的构建》,《思想理论教育》2019 年第 12 期。

之天职，没有识透课程价值的丰富内涵，也没有把握学生成长、教书育人的内在规律。要看到，一方面，学校是立德树人之所，课程是学校教育最基本、最核心、最普遍的组织形式和实施载体，自然也应是立德树人最基本、最核心、最普遍的组织形式和实施载体。另一方面，"德"是事关人之为人、为怎样之人的首要问题，思想政治素质是人的最重要的素质，对这一首要问题的关注、对这一最重要素质的培养，自然也应是课程这一学校教育中最基本、最核心、最普遍的组织形式和实施载体所当直接指向的。如果学校中最广泛存在、占有时间最多的课程教学或者说专业课教学不紧密关注、有效服务于学生"德"的成长，那么，学校立德树人任务的实现肯定会大打折扣。再者，真善美从来都是一体的，是深深交融在一起的，学生"德"的成长，也是与其知识、能力的训练、发展紧密关联的，将"德"的成长与知识教育、能力锤炼割裂起来，会堵塞住本应极为丰富、汩汩不竭的滋养德性的营养源泉。即使那些看似"与价值无涉"的知识或技术体系，一旦与其历史形成、创新发展、具体运用等结合起来，也会立刻鲜活地展现出其精神的、价值的维度。正因如此，《高等学校课程思政建设指导纲要》指出："落实立德树人根本任务，必须将价值塑造、知识传授和能力培养三者融为一体、不可割裂。全面推进课程思政建设，就是要寓价值观引导于知识传授和能力培养之中，帮助学生塑造正确的世界观、人生观、价值观，这是人才培养的应有之义，更是必备内容。"① 在高校思想政治工作体系中理解和把握课程思政建设，首要的前提便是要让所有的教

---

① 《教育部关于印发〈高等学校课程思政建设指导纲要〉的通知》，中央人民政府门户网站（https：//www.gov.cn/zhengce/zhengceku/2020 – 06/06/content_5517606.htm? eqid = a27337d80008ad06000000026496f4c0），2020 年 5 月 28 日。

育者清晰深刻地认识到课程的育人职责、课程思政的意义与可能性、可行性，使课程成为思想政治工作体系中责任自觉"充分激活"的重要方面。

二 让课程育人在高校思想政治工作中呈现"普遍行动"的状态

要推动课程思政建设由理念转化为实践、由部分扩展到全体、由课程与思政的"结合"走向课程与思政的"融合"，成为实实在在、普遍、常态的育人行动。在近些年的课程思政建设探索中，不少高校推出了一系列具有鲜明价值引领特点与专业、行业特色的选修课程，以之作为思想政治理论课的补充拓展，也有不少高校推出了一批课程思政建设的品牌课程、示范课堂，产生了良好教育效果。这些都是课程思政建设的有益探索，为课程思政的理论深化与实践推广积累了宝贵的经验。在高校思想政治工作体系化建设新的进程中，我们要有力推动课程思政建设走出"样板间"、成为"新常态"。其一，课程思政建设要覆盖各类课程。课程思政的推进，突破了"专课"思政的路径依赖，但不能又陷入"多课"思政之围，而是要构建"课课"思政的长效机制、普遍状态。课程思政、课课思政，不是要给每一门课程都贴上"思政"的标签，而是要让立德树人的意识与行动融化到每一门课程基于自身特点的知识体系与教育教学之中，使德性之教"因课而化"。这里的"课课"，包括各类公共基础课程，也包括专业教育课程、实践类课程。其中专业教育课程，尤其是课程思政建设覆盖"课课"的关键方面。《高等学校课程思政建设指导纲要》也特别强调"专业课程是课程思政建设的基本载体"①。在课程思政建设中，要注意发挥专业教育课程在思想引领、价值塑造中的独特优势，打通思政教育与专业教育融合一体的"最后一公里"。其二，课程思政建设要统筹课程建设各关键要素。课程建设也是一个系统，课程思政的有效推进要建立在课程建设各关键要素统筹协调、作用有效发挥的基础之上，特别是要统筹好教师、教材、教法等的一体建设。习近平总书记指出："教师的工作是塑造灵魂、塑造生命、塑造人的工作。一个人遇到好老师是人生的幸运，一个学校拥有好老师是学校的光荣，一个民族源源不断涌现出一批又一批好老师则是民族的希望。"② 好的教材、好的教法也都有塑造灵魂、塑造生命、塑造人的重要作用，是好老师点化人生的有效依凭。在课程思政建设中，要汇聚信仰笃定、情怀深广、知识渊博的好老师，也要建设有温度的好教材、探索直击人心的好教法。其三，课程思政建设要贯穿课程建设各主要环节。课程思政绝不是简单地在课程教学进行过程中的若干片段、某些环节加饰些思政的形式或内容，而是要将思政的元素融入贯穿到课程展开的全过程，犹如将盐融入一份精心烹制的美味佳肴。课程的目标设计、教学体系的推敲、教学过程的展开、课堂里的讨论互动、课后学生自主探索的引导，甚至作业的批改与交流反馈等，都是课程思政展开的重要时机。即便课程教学过程中教师对教学全程的一丝不苟、精益求精，及对学生成长耐心指导的举手投足等，也都是课程思政所要追求的天然构成。做到这一点，课程思政便不再

① 《教育部关于印发〈高等学校课程思政建设指导纲要〉的通知》，中央人民政府门户网站（https://www.gov.cn/zhengce/zhengceku/2020-06/06/content_5517606.htm? eqid=a27337d80008ad06000000026496f4c0），2020 年 5 月 28 日。

② 习近平：《做党和人民满意的好老师——同北京师范大学师生代表座谈时的讲话》，人民出版社 2014 年版，第 4 页。

是课程贴上思政的标签，而是盐入清汤、了然无痕而又有滋有味，让人回味无穷、受教良多。

三 让课程思政成为高校思想政治工作体系中"同向同行"的力量

课程思政的推进，要与高校思想政治工作体系中的其他方方面面关联起来、协同起来，根据自己的实践特性与教育特点而分工协作，有呼有应，同频共振，凝汇为立德树人的强大合力。体系之为体系，一定是多种要素、多个方面、多种层级、多个环节等构成的。体系的活力，既有赖于构成体系的每一要素、方面、层级、环节是富有活力的，也有赖于构成体系的每一要素、方面、层级、环节是有效关联的，犹如健康之人体，血脉贯通。长期以来，学校中一些育人努力的彼此陌生、缺乏协同联动等，常为人们所提醒和警示。在思想政治工作体系化建设背景下推进的课程思政建设，一定要避免自设壁垒、自建围城，一定要自觉成为贯彻体系化理念、服务体系化建设的有力支点，成为思想政治工作体系中有效的育人力量联结点。《高等学校课程思政建设指导纲要》提出"要紧紧抓住教师队伍'主力军'、课程建设'主战场'、课堂教学'主渠道'，让所有高校、所有教师、所有课程都承担好育人责任，守好一段渠、种好责任田，使各类课程与思政课程同向同行，将显性教育和隐性教育相统一，形成协同效应，构建全员全程全方位育人大格局"①，其所鲜明体现的，正是思

---

① 《教育部关于印发〈高等学校课程思政建设指导纲要〉的通知》，中央人民政府门户网站（https：//www.gov.cn/zhengce/zhengceku/2020 – 06/06/content _ 5517606. htm？eqid = a27337d80008ad06000000026496f4c0），2020 年 5 月 28 日。

想政治工作体系化建设的要求。落实这一要求，尤当注意的，是做好课课协同、课内外协同。课课协同，核心是其他各门课程、思想政治理论课程之间的有效协同。思想政治理论课程要不断加强改进，集中、深入、系统、专业、透彻地讲好思想政治理论，发挥好显性价值引领的作用；其他各门课程要自觉根据各自特点融入贯穿马克思主义的立场、观点、方法，体现党的创新理论，为学生正确理想信念、价值理念、道德观念等的确立树牢提供不同知识体系的滋养，发挥好隐性价值陶冶的作用。课内外协同，即所有课程都既要眼睛向内，关注好课堂，也要放开视野，关注好课外，要自觉关注、响应学校中课程教学育人之外的其他各方面的育人力量及其活动，如组织育人、实践育人、文化育人、资助育人、管理育人、服务育人等，既要积极为这些育人活动提供师资、思想理论等方面的支持帮助，也要关注学生在不同方面的时空环境、教育场景中表现出的共性特征、个性特点等，从而在课程育人中给予有针对性的响应和引导；思政课程及课程思政的有关具体实施，也要积极借助校内外相关方面的育人资源、育人优势，从而努力将最有效的教育资源恰当适时地引入课程教学，也努力将具体的课堂设置在、移动到它可以产生最优化教育效果的地方。

四 强化课程思政建设的主体自觉和制度保障

在高校思想政治工作体系化建设的进程中理解和深化课程思政建设，既需要广大教师具有高度的主体自觉，也需要构建科学有效的制度体系，这两个方面，紧密关联，相互作用，缺一不可。增强广大教师推进课程思政建设的主体自觉，要注重教师职业意识、职业道德的教育，深化教师这一神圣职业领域中的每一位对自身天职的认识，引导其自觉坚持教书和育人相统一、坚持言传和身教相统一、坚持潜心问道和关注社会相统一、坚持学术自由和学术规范相统一，以德立身、以德立学、以德施教，努力成为先进思想文化的传播者、党执政的坚定支持者，努力成为塑造学生品格、品行、品位的"大先生"，更好承担起学生健康成长指导者和引路人的责任。有了这样的思想意识和自觉追求，所有的教师、进而所有的课程就有了鲜明的立德树人的责任之识、同行之向，高校思想政治工作的体系化推进也便具有了至关重要的主体自觉、内生动力。有了这样的主体自觉、内生动力，课程思政的建设，就会有不竭的创造力、内驱力涌现出来，就不会流为一阵或一时的风潮，而是成为与课程教学天然一体、共存共进的教育常态。有效的课程思政的制度建设、高校思想政治工作体系建设的制度化，应当更加有力地围绕涵养、保护、激励、强化这种主体自觉、内生动力而展开，以是否有利于涵养、保护、激励、强化这种主体自觉、内生动力为制度建设成效的重要衡量尺度。推进这样的制度建设，要积极回应教育领域里的师生们甚至社会各方面广泛关注的一些重要课题。如，在新时代如何将党的创新理论、师德师风、教师职业道德与规范的教育落细落实并进一步提升实效？在教师、教学及教育系统各类人才的评价、考核和遴选中，如何更加精准有效地破除"唯帽子""唯论文"等不良倾向，如何更为精准全面地评价、反映教师课程教学、教书育人的成效，如何将育人成效作为更为重要的权重纳入评价体系以营造教师潜心教学精心育人的良好教育生态，如何逐步建立起更为合理完善的教书育人荣誉表彰体系以充分发挥表彰的激励作用、彰显优秀典型的示范引领意义？如此等等，都需要我们在制度建设中或通过制度创新予以回应、引导、解决。其中不少课题，近年来不同层面已多有探索，当下所需要的，是在有益探索的基础上进一步凝聚共识，及时形成有普遍指导意义与规范作用的制度设计，并加大贯彻执行的力度。有了主体自觉与制度保障的共同发力，课程思政的建设，甚至高校思想政治工作的体系化推进，一定会不断取得新进展、收到好成效。

（本文原刊于《教育研究》2020 年第 9 期）

论新时代思想政治教育的
高质量发展

近年来，思想政治教育质量问题成为人们关注的焦点，但这些关注多局限于特定领域、具体工作和直观感受的探讨。当前，思想政治教育外延的拓建已取得可喜成绩，高质量发展的诉求愈发强烈。党的十九届五中全会在深入分析我国发展阶段、面临形势和风险挑战变化的基础上强调，"十四五"时期我国经济社会发展要坚持"以推动高质量发展为主题"①，"建设高质量教育体系"②。新阶段、新征程赋予了思想政治教育发展新使命，对思想政治教育内容、方法、质量、效益等提出了新要求。我们应清晰理解思想政治教育高质量发展的内涵，深刻认识思想政治教育高质量发展的意义，准确把握思想政治教育高质量发展的关键词，通过质量、动力、效率等多方面变革，推动新时代思想政治教育发展跃上新台阶、取得新成效。

自党的十九大从经济发展阶段转向角度提出"高质量发展"概念以来，围绕"什么是高质量发展"，不同学科进行了不同解读。有论者从哲学层面提出，"高质量发展是对马克思

---

① 《中国共产党第十九届中央委员会第五次全体会议公报》，人民出版社2020年版，第9页。

② 《中国共产党第十九届中央委员会第五次全体会议公报》，人民出版社2020年版，第17页。

主义关于人的发展阶段的创新性理解"①;"高质量发展表面上是理念、思想、战略的'转向',走到深处便是立场、观点、方法的'转向'"②。有论者从经济学层面提出,"高质量发展包括高质量的供给、高质量的需求、高质量的配置、高质量的投入产出、高质量的收入分配和高质量的经济循环"③;"高质量发展就其本质和内涵而言,是一种新的发展理念,是以质量和效益为价值取向的发展"④;"高质量发展的本质是旨在解决不平衡不充分发展问题,提高人民生活品质、促进社会公平正义的发展"⑤。有论者从文化学层面提出,"高质量发展不是一个纯粹的量化指标,它包括文化旺盛增长力、强大凝聚力、坚定自信力、广阔辐射力、先进引领力等多维度内涵"⑥。也有论者从教育学层面提出,"高质量发展是教育在完成外延发展任务基础上的内涵发展"⑦;"高等教育高质量发展是基于并且高于内涵式发展的一种内生发展取向和模式,它以特色强、质量优、满足需求能力强为特征"⑧。与上述研究相比,基于思想政治教育学科的"高质量发展"探讨较为薄弱且不够聚焦,主要散见于对思想政治教育质量提升、思想政治教育创新发

① 马希:《新时代中国高质量发展的价值逻辑与实践指向》,《湖湘论坛》2020 年第 4 期。

② 高培勇:《转向高质量发展》,社会科学文献出版社 2020 年版,第 2 页。

③ 李伟:《以创新驱动"高质量发展"》,《新经济导刊》2018 年第 6 期。

④ 田秋生:《高质量发展的理论内涵和实践要求》,《山东大学学报》(哲学社会科学版)2018 年第 6 期。

⑤ 易昌良:《中国高质量发展指数报告》,研究出版社 2020 年版,第 7 页。

⑥ 宗祖盼:《深刻理解文化产业高质量发展的内涵与要求》,《学习与探索》2020 年第 10 期。

⑦ 秦玉友:《从高速增长迈向高质量发展——新时代教育内涵发展战略转型》,《南京师大学报》(社会科学版)2019 年第 6 期。

⑧ 钟晓敏:《新时代高等教育高质量发展论析》,《中国高教研究》2020 年第 5 期。

展、高校思想政治工作体系建构研究之中。

上述基于不同学科视角对"高质量发展"内涵的探讨，均有其合理一面，也为我们理解思想政治教育高质量发展提供了有益借鉴。但如果生硬套用过来，既不完整也不准确。习近平总书记指出："高质量发展就是体现新发展理念的发展，是经济发展从'有没有'转向'好不好'。"① 笔者以为，这一重要论述简单、形象、生动地切准了高质量发展的核心要义，体现了理念导向、过程导向和效果导向的有机统一。其中，"新发展理念"体现了理念导向，"转向"体现了过程导向，"好不好"则体现了效果导向。

对于思想政治教育高质量发展的理解，也应有更多维度、更宽角度。从理念导向维度来说，高质量发展指向的是思想政治教育能够守正创新，破除传统封闭、僵化、单一、滞后等旧理念，聚合开放、创新、协同、高效等新理念，进而保持其内在系统和时空境遇的动态平衡；从过程导向维度来说，高质量发展指向的是思想政治教育领域不断拓展、形态不断超越、功能不断健全，进而逐步实现自身现代化，有效回应社会和个体发展需求多样化的动态过程；从效果导向维度来说，高质量发展指向的是思想政治教育能够精准供给教育内容、恰切选择教育方法、有效整合各方力量，以良好教育结构匹配产生最佳教育效益。我们在考察思想政治教育高质量发展时，应把这三个维度结合起来，不能割裂、窄化其界域。

一　新时代思想政治教育的新命题

在中国革命、建设、改革的各个历史时期，思想政治教育

---

① 《习近平在湖北考察时强调 坚持新发展理念打好"三大攻坚战"奋力谱写新时代湖北发展新篇章》，《人民日报》2018 年 4 月 29 日。

一直发挥着"生命线"的独特作用。新时代背景下，思想政治教育仍然是团结人民全面建设社会主义现代化国家，奋力实现中华民族伟大复兴的中心环节。目前不容回避的是，随着我国社会主要矛盾转变、国家发展战略转移，思想政治教育既承担着新使命，客观上也面临着供给不足、解题低效、连接不畅等新困境，必须以高质量发展为着眼点，推动新时代思想政治教育由"有没有"转向"好不好"。

（一）高质量发展是对思想政治教育有效供给不足的现实回应

从理论生产层面来看，"这是一个需要理论而且一定能够产生理论的时代，这是一个需要思想而且一定能够产生思想的时代"①。思想政治教育要想说服群众、掌握群众，进而团结群众、引领群众，必须提高理论供给的思想性、丰富性，强化理论的吸引力、感召力，努力从中国特色社会主义实践中开掘新材料、提出新问题、凝练新观点，产出符合时代需要的高质量思想理论成果。当前，思想政治教育在理论宣传、阐释方面做了大量工作。但面向重大理论问题的学术体系、话语体系供给水平仍然需要进一步提高，理论生产能力、学术原创能力亟待增强，推动党的创新理论贴近群众、掌握群众效果也需要下更大的功夫，"这决不是改头换面地抄袭旧书本所能完成的工作，而是要费尽革命思想家心血的崇高的创造性的科学工作"②。从实践回应层面来看，我国已进入高质量发展的关键期，前行道路上还面临诸如城乡、地区、行业分配差距拉大，

①　习近平：《在哲学社会科学工作座谈会上的讲话》，人民出版社2016年版，第8页。
②　《邓小平文选》第2卷，人民出版社1994年版，第180页。

入学、就业、就医矛盾突出等难题或新题，亦面临着诸如一些社会成员是非、善恶、美丑不分，见利忘义、唯利是图、造假欺诈等不良现象或失范行为。思想政治教育在回应这些实践问题上还存在断裂、失衡、钝化的矛盾。一定程度上存在的停留于书斋的话语逻辑，单纯的学术化倾向，回应热点、解答难点时的失语、失声、失踪等现象，使得人们对一些领域思想政治教育效果产生了怀疑。因而，如何将"惊涛拍岸的声势"与"润物无声的效果"结合起来，有效回应人们心理上的失衡、思想上的困惑、行为上的偏差，进而引导人们认清形势、凝聚力量，是思想政治教育高质量发展之路上面临的现实而又紧迫的问题。从社会思潮引领层面来看，随着全面深化改革的推进，我国社会各个层面发生了广泛而深刻的调整，加之国际秩序的大变革、大动荡，各种社会思潮如波涛般不断涌动迭起，冲击着人们的思想，影响着社会的稳定。经验教训表明，这种冲击力、影响面是不容低估的。我们反复强调要用社会主义核心价值观引领社会思潮，而这种引领作用的发挥离不开高质量的思想政治教育。对社会思潮的批判与引领绝非简单的"笔墨官司"，而是关乎旗帜、道路，关乎国家政治安全、人心向背的无烟战争。面对纷繁复杂的形势，思想政治教育要实现高质量发展，必须背靠科学理论，面向广大群众，投身火热实践，提高"精神产品"生产能力和供给效率，进而掌握群众、引领社会。

（二）高质量发展是思想政治教育因应日益强劲需求的必然选择

因事而化、因时而进、因势而新是思想政治教育的应有品格。新阶段，对国家发展新需求的精准把脉，对人的发展新需求的高效满足，对建设高质量教育体系新需求的准确诊断应为思想政治教育高质量发展的基点。从满足国家发展战略需求来看，随着 2035 年远景目标和"十四五"时期主要目标的确立，思想政治教育发展所处的时代方位、面对的内外形势、承担的历史使命都发生了深刻变化，必须高扬思想之帆、筑牢信仰之基、扭住精神之核，用目标征程凝聚党心民心，用宏伟蓝图激发澎湃动力，以思想自觉引领人们的行动自觉；必须准确识变、科学应变、主动求变，推动思想政治教育工作理念跟上时代变化、工作内容跟上理论创新、工作方法跟上科技进步，使思想政治教育更具时代性、创造性。越是面对错综复杂、不确定性因素增加的新形势，我们越是需要高质量加强思想政治教育，确保在多元中坚定"主心骨"，在多样中守牢"主阵地"，在多变中唱响"主旋律"。从满足人的发展需求来说，思想政治教育是满足人的发展需求，促进人的全面发展的重要途径，而人的全面发展则是思想政治教育的终极目标。随着后小康社会的到来，人们对美好生活的需求愈发强烈，"促进满足人民文化需求和增强人民精神力量相统一"① 成为思想政治教育实现人的发展的新任务。为此，一方面，思想政治教育应紧扣人的需求的历史性和全面性特征，从人们最关心、最直接、最现实的思想实际切入，讲出想听、愿听之道，讲清所需、所盼之理，激发人们追求美好生活、创造美好生活的热情。另一方面，思想政治教育应发挥整合、协调、凝聚功能，引导人们将个体需求与集体需求、眼前需求与长远需求、物质需求与精神需求统一起来，用长远的眼光、集体主义的原则妥善处理人与人、人与社会需求之间的关系。从建设高质量教育体系需求来讲，高质量教育体系涉及多个方面，而贯通其中的应是高质量思想政治教育体

---

① 《中国共产党第十九届中央委员会第五次全体会议公报》，人民出版社 2020 年版，第 13 页。

系。一方面，青年学生成长成才环境发生了深刻变化，锚定2035 年远景目标，需要动员青年学生坚定理想信念、练就过硬本领，向着中流处、半山路坚毅前行，以往教育体系中"重智育轻德育""重书本轻劳动"的做法已不再符合高质量发展要求。另一方面，青年学生是社会最具活力、最富梦想的群体，其理想信念、道德观念、价值理念如何，直接决定着我国未来的发展。青年学生处于人生"拔节孕穗"的关键期，需要通过高质量思想政治教育精心引导、用心栽培，引导他们立大志、行大道，扣好人生每一粒扣子，在"小我"融入"大我"中彰显青春价值、升华人生境界。

（三）高质量发展也是疏解思想政治教育供需连接不畅的内在要求

思想政治教育高质量发展作为一种过程性存在，一头连接的是有效供给，一头连接的是需求满足，只有供给与需求连接顺畅，其高质量发展才能落地见效。从现实来看，思想政治教育在供需连接上并非畅通无阻，仍然存在需要打通的"堵点"，主要表现在：一是认识不够平衡。思想政治教育本应是覆盖所有领域、所有单位的实践活动，但现实中不同领域之间、同一领域不同单位之间对思想政治教育重要性认识还不够平衡，部分领域和单位工作力度需要加大，工作思路需要拓展，工作效果需要提升。即使在思想政治教育抓得比较紧的学校领域，整体上也存在着民办院校与公办院校、农村学校与城市学校间的不平衡。二是力量不够协调。思想政治教育本应是全党齐抓共管的全局性工作，现有行政管理体制下，不同单位、部门有不同的业务，使得思想政治教育成为专门部门、专职力量的责任，家庭、学校、社会、单位、网络等连接汇聚的合力不够，调动全员、贯穿全程、覆盖全方位的成果不多，正式途径传授的内容常常被非正式渠道传播的内容消解，导致人们在不同时空之下思想行为不一致，甚至背道而驰。三是融合不够深入。主要表现为思想政治教育内容还不够鲜活，方法还不够精准，针对不同群体特点融入日常、抓在经常还有很大提升空间，千人一面、万人一腔的"一般齐"现象依然存在。从思想政治教育系统内部来看，学科建设、学术研究、政策制定、实践开展被割裂开来，相互之间形成了一种"疏离"现象，远未达到有效互动、深度融合状态。四是机制不够健全。主要表现为思想政治教育考核、评价、奖惩等支持体系有待完善，思想政治教育队伍选、育、用、管机制仍存有短板，队伍整体结构还需优化，素质能力还要提升。

二　新时代思想政治教育高质量发展的关键词

高质量发展是思想政治教育因应新形势、新需求而展现的优良状态，也是持续推进思想政治教育向新而行、向心而化的应有样态。笔者以为，思想政治教育高质量发展应是以效率、效益、效期为出发点，以创新、协同、精准、开放、高效为关键词的动态过程。

（一）创新成为第一动力

"惟创新者进，惟创新者强，惟创新者胜。"[①] 检视思想政治教育高质量发展进程中的问题与不足，需以此为导向，系统推进思想政治教育理念、内容、方法、实施等方面的综合创新。理念创新方面，因应全面建设社会主义现代化国家、基本

---

① 《习近平谈治国理政》第 1 卷，外文出版社 2018 年版，第 59 页。

实现社会主义现代化目标，思想政治教育需从理念上主动转型、积极适应，在满足人民需求、服务国家发展战略基础上，以高质量发展理念实现对传统思想政治教育理念的反思、扬弃与超越，凝聚思想政治教育在创新中求发展、在发展中谋创新的最大公约数。内容创新方面，任何真正的思想理论体系都应是时代精神的精华。思想政治教育应聚焦新阶段、新使命，在正确处理传承与创新基础上，立时代之潮头、发思想之先声、强理论之供给、开风气之先河，用时代要求审视教育内容，用发展眼光丰富教育内容，用创新理念拓展教育内容，在对实践的高度敏感、对时代的深切感知中保持思想政治教育内容的时代性、前瞻性和先进性，从而引导人们起新知、养新德、做新人。方法创新方面，应将好办法、老办法、新办法结合起来，在继承中国共产党思想政治教育优良方法，吸收中国古代教化精粹方法，借鉴其他国家思想政治教育有效方法的基础上，推进思想政治教育方法的综合创新。同时，应立足实践、面向群众，深化以弘扬时代新风行动、群众性创建活动等为核心的自我教育方法，发展与大数据、云计算、全媒体相协调的舆论引导方法，完善包括移风易俗行动、学雷锋志愿服务在内的实践养成方法，探索社会主义核心价值观融入思想政治教育全过程的方法，以高质量的方法提升思想政治教育发展质量。实施创新方面，应将思想政治教育理念、内容、方法等维度的创新，有机融入思想政治教育发展的各个环节、各个方面，分层研制思想政治教育创新体系，分类优化思想政治教育创新路径，分众推进思想政治教育创新落地，使新时代思想政治教育更富发展生机、更具发展活力。

（二）协同成为普遍自觉

思想政治教育本质上做的是人的工作，只有围绕人将分散在社会各系统的力量有效联结起来，形成同向同行、协同育人的普遍自觉，才能形成齐抓共管促高质量发展的合力。实现思想政治教育各个系统、各方力量的协同联动，既要考虑宏观层面，也要聚焦中观和微观层面。宏观层面，随着现代社会日趋分化，思想政治教育功能实现不能再靠单一行政手段或学校力量，需要以整体的视野、战略的思维，推动家庭、学校、社会、单位"四位一体"教育力量动起来、联起来、作用发挥出来，凝成"一盘棋"，推动思想政治教育高质量发展。其中，家庭教育应发挥日常性、终身性作用，在潜移默化中涵育人们正确的价值观念；学校教育应发挥基础性、连续性作用，在因材施教中培养人们的优良品行；社会教育应发挥广泛性、渗透性作用，在润物无声中建构人们的精神家园；单位教育应发挥规范性、针对性作用，在有效动员中夯实人们的理想信念。中观层面，应加强思想政治教育系统内部的有效协同，将学科建设、科学研究、政策制定、实践探索交叉融通，将理论工作者、实践工作者、政策制定者力量整合重构，针对教育过程中的理论难点、实践痛点、政策堵点开展联合攻关、试点示范，形成学科支撑科研、科研指导实践、实践推动政策、政策反哺学科的良性循环，打牢思想政治教育高质量发展的学科、理论、政策和实践基础。微观层面，应注重各育人子系统内部主体、资源的协同，自觉打破"条块"，连通"孤岛"，补齐"短板"，消除"隔膜"，以各育人子系统"微循环"的畅通，保障思想政治教育高质量发展"大动脉"的无阻。当然，无论哪一层面的有效协同，都要把握好"统"与"分"的关系，不能表面"人人有责"，落实起来却"无人负责"。应在"统"的格局下有效地"分"，确保每一育人元素都守好一段渠；应在"分"的基础上更好地"统"，确保各类育人元素协同种好责任田。

（三）精准成为应有样态

习近平总书记高度重视精准思维与方法的运用，强调"要从细节处着手，养成习惯。如果对工作、对事业仅仅满足于一般化、满足于过得去，大呼隆抓，眉毛胡子一把抓，那么问题就会被掩盖"①。精准是对待工作的科学态度，是做好工作的基本方法，也是纠治当前思想政治教育高质量发展面临问题的不二法门。这需要思想政治教育精准识别教育对象、精准供给教育内容、精准选择教育方法。精准识别教育对象，就是要看到"人民不是抽象的符号，而是一个一个具体的人，有血有肉，有情感，有爱恨，有梦想，也有内心的冲突和挣扎"②。应尊重教育对象的多样性、现实性、层次性和差异性，下足"绣花"功夫，按照不同群体类型、不同层次水平、不同年龄阶段制定恰切的教育目标，合理区分哪些是必须坚守的目标，哪些是值得倡导的目标，哪些是需要追求的目标，避免忽视教育对象特点的漫灌式教育。精准供给教育内容，就是在精准识别教育对象的基础上，借助大数据、人工智能等手段，梳理教育对象行为习惯、挖掘教育对象日常偏好，分析教育对象目标期待，精准勾勒教育对象需求画像，制定能够满足教育对象个性化需求的教育菜单，在精准化的关心、满足中实现教育人、引导人。需要指出的是，精准供给教育内容，并不是说要满足受教育者的所有需求。它内在包含着在精准识别受教育者需求预期基础上，引导受教育者比较、鉴别、调整自己的需求预期，推动个人需

---

① 中共中央纪律检查委员会、中共中央文献研究室编：《习近平关于党风廉政建设和反腐败斗争论述摘编》，中央文献出版社、中国方正出版社 2015 年版，第 85 页。

② 习近平：《在文艺工作座谈会上的讲话》，人民出版社 2015 年版，第 17 页。

求预期与社会发展预期相统一、相适应。精准选择教育方
法，就是要看到每一种思想政治教育方法都有其适用的范
围、场域，都有其优势、不足，关键要选准用好符合受教育
者特点并易于接纳的方法，让教育内容更加直观、形象、生
动地呈现出来，达到教育的最佳效果。如，针对青年学生应
更多采用"高大上"的新方法，推动教育内容与新技术高度
融合；针对农民群众，应更多采用"接地气"的土办法，推
动教育内容"飞入寻常百姓家"；等等。此外，精准的内容、
方法需要精准的语言来传递，应针对不同教育对象，合理做
好话语转换，有效融合党言党语、学言学语、民言民语、网
言网语，以增强思想政治教育的吸引力和感染力。

（四）开放成为必由之路

思想政治教育绝非面向学校师生开放的"专供品"，应是
面向社会全体成员开放的"必需品"。但如果这一"必需品"
不能与社会生活紧密融合，必然会变成游离于群众、脱离于实
际的"客里空"。因此，要将思想政治教育放在社会大系统中
加以观照，面向法治建设、日常生活、社会实践、文化环境、
网络空间等现实的各个方面开放，并与之融为一体。面向法治
建设开放，就是要发挥法律的底线规范和红线惩戒功能，健全
思想政治教育"刚化"路径，推进思想道德领域及时立法、
严格执法，树正气、立新风、祛邪气，营造"法令既行，纪律
自至，则无不治之国，无不化之民"① 良好氛围，守牢社会运
行的基本规范。面向日常生活开放，就是要从日常生活小节入
手，营造与思想政治教育相适应的日常交往环境，通过倡导社
会公德，引导人们做一个好公民；通过培树职业道德，引导人

---

① 习近平：《摆脱贫困》，福建人民出版社 1992 年版，第 30 页。

们做一个好建设者；通过涵育家庭美德，引导人们做一个好成员；通过修炼个人品德，引导人们养成良好品行，从而在日学而不察、日用而不觉中践履思想政治教育要求。面向社会实践开放，就是要看到思想政治教育高质量发展是理论与实践结合、知与行统一的过程，应推进新时代文明实践中心、大学生社会实践基地等的建设，推进思想政治教育同文明城市、文明校园、文明单位创建等的结合，发挥诚信建设的示范作用，志愿服务的引导作用，行为准则的规范作用，礼仪礼节的教化作用，在全社会营造诚实守信、明德崇礼的良好实践氛围。面向文化环境开放，就是要突出文化环境的濡染，发挥传统节日、文化遗产、文化场馆的熏陶作用，村镇文化、企业文化、校园文化的育人功能，让抽象的教育内容举目可见、触手可及、投足可行；要突出文艺作品的陶冶，坚持以人民为中心、将社会效益放首位的创作导向，推出更多讴歌真善美、贬斥假恶丑的精品力作，用精深、精湛、精良的文艺作品温润心灵、启迪思想、引领风尚。面向网络空间开放，就是要看到"网络空间是亿万民众共同的精神家园"①，应积极推动思想政治教育传统优势与现代信息技术融合发展，及时廓清网上模糊认识，有效化解网上怨气怨言，主动创作网络优秀产品，确保网络空间管得住、用得好，正能量更强劲、主旋律更高昂，打造凝聚更广泛社会共识的新空间。

（五）高效成为根本标准

思想政治教育所产生效益的高低，是衡量其高质量发展成效的根本标准。由于思想政治教育效益横向上包括个人效益、

---

① 习近平：《在网络安全和信息化工作座谈会上的讲话》，人民出版社 2016年版，第 8 页。

社会效益等多个方面，纵向上包括短期效益、中期效益、长期效益等多个维度，因此，对思想政治教育效益高低的判别，应立足基础性、广泛性、持续性等多个视角。所谓基础性，就是要看到效益是思想政治教育赖以存在的根本、持续发展的基础，思想政治教育发展质量的提升，要始终围绕提高效益这一命题展开，通过优化人、财、物等资源配置，消除内容、方法、载体等低效供给，促进思想政治教育效益充分涌流，克服因低水平重复、低效率运行带来的"内卷化"现象。所谓广泛性，就是要看到影响思想政治教育效益高低的因素复杂而广泛，既受经济、政治、文化等外部社会子系统的影响，又受教育者、教育内容、教育方法等内部各要素及要素之间联结状况的制约。因而，要秉持系统论的观点，既注重治理思想政治教育外部"大环境"，又注重优化思想政治教育内部"小环境"，在外与内的协同联动中提升思想政治教育效益。所谓持续性，就是要看到人们良好思想品德的形成与发展不是一蹴而就的，而是一个长期、复杂甚至反复的过程。这就决定了思想政治教育常常不能取得立竿见影的效益，需要绵绵用力、久久为功。习近平总书记在全国高校思想政治工作会议上强调的"为学生一生成长奠定科学的思想基础"[1]，在学校思想政治理论课教师座谈会上强调的"人的成长、成熟、成才不是一蹴而就的，而是一个渐进的过程，就跟人的生理发育一样，所以要把这几个阶段都铺陈好"[2]，也都说明思想政治教育效益不能停留于一时一刻，而要让人终身受益。正是在这个意义上，思想政治教育高质量发展不仅体现为高效率、高效益，更体

---

[1] 《习近平谈治国理政》第 2 卷，外文出版社 2017 年版，第 377 页。
[2] 习近平：《思政课是落实立德树人根本任务的关键课程》，人民出版社 2020 年版，第 6 页。

现为这种高效益的连续性、持久性，能给人一路向前的无穷力量。

三 新时代思想政治教育高质量发展的现实路径

高质量发展是思想政治教育生命所在、价值所系。踏上新征程，思想政治教育需要进一步强化党的领导、人民中心、问题导向，凝聚质量、动力、效率变革的强大合力，让新时代思想政治教育展现出回应现实、应对挑战的高质量解题能力。

（一）坚持党的领导，凝聚思想政治教育质量变革的广泛共识

中国共产党是中国特色社会主义事业的领导核心，处于总揽全局、协调各方的关键地位。思想政治教育作为一项系统工程，牵涉的点多、线长、面广，只有发挥党的领导这一最大政治优势，才能广泛凝聚各方质量变革共识，为思想政治教育高质量发展提供根本政治保证。具体来说，应重点把握好三个基本点。其一，要把提高思想认识作为着眼点。加强党对思想政治教育高质量发展的领导，首要应表现为各级党组织和广大党员干部牢固树立抓好思想政治教育是本职、不抓是失职、抓不好是不称职的思想，充分认识思想政治教育在中国特色社会主义事业中的"生命线"地位，有效掌握制约本地区本单位思想政治教育质量效率的薄弱环节，合理制定本地区本单位思想政治教育质量提升的目标规划，切实将思想政治教育作为主责主业抓在手上、扛在肩上、落实到

行动上，做到与中心工作同研究、同部署、同推动、同考评。其二，要把压实责任作为关键点。毛泽东指出："思想政治工作，各个部门都要负责任。共产党应该管，青年团应该管，政府主管部门应该管，学校的校长教师更应该管。"① 习近平总书记在谈到加强党对思想政治理论课建设的领导时也强调："要建立党委统一领导、党政齐抓共管、有关部门各负其责、全社会协同配合的工作格局。"② 因而，要建好用好思想政治教育质量变革的责任落实机制、压力传导机制，夯实主要负责同志"第一责任人责任"，分管负责同志"一岗双责"责任，业务部门协调督促责任，基层党组织具体落实责任，将"能"赋到每一根"神经末梢"。同时，应强化责任落实情况的督促检查，将思想政治教育发展质量纳入对各地各单位的巡视巡察、党建述职评议、年度考核等，推动"软任务"变为"硬指标"，确保质量变革有抓手、可监测、能落地。其三，要把锤炼队伍素质作为支撑点。思想政治教育具有很强的理论性、实践性和时效性，面对的一些问题常常又尖锐敏感，需要教育者以身作则、言传身教。如何做到以身作则，怎样才能言传身教呢？中国共产党近百年思想政治教育历史经验表明，高素质和高要求是基础。马克思指出："如果你想得到艺术的享受，那你就必须是一个有艺术修养的人。如果你想感化别人，那你就必须是一个实际上能鼓舞和推动别人前进的人。"③ 如果教育者仅有良好的愿望，没有感化、鼓舞、推动受教育者前进的修养，思想政治教育高质量发展就会落空。新时代条件下，应对标习近平总

① 《毛泽东文集》第7卷，人民出版社1999年版，第226页。

② 习近平：《思政课是落实立德树人根本任务的关键课程》，人民出版社2020年版，第24页。

③ 《马克思恩格斯文集》第1卷，人民出版社2009年版，第247页。

书记提出的"六个要"的要求，把真理的力量和人格的力量统一起来，着力打造"政治强、情怀深、思维新、视野广、自律严、人格正"的高素质思想政治教育队伍，为思想政治教育高质量发展保驾护航。

（二）坚持以人民为中心，汇聚思想政治教育动力变革的磅礴力量

"以人民为中心的发展思想，不是一个抽象的、玄奥的概念，不能只停留在口头上、止步于思想环节，而要体现在经济社会发展各个环节。"① 以人民为中心是思想政治教育的价值指向，也是思想政治教育发展的不竭动力。因而，必须面向人民，把人民群众作为思想政治教育高质量发展的认识主体、实践主体和价值主体。作为认识主体，就是要看到人民具有高度的自觉能动性，思想政治教育既是用党的创新理论说服群众、掌握群众，进而"变成物质力量"的过程，也是尊重群众主体地位、首创精神，进而实现"从群众中来，到群众中去"的过程。在这一过程中，思想政治教育把人民当作"物质武器"，而人民把思想政治教育当作"精神武器"。基于此，一方面，应自上而下系统抓好思想政治教育，推动党的创新理论走深走实、落细落小；另一方面，也应自下而上梳理总结人民群众在火热实践中创造的鲜活经验、管用办法，推动人民群众由思想政治教育被动接受者转为主动参与者。作为实践主体，就是"我们在鼓励帮助每个人勤奋努力的同时，仍然不能不承认各个人在成长过程中所表现出来的才能和品德的差异，并且按照这种差异给以区别对待，尽可能使每个人按不同的条件向

---

① 习近平：《在省部级主要领导干部学习贯彻党的十八届五中全会精神专题研讨班上的讲话》，人民出版社 2016 年版，第 24 页。

社会主义和共产主义的总目标前进"①。这就要针对不同领域、不同行业、不同觉悟的个体，分层、分众、分时开展教育实践。分层开展就是围绕学校、农村、企业等重点领域，新经济组织、新社会组织、流动人群等"飞地"领域，有针对性地确定教育内容、路径、方法、评估等；分众开展就是在摸清受教育群体的构成、特点及需求等基础上，紧密结合不同群体实际，分众化施策，嵌入式施教；分时开展就是在共时性上抓住重要节点、重大节日，广泛开展形式多样的群众性自我教育活动。在历时性上围绕教育对象的过去、现在和未来不同阶段发展变化，循序渐进、螺旋上升地设计教育内容，并加强衔接融合，防止"上下一般粗，左右一个样"。作为价值主体，就是要着眼我国社会主要矛盾变化来分析，人民群众对思想政治教育不是需求不足，或没有需求，而是需求在不断升级、分化，思想政治教育供给的产品、质量和服务还未完全跟上，人们思想政治教育的获得感还不够强。因而，要将不断满足人民群众合理利益诉求作为出发点，建构能够满足人民群众美好生活需要的思想政治教育供给体系，使思想政治教育朝着更好反映、调节和实现人民需要的方向发展，以共建共治共享拓展思想政治教育高质量发展新局面。

（三）坚持以问题为导向，积聚思想政治教育效率变革的强大动能

马克思指出："主要的困难不是答案，而是问题。"② 从某种意义上来说，思想政治教育高质量发展的过程，就是不断发现问题、研究问题，进而回应问题、解决问题，提质增

---

① 《邓小平文选》第 2 卷，人民出版社 1994 年版，第 106 页。
② 《马克思恩格斯全集》第 1 卷，人民出版社 1995 年版，第 203 页。

效、积聚变革动能的过程。因此，要紧盯老问题、关注新动向，在理实交融、宏微并进、术道结合中返本开新，接续思想政治教育发展变革的源头活水。所谓理实交融，就是要围绕我国发展面临的重大理论与实践问题，完善思想政治教育学术交流与成果转化机制，打通学科、理论、政策、实践一体推进过程中的"中梗阻"，从综合维度提出彰显思想政治教育智慧与价值的理念、主张、方案，打造更易于传播、认同、接受和践行的标识性概念，构筑具有特色禀赋的学科体系、学术体系、政策体系和实践体系，为新时代的中国提供更好面向未来的精神指引和文化滋养。所谓宏微并进，就是我们在深耕思想政治教育内容、方法、对象等微观领域之时要看到，微观要素的最优并不必然得到全局质量最好的结果，需防止陷入"合成谬误"（Fallacy of Composition）的泥淖。因而，要在关注思想政治教育微观领域发展基础上，更加关注其创新发展、政策制定、社会思潮引领、主流意识形态建构等宏观领域的整体拓建，以求在宏微并进、宏微互促中拓宽思想政治教育高质量发展之路。所谓术道结合，就是要看到思想政治教育是涉及多层机构、力量，多种方法、手段的集合，单靠某股力量、某一手段很难取得高质量效益，只有以刚性的制度协调调动各方积极性、主动性，才能形成"大思政"的持久合力。因而，要在注重思想政治教育具体方法、载体、流程等优化的基础上，总结经验、补齐短板、固化成果，着力推动思想政治教育的制度化，着力健全权威高效的制度衔接机制、执行机制，不断提升思想政治教育治理效能，积聚其破茧蝶变的高质量发展动能。

思想政治教育高质量发展作为一种理念、一种状态，是一个持续不断的运动过程。这就意味着，思想政治教育高质量发展不是一劳永逸之事，需要驰而不息地推进下去。这也意味着，思想政治教育高质量发展面临的问题、应有的样态、推进的举措不是一成不变的，应根据形势的变化、认知的拓展和实践的深化，不断调整、充实和完善。

（本文原刊于《思想理论教育》2021 年第 3 期，与刘灿合作）

论新时代高校思想政治工作
质量的提升

高校思想政治工作关系高校"培养什么样的人、如何培养人、为谁培养人"这一根本问题，历来受到党和国家的高度重视。2017年12月，教育部印发的《高校思想政治工作质量提升工程实施纲要》提出了以质量提升为着力点，以构建高校思想政治工作质量体系、形成全员全过程全方位育人格局为目标，旨在加强和改进新时代高校思想政治工作的新思路、新举措，并从目标原则、基本任务、主要内容、实施保障等方面作出了系统部署。全面提升高校思想政治工作质量，需要我们更加深刻地认识到质量在高校思想政治工作中的重要地位、重要作用，更加自觉地树立科学的高校思想政治工作质量观，还需要我们不断地强主力、聚合力、增引力、足动力、发巧力，全面系统地推进高校思想政治工作质量建设。

一 质量是高校思想政治工作的生命线

概而言之，高校思想政治工作质量，即高校思想政治工作的优劣程度。这种优劣程度取决于思想政治工作本身的性能、品质及水平，最集中地表现在对主体需要的满足、对预设目标的达成等方面。无论是对高校思想政治工作的功能发挥而言，还是对实现思想政治工作自身的深化与发展而言，质量都有着基础性的作用与决定性的影响，是高校思想政治工作的生命线。

高校思想政治工作的质量最直接地反映着思想政治工作自身的性能水平。质量以事物自身质的规定性为基础，表现为性能的好坏、品质的优劣、水平的高低，与满足主体需要的能力直接关联。围绕着立德树人而展开的、以育人为本的高校思想政治工作，是为人民服务、为中国共产党治国理政服务、为巩固和发展中国特色社会主义制度服务、为改革开放和社会主义现代化建设服务的。高校思想政治工作质量最直接地表现为对学生成长成才需要、党和国家事业发展需要以及社会发展需要的满足程度、满足能力。高校思想政治工作如果缺乏质量，就难以提供高水平的服务，就难以满足主体的需要。

高校思想政治工作的质量深刻地影响着人才培养的质量。培养高素质人才是高校的根本任务。人才之所以成为人才，不只是具有较多的专门知识，而在于同时拥有高水准的思想道德素质。高校培养人才不能只限于抓好知识教育，更重要的是要抓好思想道德教育，从根本上说也就是要做到立德树人，且要以树人为核心，以立德为根本。高校思想政治工作关乎"立什么德、怎样立德"，"树什么人、怎样树人"，在提高学生的思想道德素质、促进学生全面发展、使其成为德才兼备的高素质人才方面发挥着至关重要的作用。高校思想政治工作的目的在育人、核心在育人，所育之人的质量是衡量高校思想政治工作质量的最根本标尺。高质量的思想政治工作才能育高质量的人才，没有高的质量，高校思想政治工作在人才培养中的引领作用就难以有效发挥，高校的"立德"与"树人"任务也就难以真正实现。当今时代，经济不断强盛、科技逐步强劲、文化更趋繁荣的中国，正由"富起来"健步走向"强起来"。在决胜全面建成小康社会的关键时刻，在建设社会主义现代化强国的关键时期，在实现中华民族伟大复兴的关键节点，全社会对高等教育的需要更加迫切，对高素质人才的需求更加强烈。党的十九大报告提出的"培养担当民族复兴大任的时代新人"，就是在这样的一种历史新方位上应时代之需而提出的新号召，就是在这样的一个新时代中应发展之求而提出的新任务。切实提升高校思想政治工作质量是落实立德树人根本任务、培育担当民族复兴大任时代新人的必然要求。

高校思想政治工作的质量也深刻地影响着高校的办学方向。我们的大学是以马克思主义为鲜亮底色，以党的领导为鲜明本色，立足于中国特色社会主义道路，发展于中国特色社会主义制度的大学。办好中国特色社会主义大学必须牢牢把握社会主义办学方向不动摇，一以贯之地坚持马克思主义指导地位，全面贯彻党的教育方针。高校思想政治工作事关高校的办学方向、办学目的，事关党对高校的领导，事关中国特色社会主义事业后继有人。历史经验一再证明，高校抓好思想政治工作就能沿着正确方向前进，放松思想政治工作就容易迷失方向。抓好高校思想政治工作，关键就在于抓好质量。质量是有效之基，是决定思想政治工作方向保证作用有效发挥的核心要素。没有高的质量，高校思想政治工作就会形同虚设，就难以为高校沿着正确方向前进护航。抓好高校思想政治工作，切实提升其质量，是办好中国特色社会主义大学的内在要求。

高校思想政治工作的质量还深刻地影响着思想政治工作自身的发展。当前，高校思想政治工作的社会条件、社会环境较之以往发生了很大变化，复杂多变的国际国内形势都对做好高校思想政治工作提出了更高的要求。社会变革的空前复杂和深入推进、网络信息技术的迅猛发展、多元思想文化的丛生并存、教育对象的崭新特性，如此等等，使高校思想政治工作面临着许多新的课题乃至挑战。近年来，在党和国家的高度重视和各方面的共同努力下，高校思想政治工作有了长足进步，取得了显著成效，呈现出不断向上向好的态势。但我们也应看到，当前高校思想政治工作领域仍然存在着有效供给不足、高质量供给不够、发展不平衡不充分的问题，工作质量和效益总体上还不够高，这严重制约着高校思想政治工作的深入发展。就高校思想政治工作发展而言，规模、结构、质量、效益等都是关键性要素，但质量更具基础性、核心性、决定性。一方面，规模效应、结构优势的有效发挥以及良好效益的取得都要以质量作为支撑、作为基础，没有质量保障的规模扩张、结构调整只能取得暂时性的效益，根本实现不了实质性的发展。高校思想政治工作的发展要注重规模、结构、质量、效益等的协调统一，尤其是要更加注重质量在发展中的核心地位。另一方面，高校思想政治工作质量的高低，反映并决定着其发展的整体水平。质量是发展之本，高校思想政治工作的科学发展，只有在更加注重质量、注重效益，打牢质量根基，不断提质、创优、增效的基础上，才能真正实现。提升质量是高校思想政治工作向前推进、开创新局面不可或缺的重要内容与重要条件，更是实现内涵式发展的核心要求。

二 树立科学的高校思想政治工作质量观

高校思想政治工作质量观，即对高校思想政治工作质量的基本看法，对高校思想政治工作发展具有重要的导向性。有效提升高校思想政治工作质量，不断推进高校思想政治工作向新向前，必须以科学的质量观为指导。在笔者看来，科学的高校思想政治工作质量观应是一种以"优质""精良""高效"为追求，以人为本、以德为魂、服务发展、全面综合的质量观。

以人为本的质量观。从根本上说，思想政治工作是做人的工作。倘若脱离了对人本身的关照与关怀，思想政治工作就会失去应有的价值、应有的温度，必然是不成功的。人是思想政治工作的中心和根本，以人为本是思想政治工作的根本导向、核心理念，也是做好思想政治工作的基本要求、重要原则。以人为本的质量观即以人为尺度、以人为目的、以人为中心的人本理念在认识思想政治工作质量中的呈现与贯彻。树立以人为本的质量观，就是要突出人在衡量高校思想政治工作质量中的主体地位、中心地位，就是要更加自觉地坚持"围绕人、关照人、服务人、为了人"的原则，更加充分地做到尊重人、理解人、关怀人。树立以人为本的质量观，要求把学生的成长成才与健康发展作为认识高校思想政治工作质量的出发点和落脚点，贯穿于质量评判的始终，要求把满足学生的合理需求与期待、维护学生的切身利益，把学生的满意度、获得感作为衡量高校思想政治工作质量的重要内容、重要指标，要求思想政治工作更加体现人文关怀，更加有"人情味"。

以德为魂的质量观。作为意识形态领域的社会实践活动，高校思想政治工作承担着巩固主流意识形态、传播主导思想观念、改造人的主观世界的重要使命，肩负着培养社会主义事业建设者和接班人的战略任务，是以育"德"为核心、以"立德铸魂"为根本的。其所育之"德"不是抽象的，而是社会主义之"德"，囊括了思想水平、政治觉悟、道德品质、文化素养、心理人格等各个方面，具有鲜明的立场性、方向性及指向性。高校思想政治工作自身的这种特殊性质决定了对其质量的认识要坚持以"德"为主导，以"立德"的质量、规格，以所育之人的思想、政治、道德等素质为高校思想政治工作质量的最核心衡量；决定了要把是否培养出思想政治觉悟高，道德品质好，有理想、有本领、有担当的德智体美全面发展的社会主义事业合格建设者和可靠接班人作为评判其质量的最根本标准。前文所讲的"以人为本"与这里讲的"以德为魂"，前文讲的学生的成长成才与这里讲的具有明确而具体内涵的学生德行的发展，是内在地联系在一起的，是同一个问题的不同方面。

服务发展的质量观。2018 年 5 月，习近平总书记在北京大学师生座谈会上指出："古今中外，关于教育和办学，思想流派繁多，理论观点各异，但在教育必须培养社会发展所需要的人这一点上是有共识的"，"世界一流大学都是在服务自己国家发展中成长起来的"。① 这深刻地道出了"教育要为发展服务"这一核心原则。在当代中国，高校思想政治工作为社会发展服务也就是为党和国家的发展事业服务，培养社会发展所需要的人就是要培养党和国家事业发展所需要的人。党和国家的发展需要，是高校思想政治工作的风向标，决定了高校思想政治工作的具体内容与目标。在不同时期、不同发展阶段，社会有着不同的发展主题、发展任务，对个人的素质能力也会有不同的发展要求，这需要高校思想政治工作依据社会发展的要求变革内容及方法，按照社会发展对人的素质能力的需要培养人、发展人。树立服务发展的质量观就是要紧紧围绕着"为发展服务"这一原则，以适应社会发展要求、满足社会发展需要、服务党和国家发展大局为导向，以培养社会发展所需要的人为指向来认识高校思想政治工作。它要求对高校思想政治工作质量的衡量要基于时代之变、立于发展之需、依于社会之

---

① 习近平：《在北京大学师生座谈会上的讲话》，人民出版社 2018 年版，第 5、6 页。

求，要求对高校思想政治工作质量的评判要依据对社会发展所需要的人的培养状况以及培养的人对社会发展需要的适应状况。

全面综合的质量观。全面综合的质量观就是以全面的观点、全方位的视角认识和分析高校思想政治工作质量，这是以科学的眼光审视质量问题的重要要求。对全面综合质量观的把握主要基于两大方面：一是全面的人的培育。学生的全面、尽可能完善的发展是全面综合质量观的核心规定。高校思想政治工作以人为对象，促进人的主观世界的全面改造是其基本要求。但主观世界的改造不能只停留于主观，改造主观世界是为了更好地改造客观世界，这要求对全面发展的促进要延伸到知与行的全面改善。全面综合的质量观要求把实现主客观的全面改造，实现塑造良好主观认知与良好外在行为的统一，促进人的整体素质能力的全面提升，作为审视高校思想政治工作的核心内容。二是全方位透视高校思想政治工作质量。全方位提升质量，是全面综合质量观的基本要求。高校思想政治工作涉及诸多方面，有诸多环节、诸多要素，每一部分都会对质量产生影响。全面综合的质量观要求综合剖析高校思想政治工作质量及其影响因素，全面优化体现与影响质量的每一方面、每一环节、每一要素，尤其是要聚焦性能与效能的全面提升。从性能角度来看，对高校思想政治工作质量的衡量既要关注社会发展的需要，又要关注个体发展的需求。全面提升高校思想政治工作质量，意味着高校思想政治工作既要为社会发展做好服务，也要为个体成长发展做好服务，既要满足社会发展的需求与期待，也要满足个体发展的需求与期待。从效能角度来看，对高校思想政治工作质量的评判既要注重效果，也要注重效率。效果与效率是效能的两个重要方面，二者都是衡量工作质量的重要标准。全面提升高校思想政治工作质量，意味着要更加注重良好效果的获得，也意味着要更加充分地促进工作效率的提高。

三 推动高校思想政治工作质量的有效提升

质量是高校思想政治工作的生命力所在，以质量提升为核心的内涵式发展道路是新时代高校思想政治工作发展的必由之路、必然选择。切实推进高校思想政治工作质量提升，要强主力、聚合力、增引力、足动力、发巧力。

一要强主力。强化高校思想政治工作主体素质能力建设，打造高质、精良的思想政治工作队伍，是做好高校思想政治工作的关键环节与基本保证，在提升高校思想政治工作质量中具有基础性和前提性的意义。习近平总书记在强调教师自身思想政治素质的重要性时指出："在学生眼里，老师是'吐辞为经、举足为法'，一言一行都给学生以极大影响。教师思想政治状况具有很强的示范性。"[1] 如果传道者、育人者自身都不能明道、信道，不能严正其身、以德立身，怎么能谈、怎么做到为人师表、传道授业、立德树人呢？作为高校思想政治工作的组织与实施主体，思想政治工作者具有怎样的思想政治素质、工作能力，最直接地决定着相关育人理念、育人要求以怎样的形态落到实处，最直接地决定着能否做好学生健康成长的指导与引路工作。立人者先立己，教育者先受教育，不断强化思想政治工作主体素质能力建设是加强高校思想政治工作的必然要求。强化思想政治工作主体素质能力建设要更加明确政治

---

[1] 习近平：《在北京大学师生座谈会上的讲话》，人民出版社 2018 年版，第8—9 页。

素质过硬、业务能力精湛、品德素质高尚、育人水平高超的建设标准、建设要求，更加严格地抓好师德师风、职业道德、工作作风建设，不断改善高校思想政治工作队伍的整体素质与精神风貌。

二要聚合力。在"大思政"格局中，在全员育人的要求下，高校所有能对学生的思想政治素质形成产生影响的因素，都应纳入高校思想政治工作的育人环节，成为育人的要素，所有对学生的成长发展产生作用的工作人员，都应包括在高校思想政治工作队伍中，成为育人的一员。聚合力，意即汇聚育人众力、凝聚育人合力，就是要紧紧围绕着"育人"这一共力点，统筹各方力量，挖掘各种资源，协调各项要素，形成方向一致的综合育人力量，产生目标一致的综合育人效用，就是要更加深入、更加充分地进行全员育人、全程育人、全方位育人。汇聚育人众力、凝聚育人合力需要绘制高校思想政治工作全员育人的"大图景"，整体推进高校党政团干部、辅导员、班主任、思想政治理论课教师、心理咨询教师等专门力量以及其他教学、管理、服务力量建设；需要明确"育人"这一核心目标、根本指向，做好"同向同行"的顶层设计，构建合力育人机制，把各个部门、各项工作、各种力量统成一盘棋，做到统一思想、统一步调、互相配合，真正实现协同一致、同向发力；也需要着力优化育人系统，完善课程育人、科研育人、实践育人、文化育人、网络育人、心理育人、管理育人、服务育人、资助育人、组织育人等育人体系，形成方向一致、结构有序、布局合理的全方位育人结构；还需要整合校内外各方力量、各项资源，实现多方联动，更加密切中央、地方、高校之间，学校、家庭、社会之间的协力配合、同向合作。

三要增引力。增引力就是要不断增强高校思想政治工作的吸引力，提高满意度。高校思想政治工作能否更好地教育人、引导人，在很大程度上取决于是否具有吸引力、能否吸引人。思想政治工作的对象是具有主体性的人，他们对思想政治工作感不感兴趣、认不认可、接不接受、满不满意，在很大程度上决定着思想政治工作的成效。有效的思想政治工作，既需要优质内容的供给、有效方式的推送，更需要对象积极地接受、有效地吸收。如果供给的内容与质量、呈现的方式与方法偏离对象的需求与期待，思想政治工作就很难被对象接受，甚至会被抵触、排斥。这就要求思想政治工作要在"供给"与"需求"之间寻找一种有效的对接。只有在"供给"与"需求"达到协调一致、有效对接后，思想政治工作才能产生应有的价值、发挥应有的作用。缺乏高质、有效的供给，缺少对"需求侧"的关注、了解，思想政治工作就不可能产生实际的功用。增强高校思想政治工作吸引力，使思想政治工作更加吸引人，既需要优化"供给侧"，也需要着眼于"需求侧"，既需要着力呈现品质优、规格高、有生机、更加实的内容，也需要不断改善、创新"供给方式"，采用更加亲和、更加受欢迎、更加有效的形式、方法与载体，还需要更加了解学生的需求与期待、个性与特点，更加紧密地结合学生的生活与实际、兴趣与喜好，不断提高思想政治工作的亲和力，增强学生的获得感。

四要足动力。持续不断地为思想政治工作者教育引导、立德树人提供充足动力，为学生的责任担当、思想道德认知与践行提供有效激励，为思想政治工作向前发展提供强劲推力，是做好高校思想政治工作，不断推进高校思想政治工作质量提升的关键内容、重要举措。这既需要形成有利于激发和增进育人积极性、做好思想政治工作的制度安排，也需要探索学生良好思想道德素养的激励机制，还需要形成思想政治工作不断创新的高度自觉。一方面，形成健全的制度安排与激励机制是做好高校思想政治工作的坚实保障。这需要把立德树人融入高校对思想政治工作管理与建设的各方面、各环节，更加注重制度安排对思想政治工作者育人积极性、自觉性的激励、引导作用；也需要不断完善和规范思想政治工作的制度体系，更加注重对思想政治工作质量的有效监督与评价，建立质量监督评测机制，激励思想政治工作不断优化；更需要在激发学生的责任感、使命感与精神力量，激发学生提升自身思想政治认知、践行良好思想道德行为的热情与自觉等方面有更多的思考与创建。另一方面，不断创新是推进高校思想政治工作发展的动力源泉。习近平总书记在全国高校思想政治工作会议上强调："做好高校思想政治工作，要因事而化、因时而进、因势而新。"[1] "因事而化"既指向根据不同情况、事态而变化、变通，也指向借助相应事件而进行教化，它强调的是思想政治工作的灵活性、机动性。"因时而进""因势而新"就是要根据时代变化而进步，根据形势发展而革新，实质就是要推进高校思想政治工作不断创新、不断发展、不断与时俱进。"因事而化""因时而进""因势而新"既是做好高校思想政治工作的基本要求，也是做好高校思想政治工作的重要方法。高校思想政治工作者要牢固树立创新意识、发展意识，紧跟时代潮流、发展大势，审时度势、与时俱进，积极从理念、思路、方法、途径、载体、制度等方面进行创新。

五要发巧力。"发巧力"重在巧妙，意在实现"四两拨千斤""事半功倍"的效果，这既要遵循规律性，又要提高艺术性，还要增强针对性。首先，掌握好、遵循好、运用好

---

① 《习近平谈治国理政》第 2 卷，外文出版社 2017 年版，第 378 页。

规律是做好一切工作的根本。习近平总书记指出，做好高校思想政治工作"要遵循思想政治工作规律，遵循教书育人规律，遵循学生成长规律，不断提高工作能力和水平"①。切实尊重、遵循这些规律，真正把握好、运用好这些规律，思想政治工作才不会盲目、零乱，才能少走弯路、少做无用功。做好高校思想政治工作要以做好三大规律的研究工作为前提，以深化对三大规律的学习、理解为基础，以切实遵循三大规律为原则，以提升运用三大规律的能力为关键，如此，思想政治工作才能更深入、更透彻、更有效。其次，提高艺术性，讲求技术性、技巧性、创造性，才能使思想政治工作更卓有成效。艺术性主要用来形容思想政治工作开展的高妙之处以及水平、技术达到高超境界，讲求技术性、技巧性、创造性是艺术性的重要表现，也是艺术性的重要要求。提高艺术性，要把握好"时"，善于根据"时势"、利用"时事"，找准时机、抓住时机开展思想政治工作，做到因"时"而动。提高艺术性，要掌握好"度"，恰当把握火候，处理好思想政治工作开展的频度、力度，讲求施展有"度"。提高艺术性，也要谋求好"效"，增强思想政治工作影响力、感染力，力求切实有"效"。提高艺术性，还要利用好"力"，善于借力、发力，善于灵活而富有成效地运用各种方式方法、途径路径、环境条件，精妙而巧妙地开展各项工作，达到"春风化雨，润物无声"的效果。再次，增强针对性，找准核心与关键，思想政治工作才能有的放矢、精准发力。增强针对性，要围绕学生成长发展的需求和期待，切准薄弱环节、短板不足，有针对性地开展工作。增强针对性，要以问题为导向，聚焦国家的重大现实问题、社会的热点焦

---

① 《习近平谈治国理政》第2卷，外文出版社2017年版，第378页。

点问题、发展的新情况新问题、学生的疑惑困惑问题，有针对性地解疑释惑。增强针对性，还要因"事"制宜、因"人"制宜，根据不同事件的不同情况、不同对象的不同特点，采取不同方式不同方法，有针对性地化解问题。

总之，在新的时代方位下、新的起点上、新的征程中，高校思想政治工作唯有更加重视质量问题，切实以科学质量观为引导，自觉追求内涵式发展、推进质量建设，才能不断增强吸引力、提高实效性，才能以坚实而稳健的步伐迈向新的发展时代。

（本文原刊于《思想理论教育》2018 年第 8 期，与董祥宾合作）

推动思想政治教育与信息技术的高度融合

推动思想政治教育与信息技术的高度融合是思想政治教育创新发展的重要途径。习近平总书记在全国高校思想政治工作会上强调："要运用新媒体新技术使工作活起来，推动思想政治工作传统优势同信息技术高度融合，增强时代感和吸引力。"[①] 这一论述对新时期高校思想政治工作如何面对信息技术所引发的新事件、塑造的新时代和描绘的新趋势，做到"因事而化、因时而进、因势而新"提出了更高要求。因此，面对思想政治教育与信息技术融合的必然趋势，需要我们准确了解二者融合的当前现状并探索有效对策，以更好推动思想政治教育与信息技术的高度融合。

一 推动思想政治教育与信息技术的融合是势所必然

信息技术的快速发展，推动着人类社会进入新的时代和新的空间，深刻影响着人们的思维方式和行为方式；也改变

---

① 《习近平谈治国理政》第 2 卷，外文出版社 2017 年版，第 378 页。

了思想政治教育自身发展的时空，改变了思想政治教育所面对的教育对象。思想政治教育与信息技术的融合，是思想政治教育创新发展的需要，也是信息技术健康发展的需要，是大势所趋。

信息技术开辟了新的时代，思想政治教育既被新时代之浪向前推进，又在主动紧跟新时代的步伐，思想政治教育与信息技术融合是时代发展的需要。随着信息技术的快速发展，人们进入了新的时代，并称这个被新技术改变了的时代为网络时代、新媒体时代、大数据时代或微时代，但无论称"时代"之前的定语是什么，它都得益于信息技术的发展，而之所以可以称其为一个时代，是因为它对人们的社会生产生活产生了深刻而全面的影响，并改变了人类社会的整个发展进程。中国互联网络信息中心（CNNIC）发布的第 38 次《中国互联网络发展状况统计报告》显示，截至 2016 年 6 月，中国网民规模达7.10 亿，互联网普及率达到 51.7%。① 互联网已经成为人们日常生活的一部分，这个被信息技术改变了的新时代，出现了过去任何时代所没有的新事、新人和新要求，"互联网＋"已经成为社会政治、经济、文化等发展的新模式，"网红"已经成为当今社会的一个新群体，"网络治理"已经成为国家治理的一个新领域……新时代带来的所有新现象都成为思想政治教育要面对的新环境和新对象，需要思想政治教育去处理和应对新时代产生的新事件、去引导和教育随新时代成长和出现的新群体。面对新时代提出的新要求和新任务，思想政治教育必须主动融入新时代，在研究新事、新人和新要求的过程中体现出

---

① 《中国互联网络信息中心（CNNIC）发布的第 38 次〈中国互联网络发展状况统计报告〉》，中国互联网络信息中心（http://www.cnnic.cn/gywm/xwzx/rdxw/2016/201608/t20160803_ 54389.htm），2016 年 8 月 3 日。

自己的时代价值，在主动运用信息技术工具和平台的过程中体现出自己的发展活力。近年来，网络思想政治教育的发展，微课、慕课等网络思想政治课程的出现，都是思想政治教育与信息技术融合的结果，正是在这种融合中体现了思想政治教育的时代感。

信息技术开拓了新的空间，思想政治教育既需要为自身的发展空间争夺一席之地，又需要为新空间的健康发展出策献力，思想政治教育与信息技术融合是网络空间建设与治理的需要。信息技术的发展把人类从现实物质空间带入了数字虚拟空间，由"互联网、通信网、计算机系统、自动化控制系统、数字设备及其承载的应用、服务和数据等组成的网络空间"①，成为继陆地、海洋、天空、太空之后各国竞相争夺的新领域，成为各种意识形态较量的新阵地，成为各种社会思潮发表言论、宣传思想的新大陆，成为一些国家意图对我国进行政权颠覆的新途径。思想政治教育担负着国家意识形态教育的重要任务，促进思想政治教育与信息技术的融合，主动占领网络意识形态阵地、牢牢把握网络思想政治教育的主动权、牢牢掌握网络意识形态领导权，是开拓思想政治教育渠道和空间的必然选择，是促进思想政治教育自身发展的必然要求。同时，新空间的开拓虽然带来诸多新机遇、新气象，但也产生了诸多新问题、新麻烦，网络空间的发展需要思想政治教育发挥应有的作用。国家互联网信息办公室发布的《国家网络空间安全战略》明确指出了网络渗透危害政治安全、网络攻击威胁经济安全、网络有害信息侵蚀文化安

---

① 《国家网络空间安全战略》，中央网络安全和信息化委员会办公室（http://www.cac.gov.cn/2016-12/27/c_1120195926.htm），2016年12月27日。

全、网络恐怖和违法犯罪破坏社会安全等诸多网络空间安全问题。"网络空间是亿万民众共同的精神家园"①，维护网络空间安全、参与网络空间治理也成为思想政治教育一个重大任务。促进思想政治教育与信息技术的融合，是网络空间健康发展的需要，它需要发挥思想政治教育的引导作用，需要发挥社会主义核心价值观的引领作用，"加强网络内容建设，做强网上正面宣传，培育积极健康、向上向善的网络文化，用社会主义核心价值观和人类优秀文明成果滋养人心、滋养社会，做到正能量充沛、主旋律高昂，为广大网民特别是青少年营造一个风清气正的网络空间"②。由此看来，正是由于思想政治教育创新发展和信息技术健康发展的双重需要，才更体现出思想政治教育与信息技术的融合势不可挡。

二　当前思想政治教育与信息技术融合存在的主要问题

在信息技术与思想政治教育融合势不可挡的趋势下，高校思想政治教育积极适应信息技术的发展"促融合"，很好地发挥了思想政治教育的主动性，体现出思想政治教育的时代性和创新性。但是，思想政治教育与信息技术融合的视野、广度和深度上还存在一些问题，未能真正实现二者的高度融合。

思想政治教育与信息技术的融合缺乏整体观照和宏观视野。一方面，在思想政治教育与信息技术的融合中，思想政

---

①　习近平：《在网络安全和信息化工作座谈会上的讲话》，人民出版社 2016 年版，第 8 页。

②　习近平：《在网络安全和信息化工作座谈会上的讲话》，人民出版社 2016 年版，第 9 页。

治教育与信息技术融合的具体样态发展和要素研究取得了可喜成绩，但缺乏对思想政治教育与信息技术融合的整体性和一般性的观照。当前关于思想政治教育的微信公众号、微博、微课等已经成为思想政治教育发展的一个热门现象，关于网络思想政治教育的主体、客体、话语等的研究也成为理论界的一个热点话题，但无论是思想政治教育微信公众号，还是思想政治教育网络课程等都是思想政治教育的一种新样态，思想政治教育的主体、客体、话语等都是思想政治教育的一个要素，这些具体样态的发展和具体要素的研究都应该遵循思想政治教育整体或一般与信息技术融合的基本原则和基本规律，脱离了整体把握和宏观观照，具体的样态发展和要素研究就有可能"走偏"。另一方面，在思想政治教育与信息技术融合的过程中资源的整合度不高，既存在着教育资源与技术资源整合度不高，思想政治教育本身与专业技术领域没有实现有效整合，思想政治教育网络化、信息化缺乏专业技术的引导，致使各种形态的网络思想政治教育略显粗糙、吸引力不高；又存在着各高校优势资源的整合度不高，不同高校拥有的课程优势、教师优势、技术优势、设备优势等未能实现顺畅流动，在思想政治教育与信息技术融合实践中取得的优秀经验未能得到普遍推广等问题。诚然，在思想政治教育与信息技术融合的过程中，需要具体、个别等零散研究和发展，但是当个别发展到一定规模之后，就需要有整体规范和宏观统筹，才能更好地把握规律性。

思想政治教育与信息技术融合没有做到内容的真正融入。当前思想政治教育与信息技术的融合，主要是思想政治教育内容通过信息技术"上平台"，而没有做到思想政治教育内容与信息技术的真正"融入"。一方面，在思想政治理论课与信息技术相融合的过程中，形成了思想政治理论慕课、微课等多种形式的网络课程，把教材中规定的和现实课堂中讲授的思想政治理论课内容"搬上"各类技术平台，借助这种思想政治理论课内容"上平台"，确实丰富了当前思想政治理论课的表现形式，增强了思想政治理论课的新鲜感和吸引力，提高了思想政治理论课的"颜值"；但问题是，从现实空间进入虚拟空间、从可以直接讨论的教学课堂转入只能看和听的网络课堂，课程内容的直接上平台是否能够得到受教育者的持久关注，是否能够真正提升思想政治理论课的有效性，不得不引起我们的思考。另一方面，在日常思想政治教育与信息技术相融合的过程中，建立了许多专门的思想政治教育网站、微博和微信公众号等，把与思想政治教育有关的各项国家方针政策、马克思主义经典著作、各种日常思想政治教育工作制度等内容"搬上"各类技术平台，借助这种日常思想政治教育工作内容的"上平台"，确实丰富了思想政治工作的管理形式，也提升了各项思想政治工作的宣传力度，提高了思想政治工作的便利性，扩大了思想政治工作的影响范围；但问题是，从纸质文字向网络文字的转化、从定时获取向及时获取信息的转变，工作内容的直接上平台是否能够真正增强思想政治工作管理的有效性，也需要引起我们的重视。其实，思想政治教育内容的"上平台"，是思想政治教育与信息技术"结合"而非真正"融合"，思想政治教育与信息技术融合更需要思想政治教育内容的真正"融入"。

对思想政治教育与信息技术融合的应用与研究还不够深入。一方面，思想政治教育对信息技术的使用操作，当前更多的是把新媒体、信息技术作为思想政治教育的载体和平台，通过这些新载体和新平台的承载，激活了思想政治教育内容，使原本枯燥、单调的内容通过光、电、声等鲜活地表现出来，使思想政治教育"活"起来；但是，还没有真正探索出每种技术的优势与特色，如何才能充分发挥其特色和优势为思想政治教育所用，也没有真正挖掘出这些信息技术平台所表示的信息和反映的数据背后的深层意义。另一方面，在思想政治教育与信息技术融合的理论研究中，有诸多针对网络、博客、微博、微信的思想政治教育研究，这些研究对如何应对信息技术给思想政治教育带来的挑战、如何促进信息技术与思想政治教育的融合已经做了基础性的探索，已取得诸多成果；但是，缺少从共性层面对思想政治教育与信息技术融合的规律研究，缺少从动态角度对思想政治教育与信息技术融合的机制研究，缺少对互联网思维、信息技术思维与思想政治教育融合的深入研究。任何科学研究都有其由浅入深的发展过程，思想政治教育与信息技术融合的现有应用与研究已经取得较多成果，但仍需要促进思想政治教育与信息技术融合的纵深发展，提高应用的深度和研究的深度。

三　把握思想政治教育与信息技术融合的三种关系

面对信息技术给思想政治教育带来的新变化，解决二者融合中存在的诸多问题，需要正确看待思想政治教育与信息技术融合中整体与部分、变与不变、主体与载体之间的关系，在正确的关系把握中推动思想政治教育与信息技术的高度融合。

把握思想政治教育与信息技术融合中整体与部分的关系。在思想政治教育与信息技术融合的过程中，要明确思想政治教育既作为部分又作为整体的不同定位，把握好整体与部分的关系才能在融合中明确责任。信息技术带来的改革是整个社会的变化，是思想政治教育与信息技术的融合要正确看待的整体与部分的关系，首先是思想政治教育这个部分和被信息技术改革了的整个时代之间的关系。技术化的时代既是思想政治教育的外部环境，互联网时代、微时代、大数据时代的时代浪潮是推动思想政治教育不断发展的外部力量，思想政治教育作为时代浪潮中的一滴水，不能固步自封、墨守成规，而要主动适应时代发展带来的各种变化、积极应对时代发展带来的诸多挑战，扩大视野、丰富内容、改变形式等；同时，技术化的时代又是思想政治教育所面对的教育、研究对象，要能够对这个时代的内容结构进行正确肢解，深入了解这个信息技术时代带来了什么"新事"和这些事给思想政治教育提出了哪些新问题，这个信息技术时代塑造了什么"新人"和人们的思想、行为、价值观念等有了哪些新变化，以及思想政治教育应该怎样回应这些新问题和新变化，发挥思想政治教育这一部分对整个信息技术时代的推动作用。其次，要正确看待在与信息技术的融合中，思想政治教育这一整体与内部各要素、各形态的关系。在与信息技术融合中，无论是研究思想政治教育主体、客体、内容、形式等要素"是什么"及有什么变化，还是运用微博、微信、微电影、微课程等开展思想政治教育实践，都需要从整体上把握思想政治教育与信息技术融合应该注意的问题、遵循的原则，需要从一般性的角度探究思想政治教育与信息技术融合的基本规律，从整体上为思想政治教育与信息技术融合"定基调"。

把握思想政治教育与信息技术融合中变与不变的关系。在思想政治教育与信息技术融合的过程中，要明确什么变了和什么没有变，什么要变和什么不能变，把握好变与不变的适度关系才能在融合中有的放矢。信息技术给人们的日常生活带来了诸多变化，从现实空间进入虚拟空间，人们的行为方式、喜好、习惯、追求，甚至人们的思维方式、价值观念等都发生了变化，面对这些变化了的人和事，思想政治教育应该"以不变应万变"，即思想政治教育坚持马克思主义立场、观点、方法"不能变"，以此来分析和解决信息技术带来新问题；此外，在与信息技术的融合中，思想政治教育的目标"没有变"，无论出现什么信息技术、新手段，无论人们的思维方式和行为习惯发生什么变化，思想政治教育引导人们形成正确的世界观、人生观、价值观的目标没有变。同时，思想政治教育还应该"以变制变"，虽然思想政治教育的目标没变，但在与信息技术的融合中实现目标的方法、路径等变了，除了传统的课堂讲授，又出现了形式多样的思想政治理论课教学形态，除了校园文化的熏陶，又有了网络文化的引导等；虽然马克思主义立场、观点、方法不能变，但是在与信息技术的融合中，思想政治教育的内容、形式、话语、视野、思维等需要变，这样才能适应变化了的形势、贴近变化了的受众，才能使思想政治教育真正"落地"。

把握思想政治教育与信息技术融合中主体与载体的关系。在思想政治教育与信息技术融合的过程中，要明确思想政治教育的主体地位和信息技术的载体作用，明确二者扮演的角色才能在融合中保持本色。在与信息技术融合中，首先，应该坚定思想政治教育的目标定位，不随波逐流。信息技术为思想政治教育提供了平台和载体，同样也为其他社会思潮提供了展示的舞台，在这种有多种声音共存的虚拟空间中，要坚持马克思主义指导，用社会主义核心价值观引领各种思潮；在网络空间的意识形态较量中，坚持社会主义意识形态，发挥思想政治教育作用以占领网络阵地；在多种网络信息传播中，要发挥思想政治教育的引导作用，促成人们形成正确的价值观念和价值选择。其次，应该充分发挥思想政治教育主动性，不生搬硬套。思想政治教育要充分运用信息技术提供的各种载体，加强与专业技术人员的交流与配合，在把握每种载体的特色、了解受众对不同载体喜爱度的基础上，有针对性地融入不同的思想政治教育内容，使载体的作用得到最大化发挥。再次，应该保持思想政治教育的自我本色，不盲目迎合。在与信息技术融合的过程中，思想政治教育要保持自己的政治本色、教育本色，不能一味地迎合信息技术发展趋势和受众喜好，要起到教育、引导作用，不能将思想政治教育内容过于碎片化来配合信息技术的"微小化"，不能将思想政治教育内容泛娱乐化来迎合人们的无聊消遣，不能以用过分花哨、新颖的形式只"吸睛"而无内涵，只追求点击量而无教育性来衡量思想政治教育的有效性。只有正确把握思想政治教育主体和信息技术载体之间的关系，才能防止思想政治教育被信息技术"异化"，防止信息技术新媒体被思想政治教育"政治化"。

四 推动思想政治教育与信息技术高度融合的对策建议

思想政治教育与信息技术的高度融合，不是"信息技术＋思想政治教育"的简单结合，推进思想政治教育与信息技术的高度融合，需要扩大视野，做好思想政治教育与信息技术融合的宏观规划；需要寻找共性，把握思想政治教育与信息技术融合的一般规律；需要抓住重点，探索思想政治教育与信息技术融合的话语转化。

做好思想政治教育与信息技术融合的宏观规划，体现思想政治教育的全局性。在当前我国实施网络强国战略、提升网络空间治理能力的发展大势下，思想政治教育与信息技术的融合应该放在网络强国的大背景下，找准思想政治教育在网络强国建设中的定位，发挥思想政治教育的作用参与网络空间治理，引导网络舆论、净化网络空间、塑造健康的网络文化，以思想政治教育的"入网"来"建网"，使思想政治教育能够参与科技的网络浪潮，并能在价值上引领科技的发展导向。当然，思想政治教育与信息技术的融合必然也应该放在促进思想政治教育创新发展的学科背景下。近年来国家先后颁布《关于加强高等学校思想政治教育进网络工作的若干意见》（2000）、《关于进一步加强和改进大学生思想政治教育的意见》（2004）等多个文件，对促进思想政治教育与互联网的融合发挥了重要作用。随着互联网新形式的出现，根据网络思想政治教育实践的发展情况，既需要对网络思想政治教育进行整体推进，对思想政治理论课教学、日常思想政治教育、思想政治教育研究等到底应该如何与网络融合，怎样发挥思想政治教育的原有优势与网络融合等作出整体规划；还需要对网络思想政治教育进行资源统筹，对思想政治教育教学优势资源、网络技术的优势资源、专门人才的优势资源以及资金资源等进行全方位和跨区域的梳理和统筹，促进资源的合理配置和有效运转，以资源的最优化打造精品，以资源的自由流动促成共享。最终，在与信息技术的高度融合中促进思想政治教育的转型升级和创新发展。总之，做好思想政治教育与信息技术融合的宏观规划，将思想政治教育置于时代发展的大格局中而不遗忘，才能充分体现思想政治教育的时代价值；把思想政治教育作为一个整体来推进其与信息技术的融合，才能切实推动思想政治教育的创新发展。

把握思想政治教育与信息技术融合的一般规律，强化思想政治教育的预见性。如果说宏观规划是立足当前从更广阔的视野来考察思想政治教育与信息技术的融合，那么把握规律则是从更长远的时间维度，总结过去、研究现状而面向未来，通过探寻规律预见思想政治教育应该怎样与未来的信息技术相融合，使思想政治教育能够更从容地应对日新月异的技术创新。在全国高校思想政治工作会议上，习近平总书记强调"要遵循思想政治工作规律，遵循教书育人规律，遵循学生成长规律"①，在思想政治教育与信息技术融合中同样要遵循这三大规律，但关于这三大规律究竟是什么，如何才能实现这三大规律的有效统一还需要理论和实践的深入研究。同时，促进思想政治教育与信息技术融合，需要对信息技术的发展规律进行深入研究，对于近些年来信息技术的快速发展有何规律可循、未来的发展走向如何等需要纳入我们的关注视野；需要对信息技术时代下广大受众的变化规律进行深入研究，特别是伴随网络发展而成长起来的青少年群体，他们的价值追求、思维方式、话语模式、行为习惯等都受到互联网的深刻影响，要通过他们的日常行为和网络行为表现来总结、把握这一群体的成长规律；需要对网络思想政治教育规律进行深入研究，对网络思想政治教育产生以来的发展变化情况做系统梳理，总结经验、把握规律，对不同形态网络思想政治教育的运行机制做深入探究，找准特色、提炼优势。要想真正把握思想政治教育与信息技术融合的一般规律，除了要分别研究思想政治教育规律、信息技术发展规律、新时代受众成长规律以及网络思想政治教育规律外，还要深入探究如何将这四大规律有机统一，这样才能科学预见思想政治教育将面临的信息技术新样态、新受众群体和新时代问题，在迎接新挑战时才能不乱方寸、胸有成数。

探索思想政治教育与信息技术融合的话语转化，增强思想

---

① 《习近平谈治国理政》第 2 卷，外文出版社 2017 年版，第 378 页。

政治教育的有效性。在把握一般规律的前提下，也应体现思想政治教育与信息技术融合的特殊性，搞清楚搭上信息技术列车的思想政治教育与传统思想政治教育相比，到底应该"教什么"和"怎么教"的问题。一方面，通过充实话语内容解决"教什么"的问题。思想政治教育与信息技术融合不应该只是简单地把教材内容、课堂内容搬上平台，还需要根据信息技术平台自身特点和发展要求打造专门的话语内容。这个话语内容既要符合思想政治教育基本原理、包含思想政治理论课基本内容的"老内容"，实现课堂内容或教材内容的网络化，促成思想政治理论课精品课程的共享；又要适应不同信息技术平台的特色生产"新内容"，如要有能够适应微博、微信、微电影的"微言大义"，也要有能够适应网络技术面向全球的"世界议题"；既要有运用信息技术传播社会主义核心价值观、宣传国际国内、网上网下和民众关心的重大理论和现实问题等的"宣传教育性内容"，又要有能够应对网络意识形态攻击、解决网民困惑、回应他者质疑的"回击应对性内容"，实现思想政治教育内容与信息技术的高度融合。另一方面，通过丰富话语形式解决"怎么教"的问题。互联网是一个信息传播的平台，也是一个内容生产的平台，在这个信息的海洋里人们能够获得多种多样的内容，如何才能在诸多信息中引起受众关注、得到受众喜爱，还需要转变思想政治教育的话语表达形式，既要敢于发出思想政治教育的声音，更要让思想政治教育的声音悦耳动听。要把当前发展势头正旺的思想政治教育慕课、微课等新形式教学做大做强做成品牌，把不断开发的思想政治教育 APP 软件、游戏等大力推广应用，并大胆创新其他新技术与思想政治教育的融合，激活思想政治教育的技术按钮；要把思想政治教育术语与网络潮流用语相结合，听得懂网民的话又能讲出网民喜欢听的话，要善于打造能够吸引受众点击并愿意分享转发的亮点，增强思想政治教育的吸引力和影响力。总之，探索思想政治教育与信息技术融合的话语转化，就是要把有内涵、跟潮流的思想政治教育话语内容，通过信息技术的完美包装实现华丽转变，让有教育价值的思想政治教育内容渗透于高颜值的信息技术之中，让受众自愿接受并真心喜欢，切实增强思想政治教育的有效性。

（本文原刊于《国家教育行政学院学报》2017 年第 1 期，与史君合作）

思想政治教育研究的学术规范

学术规范是学术活动的依据，凡从事学术之业、身为学者之人，均应当严格持守。思想政治教育的理论研究、思想政治教育领域的学者，同样如此。围绕学术规范这个主题，结合思想政治教育学科的实际，我们在这里集中探讨三个问题：为什么要强调学术规范？应当遵守哪些学术规范？应当如何遵守学术规范？

一 为什么要强调学术规范

学术规范，是在学术研究的进程中逐渐形成的；学术规范意识，也是在学术研究的进程中逐渐强化的。我国学者从20世纪80年代开始对学术规范有了比较普遍的自觉关注。进入20世纪90年代，哲学社会科学的各个学科领域，基本上都进行了大大小小、深浅不等的关于学术规范的讨论。时至今日，学术规范已经成为当今社会关注的一个焦点。对于当今社会如此关注的、因学术与学者而起的焦点问题，每一个从事学术研究的学者都应当具有更加明确而深刻的认识与思考。

学术规范之所以如此广受关注，除了前面提及的社会原因等之外，还在于，学术规范是学术发展的基石，是学术活动的准则、规矩和基本要求，是一切学术活动的生命线，对于学术发展具有极为重要的意义。

（一）学术规范是学术活动的要件

作为"要件"，学术规范构成为学术活动不可或缺的一部分，是判断一种活动是不是学术活动的重要依据。学术活动是学者的活动，但并非学者的一切活动都是学术活动。判断学者的活动是不是学术研究活动，一个重要依据就是其有没有遵守学术规范。日常生活中，我们判断一项活动的性质时，很多时候便是依据其所遵循的规则进行判断。比如关于"艺术"，人们经常讲艺术是"戴着镣铐的舞蹈"——这里讲的"镣铐"便是规则，便是构成为艺术活动的"要件"。"学术活动"只有遵守学术规范，才能称得上是真正意义上的学术活动，这个活动产生的成果才是学术成果。

（二）学术规范是研究过程的规则

学术规范是对如何开展学术活动的一系列基本问题的回答，是对学术活动经验的总结，是学术活动规律的具体化。强调学术规则是学术活动的章法、语法，其意也正在强调学术规范是学术活动的开展应当遵循的基准。学术活动是探求真理的过程。在指向真理的复杂进程当中，我们怎样才能少走弯路？怎样才能在一个有限的时间内以最有效的方式达到对真理的认识？要对这些问题作出比较完满的回答，一时一刻也离不开对学术规范的遵循。

（三）学术规范是学术交流的基础

学术交流推进着学术繁荣，而学术规范则为学术交流创造了前提条件，关系到学术交流能否顺利展开。学术规范是学术的语法，它规定了基本的学术话语体系，规范着学术见解的呈现方式，使得今人与今人之间的学术交流、今人与古人之间的学术承传以及学科间、国际间的学术对话与理解成为可能。概言之，学术规范的共同遵循，使得学术活动中的人际对话、代际对话、科际对话、国际对话得以实现。学术规范还关系到学术交流在何种层面上展开，关系到学术交流的质量。如，学术规范要求学术活动的展开要奠定于对该问题已有学术成果准确清晰了解的基础之上。如果不遵循这样的规范，交流时对已有成果一概不知或知之不深，从一些基本的常识性问题发问，这种交流，要么是低水平重复，要么没有对话的基础，不可能成为高质量的学术交流。相反，如果参与交流的各个方面都对学术规范有一种非常精准的把握，都是有备而来，都对有关学术资料做了详细的梳理、仔细的辨别，亦即基于学术规范做了充足的准备之后，学术交流便会更为深入、更有成效，而不会从常识的答问开始，从基本共识的达成开始。总之，学术规范是学术交流的基础，有了这个基础，学术交流才能高质量地展开。

（四）学术规范是学术创新的前提

创新是科学的本质。但同样需要认识到的是，没有学术规范，就没有规范的学术；不规范的学术，不可能担负起创新的重任。学术自由是学者的理想和追求，是学术创新的重要条件。但是，任何自由都和制约、规则相伴生；没有规则、没有制约，也就没有自由。学术自由和学术规范之间也不是对立的。学术规范揭示的是学术活动中的必然之理，只有依循这些必然之理我们的学术研究才可能真正意义上进入自由之境。就此而言，学术规范也是学术自由的疆界，是学术自由的重要保障。

（五）学术规范是学术训练的要务

每一个准备进入学界、准备开始学术生涯的人，准备或立志将来成为一个真正意义上的学者的人，所应接受学术训练的重要内容便是学术规范的训练。学术规范的训练决定着一个学者能否在漫长的学术生涯中迈出稳健有力的步伐。曾任斯坦福大学校长的唐纳德·肯尼迪在其著作《学术责任》的中文版序言中写道："就为学术生涯做准备而言，没有什么事情比高尚的学术行为更为重要的了。"① 高尚的学术行为，首先就要遵守学术规范的学术行为。美国学者托马斯·库恩也曾指出：学术研究范式"主要是为以后将参与实践而成为特定科学共同体成员的学生准备的。因为他将要加入的共同体，其成员都是从相同的模型中学到这一学科领域的基础的"。其所谓的研究范式，也包括了应当共同遵守的学术规范，"以共同范式为基础进行研究的人，都承诺同样的规则和标准从事科学实践"②，"每一代新的科学家都从中学会如何从事这一行业"③。

总之，学术规范是学术发展的基石，是学术发展的生命线。把握住这个生命线，学者的学术生涯才会更辉煌，才可能产出理想的学术成果。这就是学术规范的意义所在。

二 应遵守哪些学术规范

对于学术规范，人们有不同的分类概括。我们拟探讨的规

---

① ［美］唐纳德·肯尼迪：《学术责任》，阎凤桥等译，新华出版社 2002 年版，第 6 页。
② ［美］托马斯·库恩：《科学革命的结构》，金吾伦、胡新和译，北京大学出版社 2012 年版，第 8—9 页。
③ ［美］托马斯·库恩：《科学革命的结构》，金吾伦、胡新和译，北京大学出版社 2012 年版，第 1 页。

范包括：话语规范、选题规范、研读规范、方法规范、论证规范、行文规范、署名规范、引用规范和道德规范。

（一）话语规范

这里的"话语"，指基本的学术概念、范畴、术语。这是一个学术体系、学科体系的基础，也是任何一项具体学术研究过程的基础。术语的创新，往往标志着学术的创新发展。恩格斯在为《资本论》第 1 卷英文版撰写的序言中，曾这样指出："一门科学提出的每一种新见解都包含这门科学的术语的革命。化学是最好的例证，它的全部术语大约每 20 年就彻底变换一次，几乎很难找到一种有机化合物不是先后拥有一系列不同的名称的。"[①] 在这一序言中，恩格斯也从术语革命的角度，阐述了马克思在政治经济学的历史发展中所取得的新成果及其创新意义。

那么，我们要遵守哪些话语规范呢？其一，要熟悉本学科、本学术领域的术语。术语的革命标志着学术创新发展的状况，术语的运用也标识着一个学者基本的学术背景、学科归属。每位研究者，都要熟悉本学科领域的基本话语，要熟悉本学科领域中的"学术普通话""学术通用语"。其二，在同一研究中，同一术语的内涵应当极为明确且一以贯之。要避免同一术语在同一研究成果中内涵不明、界定矛盾、意义不一等情况。其三，字面相同的学术术语，在不同的话语体系中，其内涵也可能是不一样的，要仔细辨明，准确使用。例如"意识形态""价值""软实力"等。其四，在学术对话中，要了解对方所用术语的确切含义，不要望文生义，不要各说各话。

---

① 《马克思恩格斯文集》第 5 卷，人民出版社 2009 年版，第 32—33 页。

（二）选题规范

不少人认为选题就是"选择题目"。其实，选题的真正含义更应理解为"选择问题"。选择问题是选题的基本规范。

问题是研究的起点，也是学术创新的前提；不提出问题就不可能解答问题，更不可能实现创新。古今中外很多学者谈到学术发展和问题之间的关系时，都多有精辟论述。英国哲学家卡尔·波普尔甚至主张"应当把科学设想为从问题到问题的不断进步——从问题到愈来愈深刻的问题"，认为所谓的科学理论，"就是解决一个与发现一种解释有关或有联系的问题"。① 学术史上，任何有重要创新意义的研究成果，都包含着对问题的新发现或新解。"为什么马克思的剩余价值理论，好像晴天霹雳震动了一切文明国家，而所有他的包括洛贝尔图斯在内的社会主义前辈们的理论，却没有发生过什么作用呢？"② 恩格斯认为，答案就在于马克思"在前人认为已有答案的地方，他却认为只是问题所在"③。正是以问题为起点，马克思"第一次确定了什么样的劳动形成价值，为什么形成价值以及怎样形成价值"，"论证了商品和商品交换怎样和为什么由于商品内在的价值属性必然要造成商品和货币的对立"，从而确立了"第一个详尽无遗的货币理论"，"研究了货币向资本的转化……一下子就解决了使李嘉图学派破产的一个难题"，"确定了资本分为不变资本和可变资本"，并做到了"他的任何一个前人都没有做到的"事情即极其"详尽地阐述了剩余价值形成的实际过程"，作出了其他经济学家"都完全不可能作出的"工作即

---

① ［英］卡尔·波普尔：《猜想与反驳——科学知识的增长》，傅季重、纪树立、周昌忠、蒋弋为译，上海译文出版社 2005 年版，第 319 页。
② 《马克思恩格斯选集》第 2 卷，人民出版社 2012 年版，第 301 页。
③ 《马克思恩格斯选集》第 2 卷，人民出版社 2012 年版，第 303 页。

"确定了资本自身内部的区别","提供了一把解决经济学上最复杂的问题的钥匙","阐明了我们现在才具有的第一个合理的工资理论,第一次指出了资本主义积累史的各个基本特征,并说明了资本主义积累的历史趋势"。①

问题的选择,要体现以重大现实问题为主攻方向。任何重大的理论问题归根结底都是重大的现实问题;对重大现实问题的理论思考成果即重大的理论成果。从学术史来看,但凡学术繁荣昌盛之期,皆为学者们能够直面重大现实问题自由探索之时。梁启超以春秋末期到战国为中国历史上学术发展最鼎盛的时期,原因与标志之一也正在于此。② 中国素有经世致用的学术传统,这种经世致用的学术传统,用现在的话来讲,就是以重大现实问题为主攻方向的学术追求。马克思主义理论和思想政治教育学科,面对的重大现实问题极其之多。不勇于面对重大的现实问题,无法担负起学科建设的神圣使命。

在对问题的关注中,我们应当关注"新"问题、切准"真"问题、聚集"大"问题、重话"老"问题。一是关注"新"问题。在空前的社会变革中,新问题层出不穷。列宁曾经指出,在"异常剧烈的变化"面前,人们"自然而然地、不可避免地要产生'重新估计一切价值'……的趋向"。③ 当代中国同样如此。一系列的新问题,都可以也应当成为我们研究的对象。二是切准"真"问题。我们选择的问题应当是真的,是深刻的、复杂的,是反复出现在我们视野中的,是值得我们作为研究对象进行深入、反复与系统研究的。三是聚集"大"问题。这里的"大"问题,指关键性和基础性的问题。

---

① 《马克思恩格斯选集》第 2 卷,人民出版社 2012 年版,第 303—304 页。
② 梁启超:《论中国学术思想变迁之大势》,上海世纪出版集团 2006 年版,第 14 页。
③ 《列宁专题文集·论马克思主义》,人民出版社 2009 年版,第 160 页。

越是关键性、基础性的问题，它的意义越大，这是聚焦"大"问题的真正涵义。四是重话"老"问题。老问题在新的情况下会产生一系列的新问题；我们借助观察问题的新视角、新工具和新方法，在对老问题的重新审视中，也可以看出新的景象，得出新的结论。

当然，选题时还应考虑的是，要选择本学科视野中的问题。目前思想政治教育学科中，这方面存在的问题较多。以博士学位论文选题为例。在《思想政治教育发展报告 2010》中，我们曾专门发布研究报告，对 2000 年至 2009 年 10 年间思想政治教育学科的博士学位论文进行整体的研究分析，结果发现，在此间答辩通过的 306 篇博士学位论文中，有约 31%（96篇）的论文明显地可以归诸马克思主义哲学、科学社会主义、党史、伦理学、政治学等学科范围，以至于如果不注明专业名称和研究方向，根本分不清究竟是哪个学科的博士学位论文。这种情况的出现，与本学科研究方向的设置也有一定的关系。我们在《思想政治教育发展报告 2009》中曾发布有关调查报告，依据全国高校思想政治教育专业 2009 年博士生招生目录进行统计分析，结果发现，在思想政治教育学科博士学位授权点已经发展到将近 70 家的当下，人们对思想政治教育学科的边界到底在哪里的问题，仍然没有基本统一的持守。在当年博士生招生方向中，至少有 20 个研究方向明显地跨出思想政治教育的学科边界。① 从学术规范的角度而言，这些问题应当引起高度关注。

培养问题意识，一要深入实践，二要勤于积累。"积累是产生学科的'问题'意识，提出学科研究'问题'的基础。

---

① 沈壮海：《思想政治教育学科建设的关键词》，《思想理论教育导刊》2010年第 11 期。

在研究中，我们往往为找不到或找不准研究的问题而苦恼，其实这正是理论上积累不足，经验上缺少发现的表现，实践告诉我们，研究的问题，是理论积累和经验发现碰撞的产物，忽视其中哪一方面，都无法找出研究社会的'真问题'。"① 其间的道理也正如卡尔·波普尔所讲的那样："没有问题就没有知识，但是没有知识也就没有问题。这意味着知识始于知识与无知间的张力：没有知识就没有问题——没有无知就没有问题。"②

（三）研读规范

学术研究的过程，离不开对思想资料的研读。资料的研读过程，也需遵循相应的规范。恩格斯在 1859 年 8 月撰写的书评《卡尔·马克思〈政治经济学批判。第一分册〉》中写道："即使只是在一个单独的历史事例上发展唯物主义的观点，也是一项要求多年冷静钻研的科学工作，因为很明显，在这里只说空话是无济于事的，只有靠大量的、批判地审查过的、充分地掌握了的历史资料，才能解决这样的任务。"③ 恩格斯的这段论述，其实也揭示了研读资料过程中应当遵循的基本规范——"大量的"，即遍览资料；"批判地审查过"，即辨别资料；"充分地掌握"资料，即真正地消化资料。

遍览资料，即在条件允许的范围内，遍览与自己研究主题相关的所有资料。马克思指出："研究必须充分地占有材料，分析它的各种发展形式，探寻这些形式的内在联系。只有这项工作完成以后，现实的运动才能适当地叙述出来。这点一旦做

---

① 冯小双、李海富：《加强学科建设　回应伟大时代——"中国社会学的学科建设"学术讨论会综述》，《中国社会科学》1997 年第 5 期。

② ［英］卡尔·波普尔：《通过知识获得解放》，范景中、陆丰川、李本正译，中国美术学院出版社 2014 年版，第 62 页。

③ 《马克思恩格斯文集》第 2 卷，人民出版社 2009 年版，第 598 页。

到，材料的生命一旦在观念上反映出来，呈现在我们面前的就好像是一个先验的结构了。"① 这是马克思对研究过程规范与规律的概括，也贯穿马克思自己的所有研究过程——无论置身怎样的研究处境之中。1858 年 5 月 31 日，马克思于伦敦给恩格斯的信中写道："当我不在时，伦敦出版了麦克拉伦的一本关于全部通货史的著作；就《经济学家》的摘引看来，这是一本第一流的书。图书馆还没有，这些东西总是在出版了几个月以后才会到那里。但是，在完成我的论述之前，我当然应该把这本书看一遍。因此，我让妻子到西蒂区找出版商。但使我们吃惊的是，书价竟达九先令六便士，比我们整个'军费'金库所存还要多。因此我很希望你能把这笔钱用邮局汇票寄给我。也许这本书对我说来没有什么新东西；不过，由于《经济学家》的推荐和我自己读了这些摘引，我的理论良心不允许我不读这本书就写下去。"②

这种"理论良心"是一切真正的学术研究都需要具备的。马克思主义的理论大厦就是建立在这种"理论良心"的基础之上的。恩格斯在 1868 年 3 月初撰写的《卡·马克思〈资本论〉第一卷书评——为〈民主周报〉作》中这样写道："自从世界上有资本家和工人以来，没有一本书像我们面前这本书那样，对于工人具有如此重要的意义。资本和劳动的关系，是我们全部现代社会体系所围绕旋转的轴心，这种关系在这里第一次得到了科学的说明，而这种说明之透彻和精辟，只有一个德国人才能做得到。欧文、圣西门、傅立叶的著作现在和将来都是有价值的，可是只有一个德国人才能攀登最高点，把现代社会关系的全部领域看得明白而清楚，就像一个观察者站在高山

---

① 《马克思恩格斯选集》第 2 卷，人民出版社 2012 年版，第 93 页。
② 《马克思恩格斯全集》第 29 卷，人民出版社 1972 年版，第 316 页。

之巅俯视下面的山景一样。"① 马克思之所以能够达至"高山之巅",重要原因之一正在于他将自己的研究奠立在对相关研究成果详尽掌握的基础之上。

这种精神,对研究资料尽可能全面掌握的这种治学规范,贯穿马克思撰写《资本论》的全过程。《资本论》第一卷定稿于1867年3月,4月交给出版商,9月正式出版。在定稿到正式出版之间的几个月中,马克思仍然在不断地对书稿进行修改和补充,以至于把截止到1867年8月12日的最新经济资料都补充到了书中。② 列宁在这方面也为我们树立了光辉的榜样。从1915年起,列宁开始集中研究帝国主义问题。他从148本书籍(德文书106本,法文书23本,英文书17本和俄文译本2本)和刊登在49种不同的期刊(德文34种,法文7种,英文8种)上的232篇文章(德文206篇,法文13篇,英文13篇)中做了共约50个印张的摘录、提要、笔记等。③ 正是这种充分的资料准备和研究,为其写作《帝国主义是资本主义的最高阶段》奠定了坚实的研究基础,成就了这部被视为科学社会主义发展到列宁阶段主要标志的名篇力著。

遍览资料要求的是以开阔的视野广泛搜求与吸取,而不只是看本学科的成果,不只是在期刊网进行关键词搜索。恩格斯曾这样谈及自己从巴尔扎克《人间喜剧》中所得到的收获:"他在《人间喜剧》里给我们提供了一部法国'社会',特别是巴黎上流社会的无比精彩的现实主义历史,他用编年史的方式几乎逐年把上升的资产阶级在1816—1848年这一时期对贵族社会日甚一日的冲击描写出来,这一贵族社会在1815年

① 《马克思恩格斯选集》第2卷,人民出版社2012年版,第70页。
② 参见顾海良《马克思经济思想的当代视界》,经济科学出版社2005年版,第33页。
③ 《列宁选集》第2卷,人民出版社2012年版,第868—869页。

以后又重整旗鼓，并尽力重新恢复旧日法国生活方式的标准。他描写了这个在他看来是模范社会的最后残余怎样在庸俗的、满身铜臭的暴发户的逼攻之下逐渐屈服，或者被这种暴发户所腐蚀……围绕着这幅中心图画，他汇编了一部完整的法国社会的历史，我从这里，甚至在经济细节方面（诸如革命以后动产和不动产的重新分配）所学到的东西，也要比从当时所有职业的史学家、经济学家和统计学家那里学到的全部东西还要多。"[①] 从事马克思主义理论和思想政治教育的研究，一定要以开阔的视野观察思考问题，发现、分析一切有关的研究资料和素材。

辨别资料，即对海量的资料进行辨别。辨别资料的过程就是对思想、信息、知识进行"蒸馏提纯"的过程。这项工作越细致，我们所取得成果的质量就越能够经得起检验，"这蒸馏提纯越是彻底，制成品的纯净度越高"[②]。我们要辨别所搜集到的资料是正面的资料还是反面的资料，是原创的资料还是模仿的资料，是充分的资料还是残缺的资料，是深刻的资料还是肤浅的资料，是可靠的资料还是有待验证的资料，是权威的资料还是普通的资料，是典型的资料还是一般的资料。有了对资料诸如此类的分析，哪些资料能够进入、运用到我们的研究成果中，哪些应当抛弃，这个分寸就会把握得非常好了。辨别资料的过程中，要避免"只选取那些能够佐证自己的先验假设的资料，而有意忽视那些不利于证明自己的先验假设的资料"，"要尽量通过不同资料的相互印证来进行甄别；对前人通过调查获得的实证数据，要注意其获取数据的手段是否科学，其获取

---

① 《马克思恩格斯选集》第 4 卷，人民出版社 2012 年版，第 683—684、591 页。

② ［美］波尔泰编：《爱默生集》（上），赵一凡等译，生活·读书·新知三联书店 1993 年版，第 67 页。

数据的社会背景与本选题社会背景之间是否存在较大差异"。①

"消化资料"的过程，即将资料转化为自己"掌握了的东西"的过程。读书就像在知识的海洋里游泳，既要潜得下去，也要浮得上来，潜得下去就是要遍览，浮得上来就是要有自己的思考，要消化吸收。美国作家爱默生讲："书籍使用得当时，它是最好的东西。将它滥用的时候，则变成最坏的东西。怎样才叫作使用得当呢？那使用所有手段才可以达到的唯一目标究竟又是什么呢？它无非是要给人以启发。我宁可不读书，也不愿意任由书的引力把我拖出自己的轨道，以至于我从一个宇宙变成一颗卫星。世上唯一有价值的东西是活跃的心灵。"②爱默生此论的鲜明用意，正是提醒读书人应当带着自己的头脑、自己的思考去读书，要能够将书籍转化为真正"为我所有""为我所用"的东西。

（四）方法规范

运用什么样的研究方法和我们能够取得什么样的研究成果关系密切；方法创新是学术创新的重要枢纽。苏联生理学家巴甫洛夫谓"科学是随着研究法所获得的成就而前进的"，称研究工作中"头等重要的任务乃是制定研究法"。③ 梁启超甚至将西方近代以来文明进步的原动力追溯到培根，归功于培根归纳法的提出与应用。④ 方法创新与学术创新之间的内在关联，

---

① 教育部社会科学委员会学风建设委员会组编：《高校人文社会科学学术规范指南》，高等教育出版社 2009 年版，第 18—19 页。

② ［美］波尔泰编：《爱默生集》（上），赵一凡等译，生活·读书·新知三联书店 1993 年版，第 68 页。

③ 《巴甫洛夫选集》，吴生林、贾耕、赵璧如、刘本鉴译，科学出版社 1955 年版，第 49 页。

④ 梁启超：《论中国学术思想变迁之大势》，上海世纪出版集团 2006 年版，第 92 页。

也意味着，对一项研究成果，理解其研究方法，往往也是理解其成果内容的重要切入点。正因如此，马克思在邀请恩格斯为自己的《政治经济学批判。第一分册》撰写书评时，特别提出书评应当"谈一下方法问题和内容上的新东西"①。在为《资本论》法文版撰写的《序言和跋》中，马克思同样表达了他对自己政治经济学研究方法的特别关注，以及对其方法的理解和对其著作内容理解之间内在联系的关注。②

在遵循研究方法的规范方面，应当注意的是：其一，要有"方法意识"和"方法自觉"，切忌"无法而战"，也要避免随意杜撰所谓的研究方法。其二，要会"选方法"，要根据自己的选题选择运用最合适的研究方法。其三，要真正"用方法"，不能把研究方法像标签一样贴在那里。恩格斯在《致康·施米特》一信中曾经严肃地批评过"德国的许多青年著作家"将"唯物主义"作为"一个套语"，"当做标签贴到各种事物上去，再不作进一步的研究"③的现象。这一现象在当前本学科领域的研究中仍然存在；在对其他研究方法的使用中，此类贴标签的现象也同样多有存在。此类现象，均应避免。

（五）论证规范

论证的生命力在于其科学性。科学论证的对立面是非科学的论证。非科学的论证有哪些？有学者归纳为四类，即惯常法（此法诉诸习惯，传统以及先入为主的印象或观念，认为过去总是或曾经如此的事情，便是真实的或可信的）、权威法（此法诉诸权威——个人、团体或典籍，认为某方面的权威所说的

---

① 《马克思恩格斯全集》第 29 卷，人民出版社 1972 年版，第 442 页。
② 《马克思恩格斯文集》第 5 卷，人民出版社 2009 年版，24—27 页。
③ 《马克思恩格斯选集》第 4 卷，人民出版社 2012 年版，第 599 页。

事情，便是真实的或可信的）、直觉法（此法诉诸直觉，认为不可否认的自明之理或事，便是真实的或可信的）和推理法（此法强调推理或推论的可靠性，认为只要推理或推论是对的，所得的结论便是真实的或可信的）。[1] 陶德麟教授也曾撰文批评过一些不正确的论证方式。如，他指出："写论文决不排斥作者的感情，充满激情的作品常常更能掌握读者。但论文是不能靠感情做支柱的。'理直气壮'是对的，但'气壮'未必'理直'。一篇论文即使写得气壮山河，但如果在逻辑上不能成立，一驳就倒，也还是没有力量。有的同志喜欢在论文里写上许多'毋庸置疑'、'我坚决相信'、'这是无可辩驳的'之类的话，以为这样就能增加文章的力量，这实在是一种误解。""另一种毛病是以引证代替论证。……有的论文提出某个论点时，除了引权威人士的语录为'证'之外，自己并没有独立的论证，这就显得无力。从逻辑上说，这就是犯了'以权威为据'的错误。"[2] 这些论述，对于我们在学术研究过程中遵循论证规范、增强论证的严谨性与科学性具有非常重要的启发意义。

（六）行文规范

行文规范的一个重要方面是"通俗易懂"。只有通俗易懂，才有助于研究成果的传播、接受与应用转化。马克思主义的经典作家，在通俗易懂地表述自己的研究成果方面，为我们树立了光辉的典范。马克思在《资本论》第一卷第一版序言中便曾坦言："万事开头难，每门科学都是如此。所以本书第一章，特别是分析商品的部分，是最难理解的。其中对价值实

---

[1] 杨孝荣：《传播社会学》，台北：商务印书馆 1979 年版，第 70—71 页。

[2] 《陶德麟文集》，武汉大学出版社 2007 年版，第 964—965 页。

体和价值量的分析，我已经尽可能地做到通俗易懂。"① 在为
《资本论》第一卷第二版撰写的跋中，马克思还曾专门引用同
其观点完全敌对的《星期六评论》等刊发的对《资本论》的
有关评论来回击德国庸俗经济学空谈家们对其著作文体和叙述
方法的指责②，借此再次申明其著作在叙述方面对"通俗易
懂"的看重和追求。

行文规范的另一个重要方面是"文简意丰"，文字要尽可
能简洁，但表达的内容要尽可能丰富，"应该力争以较小的篇
幅容纳较丰富的思想，注意文字的'经济'"③。在行文中，还
要尽可能做到文字优美，"言之无文行而不远"。总之，在行
文的过程中，我们既要避免生涩，也应避免粗陋。

（七）署名规范

在研究成果的署名方面，基本规范即合作成果一定要确认
合作贡献，根据对成果贡献的大小确定署名次序。既不可侵吞
合作者的实质性贡献，也要避免出于各种动机的赠送署名。署
名不只是表明了署名者对成果的贡献，实质上也表明了署名者
将承担成果发表后的相应责任。

（八）引用规范

引用的意义表现在多个方面，如支撑自己的论证、表明自
己研究的学术方位、利于学术评价、提供验证的依据、方便读
者研习、防止抄袭失误，等等。恩格斯1883年11月7日撰写
的《资本论》第一卷第三版序言写道："最后，我说几句关于

---

① 《马克思恩格斯选集》第2卷，人民出版社2012年版，第81页。
② 《马克思恩格斯选集》第2卷，人民出版社2012年版，第90—91页。
③ 《陶德麟文集》，武汉大学出版社2007年版，第968页。

马克思的不大为人们了解的引证方法。在单纯叙述和描写事实的地方，引文（例如引用英国蓝皮书）自然是作为简单的例证。而在引证其他经济学家的理论观点的地方，情况就不同了。这种引证只是为了确定：一种在发展过程中产生的经济思想，是什么地方、什么时候、什么人第一次明确地提出的。这里考虑的只是，所提到的经济学见解在科学史上具有意义，能够多少恰当地从理论上表现当时的经济状况。至于这种见解从作者的观点来看是否还有绝对的或相对的意义，或者完全成为历史上的东西，那是毫无关系的。因此，这些引证只是从经济科学的历史中摘引下来作为正文的注解，从时间和首倡者两方面来确定经济理论中各个比较重要的成就。"① 在三年后为《资本论》第一卷撰写的英文版序言中，恩格斯再次谈到《资本论》中的引用问题："关于作者的引证方法，不妨说几句。在大多数场合，也和往常一样，引文是用做证实文中提出的论断的文献上的证据。但在不少场合，引证经济学著作家的文句是为了表明：什么时候、什么地方、什么人第一次明确地提出某一观点。只要引用的论点具有重要意义，能够多少恰当地表现某一时期占统治地位的社会生产和交换的条件，马克思就加以引证，而不管这种论点是否为马克思所承认，或者，是否具有普遍意义。因此，这些引证是从科学史上摘引下来并作为注解以充实正文的。"② 恩格斯的这些论述，不仅准确地向人们介绍了《资本论》中的引证方法，而且也深刻地阐明了引用在科学研究中所具有的重要意义。

引用的基本规范可以概括为：有择而引，引而有度；用而必引，凡引必用；引而必注，凡注必实。

---

① 《马克思恩格斯文集》第 5 卷，人民出版社 2009 年版，第 30 页。
② 《马克思恩格斯文集》第 5 卷，人民出版社 2009 年版，第 33 页。

"有择而引"。既然引文是反映自己研究所处学术方位、标明自己研究的学术高度的，那么，哪些该引，哪些必引，哪些不引，就必须仔细推敲。马克思在《资本论》中之所以很少引证德国经济学家的言论，正是因为在马克思看来，当时德国的政治经济学，"一直是外来的科学"，"它作为成品从英国和法国输入；德国的政治经济学教授一直是学生"。① 在1867年6月22日致恩格斯的信中，马克思还专门讲到了自己在《资本论》的一条注释中提到分子说时没有提到威·霍夫曼的原因即在于"他在这方面并没有什么发现，只是给这个学说增添了一点色彩，而提到洛朗、热拉尔和维尔茨，后者是这一学说的真正创始人"②。这些都是"有择而引"的典型案例。当下的研究中，不择而引的现象很多。原因在于心中没有一张清晰的学术地图。要弄清，在学术的版图中，哪里是高山，哪里是沟壑；在哪个地方，富集哪种资源；一种学术资源，哪里的品质最好。

"引而有度"，即引用不能过度。"用而必引"，指只要使用了非自己原创的内容，就必须标注为引用，用而不引是为抄袭。"凡引必用"，即引的一定是对我们有用的，也是在我们研究过程中真实使用的。"引而必注"，凡是我们加了引号的东西必须标出注释。

引用中还要坚持"凡注必实"。凡是注释的东西，应当是真实、确当的。在为《资本论》第一卷第四版撰写的序言中，恩格斯扼要介绍了《资本论》英文版及第四版出版过程中对引文的核对工作，并不惜笔墨地讲述了由于马克思著作中一条引文的准确性问题而引起的一场持续20年之久、"其结果是任

---

① 《马克思恩格斯选集》第2卷，人民出版社2012年版，第87页。
② 《马克思恩格斯文集》第10卷，人民出版社2009年版，第264页。

何人也不敢再怀疑马克思写作上的认真态度了"的论战。① 为了揭露一些人利用所谓的引文问题而对马克思的诽谤，恩格斯专门于 1891 年出版了《布伦坦诺攻击马克思。关于所谓捏造引文问题。事情的经过和文件》一著。从这些史实中，我们足可体会到看似简单的引用问题对于一个学者的严谨性、对于一个理论体系的科学性具有多么重要的意义。

（九）道德规范

学术研究必须严谨诚实。爱因斯坦曾经指出："大多数人说，是才智造就了伟大的科学家。他们错了：是人格。"② 人们经常颂扬一些大师级人物治学与为人的统一。这里的"为人"，自然包括大师们在整个治学过程中所体现的人格、学术道德和学术风范。马克思多次强调自己的研究"不是为了付印，而是为了自己弄清问题"③，"是多年诚实研究的结果"④。恩格斯也介绍马克思在制定剩余价值理论的过程中，"在他没有完全弄清这一理论的所有结论时，他坚决拒绝发表关于这一理论的任何材料"⑤。这些言论和事实，无不向我们展现了马克思严谨诚实的科学精神。在当前的学术研究中，一些研究者伪造数据、仿冒签名、虚报职称、急于发表尚不成熟的研究成果等，都是有欠严谨诚实的表现。

学术研究当以质量为先，深思、勤写、慎发。学术研究还当勇于创新。每一位学者都担负着推进创新的责任，这种责任

① 《马克思恩格斯文集》第 5 卷，人民出版社 2009 年版，第 44 页。
② 转引自美国医学科学院、美国科学三院国家科研委员会撰《科研道德：倡导负责行为》，苗德岁译，北京大学出版社 2007 年版，第 18 页。
③ 《马克思恩格斯选集》第 2 卷，人民出版社 2012 年版，第 1 页。
④ 《马克思恩格斯选集》第 2 卷，人民出版社 2012 年版，第 5 页。
⑤ 《马克思恩格斯选集》第 4 卷，人民出版社 2012 年版，第 637 页。

也是需要青年学者勇于担当的。爱默生曾讲："谦和温顺的青年在图书馆里长大，确信他们的责任是去接受西赛罗、洛克、培根早已阐发的观点。同时却忘记一点：当西赛罗、洛克与培根写作这些著作时，本身也不过是些图书馆里的年轻人。"①每位青年学者都既要虚心地吸收大师们的研究成就，也要立下成为大师的志向，以巨大的学术勇气探索新知，推动学术的创新发展。

在遵循学术规范的过程中，我们需要：知而行之，在形成对学术规范清晰认知的基础上，将这些规范要求真正贯穿到自己的学术研究活动之中；严于律己，严格按照这些学术规范来要求自己的学术行为，一如有的学者概括的那样：虐待自己，厚待同行，善待前人；由行及神，在遵循技术性规范要求的基础上，树立对学术精神的持守、对高远学术境遇的追求。

（本文原刊于《思想理论教育导刊》2012 年第 10 期）

---

① ［美］波尔泰：《爱默生集》（上），赵一凡等译，生活·读书·新知三联书店 1993 年版，第 67 页。

宏观思想政治教育学初论

宏观思想政治教育学及其建设，是笔者近年来在思想政治教育研究领域重点关注的问题之一。对于这一论题，笔者虽索思数年，时有随思片语见诸文字或学术会议发言①，学界也渐有关注与呼应②，然而，到底什么是宏观思想政治教育学？为

---

① 近年来，笔者在《推进思想政治教育学科建设的思考》（《思想理论教育》2006 年第 11 期）、《论思想政治教育理论研究的新范式与新形态》（《思想理论教育导刊》2007 年第 2 期）、《返本开新：思政研究的创新路径》（《中国教育报》2009 年 8 月 25 日）、《构建新形态的〈思想政治教育学原理〉》（《学校党建与思想教育》2010 年第 9 期）、《思想政治教育学科建设的关键词》（《思想理论教育导刊》2010 年第 10 期）等论文，及在为本人主编的《思想政治教育发展报告 2009》撰写的《弁言》中，对宏观思想政治教育学的建设问题多次扼要论及。此外，笔者在 2008 年 11 月 24—25 日武汉大学召开的"全国思想政治教育的创新与发展"研讨会上所作的题为《论思想政治教育理论研究的返本开新》的发言中、在 2010 年 5 月 20 日全国高校思想政治教育研究会学术委员会于复旦大学举行的"思想政治教育前沿问题研讨会"上所作的题为《宏观思想政治教育学思微》的发言中、在 2010 年 7 月 19 日教育部思想政治工作司指导、全国高校思想政治教育研究会主办的"首届全国高校思想政治教育专业博士生导师论坛"上所作的题为《思想政治教育学科建设的关键词》的发言中，也对宏观思想政治教育学问题进行了相应的探讨。发言的主要内容可见朱磊撰《"全国思想政治教育的创新与发展研讨会"综述》（《教学与研究》2009 年第 3 期），徐蓉等撰《"全国高校思想政治教育前沿问题研讨会"综述》（《教学与研究》2010 年第 7 期）等。

② 近年来，陆续有涉及宏观思想政治教育学问题的论文发表，如何志敏、卢黎歌《建立"宏观思想政治教育学"与"微观思想政治教育学"的思考》（《思想教育研究》2011 年第 1 期），鲁杰《思想政治教育学层次界划的若干问题研究》（《理论月刊》2009 年 11 期），鲁杰《传播、宣传与思想政治教育》（转下页）

什么要推进宏观思想政治教育学的建设？如何推进宏观思想政治教育学的建设？对于宏观思想政治教育学的建设中必须回答的这些基本问题，至今尚无专论。今就此试作"初论"，以求教于学界同仁。

一 思想政治教育学：微观何来

宏观思想政治教育学是在与微观思想政治教育学相对应的意义上提出的。因此，探讨什么是宏观思想政治教育学的重要方法和路径之一，便是对作为对应面的微观思想政治教育学的界说和分析。

微观思想政治教育学何在？当我们从思想政治教育学科与学术创新的意义上谈论宏观思想政治教育学及其建设的问题时，显然包含着一个基本判断：宏观思想政治教育学的发展，是对当下思想政治教育学的超越。那么，当下的思想政治教育学是否便是微观思想政治教育学呢？

考诸学术的历史发展与领域界分，谓之以"宏观"的学问，即着眼于整体、全局、战略等层面对相应对象进行的研究及其成果；谓之以"微观"的学问，即着眼于个体、局部、细节等层面对相应对象进行的研究及其成果。如宏观经济学"侧重于对国民经济总体的研究：不同产品、厂商及市场之间所存在的细微差异不在他们考察的范围之内。……对加总方法的运用以及对总消费、总投资和总产出等经济总量

（接上页）（《求实》2011 年 2 期）等。也有省级课题立项资助与此相关的研究，如陕西省 2008 年哲学社会科学基金项目"构建思想政治教育宏观、微观体系研究"等。

的强调，是宏观经济学区别于微观经济学的基本特征"①；宏观政治学侧重于"研究作为系统与整体的政治生活的外部的与内部的生态结构以及作为过程的政治演变与发展的规律"②，而微观政治学则侧重于"研究作为个体与群体行为体系的政治生活的行为结构与行为演变的规律"③。当我们以宏观与微观之"学"的上述区划尺度来审度当下的思想政治教育学时，不难发现，当下的思想政治教育学，呈现出浓厚的微观色彩。以教育者与教育对象、目标、内容、机制、原则、方法、内化与外化、疏通与引导、教育与管理等为基本话语体系而构建起来的思想政治教育学原理，虽然也有从宏观层面对思想政治教育地位作用等问题的探讨，但就其理论的基本视野、主要取向而言，则更多的是聚焦于作为具体教育活动的思想政治教育，以"教育者掌握的社会所要求的思想政治品德要求与受教育者思想政治品德发展状况之间的矛盾"为基本矛盾，以对人（个体）的思想政治品德形成发展与教育引导过程及规律的探讨为其理论体系的核心内容，着力于对思想政治教育活动展开及发展进程的理论抽象、理论说明。时至今日，学界关于思想政治教育学原理的探讨虽已极为丰富，但在整体上仍然突现着这些理论特征。这些理论特征，基于思想政治教育学原理在思想政治教育整个学科理论体系中的基础性、核心性地位，而渗化于思想政治教育理论研究的各个分支领域，从而使得作为整体的思想政治教育

---

① ［美］安德鲁·B. 亚伯、本·S. 伯南克、迪安·克劳肖：《宏观经济学》，任曙明、马强等译，机械工业出版社 2009 年版，第 9—10 页。

② 严强、张凤阳、温晋锋：《宏观政治学》，南京大学出版社 1998 年版，前言第 2 页。

③ 严强、张凤阳、温晋锋：《宏观政治学》，南京大学出版社 1998 年版，前言第 2 页。

学，即包括思想政治教育学原理及其诸分支理论领域在内的思想政治教育学，鲜明地呈现出"微观"的基本色调。

当下思想政治教育学的"微观"色调，形成于其以教育学为底色的学术史。思想政治教育归根到底是作为一种特殊教育形式的客观存在，与"思想政治教育"极其相近的"德育"在教育学领域中予以研究的悠久历史与丰厚积累，以及我国教育学的发展中对"思想政治教育"的相应关注①，等等，使得作为学科或学术体系意义上的思想政治教育学，在其创建之初，更多地偏向于对教育学的参照。

作为学科或学术体系意义上的思想政治教育学，发端于20世纪80年代中期，以思想政治教育作为学科专业在高等学校的正式设立为基本标志。② 成为思想政治教育学发展起步直接参照的教育学，则是与思想政治教育学发展起步大致同期的教育学，具体而言，是改革开放之后至20世纪80年代在中国的教育学。此期我国教育学领域最具代表性、影响最为广泛的著作，当推刘佛年主编的《教育学》（讨论稿）；北京师范大学教育学教研室编写的《教育学讲授提纲》；华中师范学院、河南师范学院、甘肃师范大学、湖南师范学院和武汉师范学院5所院校协作编写，后由王道俊、王汉澜主编的《教育学》；南京师范大学教育系编写的高师教育系专业基础课教材《教育

---

① 新中国成立后，我国一些教育学著作中曾设有思想政治教育的专门章节，如1978年，北京师范大学教育系教育学教研室编写的《教育学讲授提纲》（1978年以征求意见稿的形式出四个分册，1980年修订后出上、下册）第七、八、九章分别为"思想政治教育的意义任务和内容""思想政治教育的过程和原则""思想政治教育的途径和方法"。

② 1984年4月13日，教育部印发《关于在十二所院校设置思想政治教育专业的意见》，决定在部分高校设置思想政治教育专业，采取正规化的方法培养大专生、本科生和第二学士生等各种规格的思想政治教育工作专门人才，并提出，有条件的还可培养研究生。

学》；顾明远、黄济主编的中等师范学校教材《教育学》等。①
这些论著，以"教育学的对象与方法、教育的概念或本质、教
育与社会的关系、教育与人的关系、教育目的、学校教育制
度、课程、教学、德育、美育、学校管理等"② 稳定的结构体
系和集中的理论内容，基本确定了此期中国教育学发展的范
型，代表着此期中国教育学发展的最高水平，甚或有论者认
为，至今出于其右者仍然不多。

上述论著的深远影响不仅激荡于教育学界，至今回响不绝，
而且对思想政治教育学的诞生（仅就学术体系而言，不涉及学
科专业制度体系等），也起到了直接的孕化作用，为思想政治教
育学理论内容与体系的确立、发展浸入了深深的教育学底色。
这种孕化作用和底色意义，不仅渗透于两个学科相关代表性论
著的字里行间，而且还体现在诸多的方面。如：言说话语的相
通——教育者、教育对象、教育目的、教育方法、教育过程、
教育评价，以及任务与内容、过程、规律、原则、途径与方法，
等等，既是教育学及其德育论的言说话语，也是思想政治教育
学的言说话语；结构体系的相近——赫尔巴特《普通教育学》

---

① 刘佛年主编《教育学》（讨论稿）原系 1961 年 4 月中共中央宣传部召开高
等学校文科教材会议以后所编写的教育学教材，1979 年后由人民教育出版社再版，
累计发行 50 余万册。北京师范大学教育学教研室编写《教育学讲授提纲》1979 年
印刷，1980 年修订后再次印刷。华中师范学院、河南师范学院、甘肃师范大学、湖
南师范学院和武汉师范学院 5 所院校协作编写《教育学》1980 年由人民教育出版社
出版，后多次修订再版，共计发行 200 余万册；后由王道俊、王汉澜任主编，于
1988 年由人民教育出版社出版新编本第 1 版，次年出第 2 版。南京师范大学教育系
编写的高师教育系专业基础课教材《教育学》以 1980 年编的《教育学》为基础修
改而成，1984 年由人民教育出版社出版。顾明远、黄济主编的中等师范学校教材
《教育学》1982 年由人民教育出版社出版第 1 版，1987 年出版第 2 版。参见孙喜亭
《中国教育学近 50 年来的发展概述》（《教育研究》1998 年第 9 期）；瞿葆奎《中国
教育学百年》（中）（《教育研究》1999 年第 1 期）；郑金洲《改革开放 30 年的教育
学研究》（《教育研究》2009 年第 3 期）等文中的有关分析和评论。

② 郑金洲：《改革开放 30 年的教育学研究》，《教育研究》2009 年第 3 期。

所确立的以教育目的为起点①、以教育目的—教育过程—教育方法为基线的教育学体系，不仅是 20 世纪 80 年代中国教育学体系的基本依循，也通过此期中国教育学体系的影响，成为思想政治教育学理论体系的基本格式；理论旨趣的相似——此期教育学对教育本质、教育要素、教育目的、教育方法、教育过程、教育原则、教育规律、教育评价、教育管理等问题的理论兴趣、理论阐述方式，及对研究对象的界说、对教育过程的描述、对教育内容的分析、对教育规律的概括等，同样体现在思想政治教育学的理论建构中；学术印记的相因——受赫尔巴特关于教育学以实践哲学和心理学为基础②论断的影响，教育学研究中形成了探讨本学科与相关学科关系的学术传统，这种学术传统同样传承于思想政治教育学对自己学科关系与学科定位的关注中，基本上每种关于思想政治教育学原理的著作都要辟出专门的章节阐论思想政治教育学的理论基础或学科借鉴；资源借鉴的相亲——在对诸多理论问题的探索中，思想政治教育学的研究往往表现出对教育学研究成果的明显亲近感，极为注重对教育学（当然不只是 20 世纪 80 年代的中国教育学）思想资源的主动借鉴；③ 等等。除此之外，与本文论题直接有关的教育学对于思想

---

① 赫尔巴特著《普通教育学》的副题即"由教育目的引出的普通教育学"。见［德］赫尔巴特《普通教育学、教育学讲授纲要》，李其龙译，浙江教育出版社 2002 年版，第 1 页。

② 赫尔巴特认为："教育作为一种科学，是以实践哲学和心理学为基础的。前者说明教育的目的；后者说明教育的途径、手段和障碍。"见［德］赫尔巴特《普通教育学、教育学讲授纲要》，李其龙译，浙江教育出版社 2002 年版，第 207 页。

③ 如邱柏生教授在回顾自己参加《思想政治教育学原理》（指邱伟光、张耀灿主编的《思想政治教育学原理》，高等教育出版社 1999 年版）的编撰工作时，便这样写道："在笔者十余年前参编《思想政治教育学原理》时所撰写的'思想政治教育的过程和规律'一章中，曾提出思想政治教育过程要综合运用多种教学论的问题，当时的话语表述是：'思想政治教育过程的核心问题是有关教育论的综合作用的产物'，这在当时来说诚然是作为一种应然状态而期待的，并（转下页）

政治教育学的"孕化作用"和"底色意义",则表现在其为思想政治教育学浸染上了深深的"微观"色调。

之所以如此,正在于成为思想政治教育学底色的教育学即20世纪80年代的中国教育学本身便是"微观"的。对于此期教育学的微观性,教育学界多有阐论。如,有论者指出:"研究学校教育内部运动发展规律属于微观教育学范畴;把教育作为一个大系统、一个整体来研究属于宏观教育学范畴。传统教育学只研究微观教育,而不研究或很少研究宏观教育"①;"传统的教育学著作通常侧重于关注教育的目的、内容、手段和方法等微观层面问题,并且形成了一个固定的研究范式,这一学术框架的研究成果在促进教育学发展的同时也桎梏了教育研究的思考路向,忽略了对教育微观内容产生重大影响的宏观社会环境,也意味着教育研究在内容上对实现教育的各种外在条件的轻视"②;"教育学缺乏宏观研究,缺乏包含人生全过程和与

(接上页)且阐述得比较简单粗略,所列举教学论的理论口径也不一致,也没有提及更为具体和直接的一些教学论,如前苏联学者所提出的教学过程最优化原理、问题教学原理等,但现在看来这一议题依然有现实意义。当时曾经说明了包括实质教学论、形式教学论、生活教学论、结构教学论等不同理论的主要特征。比如,实质教学论认为,教学过程就是传授实用的知识和品德的过程,在掌握知识的过程中自然发展着受教育者的心理能力;形式教学论认为,教育过程主要是训练受教育者的心理能力(只是训练思维、想象、记忆等心理能力),传授掌握知识的手段;生活教学论认为,教育过程就是组织受教育者从自身的生活中学、'从做中学'、'从经验中学'的过程;结构教学论把教育过程的核心问题看成是课程问题,课程的核心是知识结构和智力结构问题。当时的意图就是希望思想政治教育过程能够成为综合各种教学论精神的复合过程。"(见邱柏生《思想政治教育学原理教学中若干理论难点探微》,《思想理论教育》2010年第5期)。这种"资源借鉴的相亲"还可从当下思想政治教育论著(含博士学位论文)的参考文献中看出。

① 游心超、侯晓明、郑年春:《宏观教育学导引》,《武汉大学学报》(社会科学版)1985年第5期。

② 李二福:《视野开阔 立意高远———评田刚研究员的〈宏观教育学实话〉》,《当代教育论坛》2010年第7期。

不同生活场所相关联的整体式教育视野"①。也有论者将教育学谓为"学校教学学"②。

教育学中这种微观性的形成，有着多种原因。一方面，这是赫尔巴特所开创的教育学传统的延续。赫尔巴特所开创的"普通教育学"实即以"教学"为核心内容的教育学体系，或可称之为"教学学"③。另一方面，这也与教育学在中国发展的独特境遇和进程有关。中国的教育学最初是20世纪初假道日本引进的西学，而引进的重要动力之一，即是在教育救国等思潮影响下服务于师范教育在中国的发展。亦如有学者所明确指出的那样："教育学的最直接和引进之初最急之'用'，是为师范学校的'教育学课程'的教学所'用'。"④ 由此而带来的直接影响便是"把作为人类知识总体中的一门学科的教育学，与作为师范学校课程之一的教育学混为一谈"；"教育学研究范围主要局限于普通教育中的中小学教育和学校教育。因为师范院校的学生以当中小学教师为职业定向。故教育学作为中小学教师的专业培养的课程内容，就与职业方向相对应。在教育学中，与其他类型和层级的教育——职业教育、高等教育、学前教育、成人教育、特殊教育等相对应的学科，相对都发展得较晚和较薄弱，而且在开始建设这些学科时，其中的原理部分、教学部分，往往从'普通教育学'中演绎而生"。⑤

当下思想政治教育学的"微观"色调，同样从这种微观

---

① 叶澜：《中国教育学发展世纪问题的审视》，《教育研究》2004年第7期。

② 项贤明：《教育学的学科反思与重建》，《教育研究》2003年第10期。

③ 有研究指出："从词源学的角度讲，国外'教育学'的名称，无论是英语国家的'pedagogy'，还是法语国家的'pédagogie'，德国国家的'pädagogik'，都与'教学论'更为相近，或说其原意就是'教学论'。"（见巴战龙《教育学的尴尬》，《读书》2003年第10期）

④ 叶澜：《中国教育学发展世纪问题的审视》，《教育研究》2004年第7期。

⑤ 叶澜：《中国教育学发展世纪问题的审视》，《教育研究》2004年第7期。

的"普通教育学"中演绎而生。

二 思想政治教育学：拓建宏观

时至今日，摆脱微观的局限，正越来越成为教育学发展的重要努力方向。在对教育学发展境遇与路径的考量中，不少学者尖锐地指出过教育学发展的"迷惘""尴尬""困境""危机""终结""失败""废墟"等诸种现象和问题。[①] 而微观性，则被视为导致教育学发展中上述问题的重要原因之一；与此相应，不少学者认为，教育学走出"迷惘""尴尬""困境""危机""终结""失败""废墟"的重要路径选择，即由微观而宏观，向"大教育学"转型，"以全部教育现象为研究对象"，"从整体出发为重建而谋划"，这是教育学"世纪新生的希望之路"。[②] 教育学只要"拓展成对作为人类实现文化传承与创造的机制研究的教育之学，作为实现父母必尽之责的教育之学和作为个人在不同人生历程和环境中实现创造、自我完善和有意义的人生所必不可缺的教育与自我教育之学，那么，教育学的发展方向、学科价值与地位就不会是如今的状态，它将成为人之成为人所必须的学问和能力之一"[③]。

---

① 参见吴钢《论教育学的终结》，《教育研究》1995 年第 7 期；刘铁芳《问题与期望：试论教育学的改造》，《河北师范大学学报》（教育科学版）1999 年第 1 期；项贤明《教育学的学科反思与重建》，《教育研究》2003 年第 10 期；赵蒙成《教育学的迷惘》，《读书》2001 年第 5 期；巴战龙《教育学的尴尬》，《读书》2003 年第 10 期；叶澜《中国教育学发展世纪问题的审视》，《教育研究》2004 年第 7 期；吴黛舒《中国教育学学科危机探析》，《教育研究》2006 年第 6 期等。

② 项贤明：《教育学的学科反思与重建》，《教育研究》2003 年第 10 期。

③ 叶澜：《中国教育学发展世纪问题的审视》，《教育研究》2004 年第 7 期。

坦率而言，教育学发展中面临的诸多困局和焦虑①，有些

---

① 这种困局和焦虑，反映在教育学界关于教育学发展的探讨中，诸如：做纯粹概念研究；漠视实践问题，缺乏实践意识；用外来的理论去诠释中国实践；用既定的理论程式去说明、"规范"实践（或者说理论与实践的彻底脱离；用"非实践性"的理论去联系实践）（参见郑金洲《中国教育学研究的问题与改进路向》，《教育研究》2004 年第 1 期）。考察中国教育学学科危机有两个主要的维度：与"中国"对应，表现为"中国性"缺失的危机；作为一门学科，表现为"教育学"的属性缺失的危机（参见吴黛舒《中国教育学学科危机探析》，《教育研究》2006 年第 6 期）。"千人一面""似曾相识燕归来"；未解决理论与实践、规律与政策、批判与继承、逻辑与历史等之间的关系（参见孙喜亭《中国教育学近 50 年来的发展概述》，《教育研究》1998 年第 9 期）。百年来中国教育学始终在本土与外来的冲突中、在传统与现代的激荡中、在与其他学科的砥砺中、在与教育实践的对话中艰难行进，谋求教育学的本土化、现代化、自主化、实践化。但是，由于这些问题一直未能得到有效的解决，在各种颇具颠覆性的后现代思潮的影响下，在激进的"超越"意识的驱动下，中国教育学似乎陷入了一种"无根"的"漂泊"状态。具体来说，这种"漂泊"状态主要表现在四个方面："去学科感""去科学感""去历史感""去实践感"（参见程亮《中国教育学：从"漂泊"到"寻根"》，《教育学报》2008 年第 3 期）。理论、学科及研究的范式危机；学术合法性危机；综合、整体性危机；双重裂解危机；以及"中国性缺失""学科性质模糊"和"独立性缺失"；教育学理论体系上的支离破碎、研究方向上的随意性、缺乏创学派的动力与激情、学术导向上的媚外倾向及学术规范意识淡薄等（参见杨小微《在中国教育学发展的"危机"中寻找"转机"》，《全球教育展望》2011 年第 7 期）。无用的教育学；"指令化"教育学和教育学"意识形态化"；不科学的教育学；不加批判地运用和西方中心主义；教育学中偏狭的民族主义（参见庄西真《由教育学问题说开去》，《湖南师范大学教育科学学报》2005 年第 1 期）。重范式、轻问题，重研究、轻反思，重范式之中的研究、轻基础与背景，重科学追求、轻人文努力等偏向，使教育学研究缺少了思想性、开放性、灵活性（参见刘铁芳《问题与期望：试论教育学的改造》，《河北师范大学学报》（教育科学版）1999 年第 1 期）。沦为别的学科领地（参见陈桂生《略论教育学成为"别的学科领地"的现象》，《教育研究》1994 年第 7 期）。一直受到"西方范式"和"苏联范式"的禁锢和困扰，长期没有形成属于自我独立的教育学范式（参见柳海民、林丹《困境与突破：论中国教育学的范式》，《东北师大学报》（哲学社会科学版）2007 年第 3 期）。教育理论思维的缺失（参见任永泽《教育学研究的理论思维》，《教育发展研究》2008 年第 3 期）。移植国外教育理论，缺少自己独立的思考；移植其他学科，失去了教育学研究的特性；依附政治，失去了教育研究的独立性；脱离现实，失去了问题的针对性（参见岳伟、胡志坚《教育学理论的贫困：反思与应对》，《辽宁师范大学学报》（社会科学版）2005 年第 2 期）。研究者在渴求学术发展的同时滞留于只（或多）"说"（教育）不（或少）"做"（研究）的怪圈；分支学科在各自分路掘进的同时却忽视了相互之间的协和共济；教育学（转下页）

是当下的思想政治教育学也客观面对、真切感受着的。这或许和思想政治教育学与教育学之间的孕化、底色关系有着密切关联——当然这只是原因之一。教育学界以走向宏观与整体为方向实现学科、学术"重生""重建"的呼吁和努力，对于以其为底色而成长起来的思想政治教育学的创新发展，无疑提供了富有价值的借鉴。尽管我们力倡宏观思想政治教育学并非跟着教育学界的主张邯郸学步、东施效颦，但这两种学术体系之间历史与现实的密切关联，总会将大致相同的理论难题与现实命运提置到两个不同学界的面前，从而使得其关于创新发展路径的探讨具有重要的相互启益作用。

同教育学一样，当下的思想政治教育学面临的诸多难题中，根本的问题在于理论与实践之间的隔膜，或者说是理论的"解题低效"①。我们虽可从多种角度寻找问题产生的原因，但其中一个重要方面即理论的微观性与实践的宏观性之间的矛盾。就本质而言，思想政治教育即一个社会主流意识形态建构、维护与发展的特殊政治实践活动。作为一种客观存在，思想政治教育具有极为丰富的存在形态和复杂的运行体系。它与人类社会政治活动的诞生共寓一体，又无处不存在于人类各种类型的政治形态之中；它与一个社会意识形态的发展变化密切贴合，又与这种社会意识形态的制度性、运动性实现相为一体；它具有自己的运行规律及发展变化的相对独立性，又从根本上受制于经济基础和社会存在；它有着关注的重点群体，又

（接上页）研究在借鉴"他者"的同时却隐现"自我"迷失的危机（参见程天君、吴康宁《当前教育学研究的三个悖论》，《教育研究》2006 年第 8 期）。此类文献还有不少。需要指出的是，这里所罗列的观点，有些反映在该文作者对有关情况的综述中，并非即是该文作者本人的观点。

① 沈壮海：《论思想政治教育理论研究的新范式与新形态》，《思想理论教育导刊》2007 年第 2 期。

指向于全体公民及公民的不同生命时段；它离不开以个体为对象的深入细致的研究、教育和引导，又离不开对整个社会意识形态发展变化、历史传统、阶段特征、影响因素、动态趋势的整体考量及有基于此的战略设计；它将国家机器掌握的一切教育体系纳入自己的运行系统，又调动着一切能够调动的社会体系加入关于"主旋律的合奏"；它表现为教育目的、教育内容、教育方法、教育者与教育对象等相互作用而推进的具体活动进程，又表现为依循相应的制度与机制而展开的复杂运行体系；它有着以明显的教育活动形式表现出来的方面，又有着多种多样以潜隐的形式发挥潜移默化作用的方面……显然，在如此多态多质、丰富宏大、高度复杂的思想政治教育客观存在面前，我们以特殊性质与形态的思想政治教育为聚焦对象、以具体的教育活动为关注焦点、以对教育过程相关问题的探讨为理论体系核心内容的思想政治教育学，显然以其研究对象的特殊性、局部性、具体性、个体性、细节性等，呈现出微观之学的鲜明特征。

基于部分和局部而生成的理论显然只能反映、解释、指导作为其实践基础的部分与局部，而不能反映、解释、指导整体与全局，不能满足整体与全局对理论反映、解释与指导的渴求；部分与局部总是在整体与全局中才突显其意义并真正富有效力地发挥作用的，由此也决定了仅基于部分和局部而生成的理论往往是不彻底的；基于部分和局部而生成的理论如若被视为全面地反映了应予以把握的整体对象时，既会遮蔽应有的理论视野，形成诸多的理论盲点，又会窄化推动理论发展的丰富实践泉源。近年来，学界关于思想政治教育理论研究与实践发展脱节、理论成果对客观现实解释力钝化、理论研究的选题困惑及低水平重复、理论研究参与围绕重大现实问题而展开的学术对话不力等感慨，都与上述问题有着密切关联。诸如此类问题的化解之道，即在于给思想政治教育的丰富宏观性存在以全面的理论反映，建设宏观的思想政治教育学。

宏观思想政治教育学即从宏观与整体上研究思想政治教育的学问。区别于微观研究对作为具体教育活动的思想政治教育的关注，宏观思想政治教育学着眼于作为社会主流意识形态建设特殊形式的思想政治教育；区别于微观研究对个体思想政治素质发展变化与教育引导的关注，宏观思想政治教育学着眼于整个社会意识形态的发展变化及主流意识形态的建构、维护和发展；区别于微观研究对思想政治教育内在运行过程的关注，宏观思想政治教育学着眼于思想政治教育与各个社会系统的互动，及思想政治教育的整体运行体系、制度与机制；区别于微观研究对思想政治教育具体推进的理论支撑，宏观思想政治教育学着眼于对思想政治教育创新发展的战略考量。

宏观思想政治教育学既可以理解为理论体系，也可以理解为理论视野。作为理论体系与理论视野的宏观思想政治教育学相互影响、呼应和支撑。作为理论体系的宏观思想政治教育学，即宏观思想政治教育学原理。这一理论体系当努力从宏观与原理的层面阐述思想政治教育的本质论、形态论、目的论、价值论、意识形态论、与社会大系统的关系论、决策论、制度论、体系论、运行论、管理论，等等。"一门科学提出的每一种新见解都包含这门科学的术语的革命。"[①] 宏观思想政治教育学原理的建设，需要我们从教育者与教育对象、目标、内容、机制、原则、方法、内化与外化、疏通与引导、教育与管理等话语体系中解放出来，围绕宏观思想政治教育学的理论内容，形成或引入相应的概念范畴，构建新的话语体系，阐述思想政治教育在宏观与整体层面的基本原理。宏观思想政治教育

---

① 《马克思恩格斯文集》第 5 卷，人民出版社 2009 年版，第 32 页。

学原理的建设，需要坚持总体性的研究方法，"注意总的联系"和"事物的总的概貌"，注意长时段与大范围的考察①，而不"陷入一种几乎是无休止、无结果的对枝节问题的思辨中"②。与总体性的研究方法紧密联系，在对宏观与整体的研究中，还需要注意从抽象上升到具体的方法的科学运用。因为在这里作为研究对象的宏观与整体，"当它在头脑中作为思想整体而出现时，是思维着的头脑的产物"，如果我们在研究的过程中不能够把它从精神上"具体再现出来"即从抽象上升到具体，从而使其再现为"许多规定的综合……多样性的统一"，"具有许多规定和关系的丰富的总体"，那么，摆在我们面前的便只是"关于整体的一个混沌的表象"，我们的研究也便只能"在分析中达到越来越简单的概念；从表象中的具体达到越来越稀薄的抽象"。③ 在这种情况下构建的宏观思想政治教育学，无疑会离其现实基础越来越远，成为空洞无物的玄学。

宏观思想政治教育学建设的意义，绝不止于构建形成相对完整的基本理论体系，更表现为它提醒我们以宏观的理论视野，去观察、思考、研究有着丰富宏观性存在的思想政治教育，以便看到更为丰富的景致，为思想政治教育学的理论建设，吸纳更多的理论与实践资源。在思想政治教育学的发展进程中，我们曾经长期囿于对思想政治教育"中国形态"的认

---

① 在致瓦尔特·博尔吉乌斯的信中，恩格斯这样写道："我们所研究的领域越是远离经济，越是接近于纯粹抽象的意识形态，我们就越是发现它在自己的发展中表现为偶然现象，它的曲线就越是曲折。如果您画出曲线的中轴线，您就会发现，所考察的时期越长，所考察的范围越广，这个轴线就越是接近经济发展的轴线，就越是同后者平行而进。"见《马克思恩格斯选集》第 4 卷，人民出版社 2012 年版，第 650 页。

② 《马克思恩格斯文集》第 10 卷，人民出版社 2009 年版，第 692—693 页。

③ 《马克思恩格斯选集》第 2 卷，人民出版社 2012 年版，第 700—701 页。

识而忽视甚或否认思想政治教育在不同社会形态中的普遍性存在，制约了我们的理论视野，也阻滞了我们的理论建设。这种局限当前虽已突破，但认识思想政治教育过程中的"教育形态"的局限即我们前文反复提及的主要将思想政治教育视为一种特殊的教育活动的认识局限，仍然比较明显地遮蔽着我们的理论视野。这种理论视野的遮蔽带来的消极影响，既表现为我们对教育体系之外的思想政治教育、对思想政治教育的众多社会实现形式等存在明显的理论盲点，也表现为我们在对国外思想政治教育进行研究和比较时，更多地以我们解读教育活动时惯用的地位、作用、目的、方法、途径等范型对其进行格式化的解读，更多地关注道德教育、价值教育、价值澄清等比较德育论所关注的理论流派，关注杜威、科尔伯格、拉兹·西蒙等比较德育论所关注的学者人物。实际上，当眼界打开之后，我们便会看到一个更加五彩缤纷的世界。如：1960 年前后，面对"在扮演世界角色的美国的影响力的诸方面，盟国和敌国对美国的经济发展、技术革新、贸易手段、文化吸引力及其庞大的盟国体系"提出的一系列挑战，美国人感觉到了其"世界角色的危机"。① 在这一背景下，美国兴起了一场关于国家目标的讨论。这是一场动员极其广泛的讨论。"1960 年春天，关于国家目标的话题在全美国的政治会议、开幕讲话、杂志专栏、新闻社论、广播和电视中随处可见。国家性组织将这个议题纳入议事日程，'美国老兵组织'把它定为夏季集会的主

———————

① ［美］唐纳德·怀特：《美国的兴盛与衰落》，徐朝友、胡雨谭译，江苏人民出版社 2002 年版，第 393 页。在该书中，作者曾生动地描述过美国人心目中的这种危机感："现实主义语出惊人的先锋汉斯·摩根索已经开始将美国称作两个世界上最强大的国家之一，认为它差不多与苏联旗鼓相当。'美国不再是世界上最强大的国家了，'他在 1957 年惊人地声明，'它在实际和潜在的军事力量上甚至无法与苏联匹敌。'摩根索在修订他在当时达属经典的作品《国家间的政治》时，删去了所有涉及美国的卓越地位的注释。"（见该书第 398 页）

题，总工会号召其全国 20 万成员对这个问题展开进一步讨论"；"各行各业都大力寻找国家目标。在历史界，奥斯卡·翰德林编撰了一部名为《美国的原则和问题：国家目标》的书。……著名科学家组成的一个委员会（其中包括玛格丽特·米德）在《科学》杂志上提出，应当重新认识'科学能够对国家目标做出什么贡献'"。众多"舆论界的老手：阿切博尔德·麦克利什，克林顿·罗西特，戴维·萨尔诺夫，比利·格拉汉姆，沃尔特·李普曼，阿德莱·史蒂文生，约翰·加德纳以及阿尔伯特·霍尔斯塔特……都加入了'一场国家辩论'"；"洛克菲勒兄弟基金会于 1956 年开始了一份长期计划，它的目的是'确定国家的目的和目标'"，并于 1961 年发表了题为《美国的前景》的研究报告；"总统竞选中也出现了这种讨论"，"两位主要的总统竞选人，约翰·F. 肯尼迪和理查德·M. 尼克松撰文阐述他们对于国家目标的看法"；"政府的顶层人物也开始寻找目标。艾森豪威尔总统在 1959 年 1 月的国情咨文中，呼唤能够指导这个国家及其人民的目标。1960 年初，艾森豪威尔召集了一个研究国家目标的总统委员会……其中包括了各个领域的学者和专家"，并于此后发表了题为《美国人的目标》的研究报告；美国《生活》杂志将这一场讨论称为"我们这一代人最重要的一场辩论"。① 从宏观的视野来看，对于这一场讨论及类似的问题，我们能否从思想政治教育的角度予以深入研究和解读呢？答案应该是肯定的。当眼界打开之后，我们完全可以突破认识思想政治教育时的"教育形态"的局限，基于丰富的事实和宏阔的观察，构建思想政治教育比较研究新的内容体系。与此同理，对思想政治教育历史发展、

---

① ［美］唐纳德·怀特：《美国的兴盛与衰落》，徐朝友、胡雨谭译，江苏人民出版社 2002 年版，第 393—397 页。

重大现实问题的研究等，也都会因宏观视野的确立而实现研究范式的转换与理论新形态的构建。

三 思想政治教育学：宏微并进

提出建设宏观思想政治教育学，是思想政治教育学当下阶段发展的产物。没有思想政治教育学二十余年来的发展和积累，包括以微观为基本色调的思想政治教育学的发展，以及具有一定宏观性的思想政治教育理论研究的逐渐推进，我们便无法真切地感知思想政治教育理论研究尚且存在的"无知之境"，也无法准确把握思想政治教育理论研究实现新跃升的努力方向，同样也没有构建宏观思想政治教育学的理论准备。概言之，微观思想政治教育学的日趋成熟，一些带有宏观性的思想政治教育研究的开展，为宏观思想政治教育学的整体建设与发展奠定了基础。

宏观思想政治教育学的建设，并不否定思想政治教育学在微观层面的发展。正如任何一种事物都有其宏观存在，也有其微观存在，既需宏观观照，也需微观审察一样，微观思想政治教育学与宏观思想政治教育学二者都是我们研究思想政治教育所需要的。微观思想政治教育学的建设，不仅不会因宏观思想政治教育学建设的推进而受到弱化，相反，宏观思想政治教育学的建设恰恰会为微观思想政治教育学带来创新发展的新契机。当下的思想政治教育学，虽然以微观为基本色调，但客观而言，其中也不乏宏观性的成分，是宏、微观杂糅于一体的。这种状况，既带来了宏观部分的明显薄弱，也带来了微观部分的有欠精微。宏观思想政治教育的建设，无疑会卸下当下以微观为基本色调的思想政治教育学对宏观问题时有顾盼的重负，促进专注于对微观问题的精深探索。事实上，仅就微观思想政治教育学的发展而言，也仍然有许多艰巨的任务需要面对。如，在原理层面，到底如何确立其理论体系？如何将原理与政策及其他应用层面的内容有效地区分开来？如何基于二十余年来的发展和积累，形成以内生性概念范畴等为主体的话语体系？① 如何更加准确深刻地概括人的思想政治素质发展变化及教育引导的规律？这些都是微观思想政治教育学的精细发展必须关注的重大基础性课题。

思想政治教育宏、微观之学是共生的。马克思指出："最一般的抽象总只是产生在最丰富的具体发展的场合，在那里，一种东西为许多东西所共有，为一切所共有。这样一来，它就不再只是在特殊形式上才能加以思考了。"② 宏观思想政治教育学的原理只有在思想政治教育的各种存在形态、形式与方面都得到最丰富发展的情况下才能获得最充分的发展条件。同样，思想政治教育各种存在形态、形式与方面的最丰富发展，也为以具体思想政治教育形态、形式与方面为研究对象的微观思想政治教育学的发展创造了条件、提出了需求。就此而言，

---

① 有研究者认为，教育学领域存在这样的情况："在研究方法上，教育从来没有确切的取向，传统上沿用哲学和心理学的成果。一方面是运用思辨的方法谈论教育本质、教育规律、教育中的主客体关系、教育与社会的关系等问题；另一方面是采用心理学的成果对学生身心发展规律的描述说明如何进行教学。在概念体系上，教育学基本借用哲学和心理学的词汇，如教育规律、教育本质、教学的主体和客体、人的发展、教学中的矛盾等等。这些概念并不是对教育活动的理论概括，而是教育学者的先验预设。由于哲学和心理学为不同的知识体系，这些概念很难在教育学的旗帜下获得协调一致的界定，所以从未被组织为一个逻辑的理论框架。因此，当教育学的陈述与教育实践的现实产生冲突时，人们便不知所措，因为这些理论既游离于现实，又不具备改造、组合和理解经验的理论功能。"（吴钢：《论教育学的终结》，《教育研究》1995 年第 7 期）思想政治教育学领域是否存在类似的现象？如何看待这类现象？这些问题需要我们思考。

② 《马克思恩格斯选集》第 2 卷，人民出版社 2012 年版，第 704 页。

思想政治教育的宏、微观之学共生于思想政治教育各种存在形态、形式与方面最丰富的具体发展。当下思想政治教育实践极为丰富的展开，为思想政治教育宏、微观之学的共同发展创造了广阔沃土。

思想政治教育宏、微观之学是互促的。同一学科中宏观、微观两种不同的学术发展向路与理论学说之间，总是相互促进而非相互冲突与削弱的。如宏观经济学与微观经济学，"鉴于宏观与微观、总量与个量，两者虽相互区别，却又相互依存，关系至为密切，即使当'宏'、'微'两种分别各自成为独立学科以后，其发展情况固然因时因地而互有缓急消长，但总的进程则是亦步亦趋、彼此呼应的"①。这是因为，对事物的宏观认识与微观认识，总是紧密地联系在一起的。恩格斯曾经指出：如果我们不知道构成"自然界或人类历史或我们自己的精神活动……这幅总画面的各个细节"，"我们……就看不清总画面"，而"为了认识这些细节，我们不得不把它们从自然的或历史的联系中抽出来，从它们的特性、它们的特殊的原因和结果等等方面来分别加以研究"。② 同样的道理，我们如果不能看清思想政治教育总画面的各个细节，便也看不清思想政治教育的总画面，要看清细节，就必须有精确的思想政治教育的微观研究。而问题的另一面则是，对事物的研究，如果"撇开宏大的总的联系去进行考察"，"只见树木，不见森林"③，则会陷入形而上学的思维方式。总之，看清"总画面"与看清"细节"在我们对事物的认识中互为条件、相互支撑。思想政治教育的宏、微之学也因其对"总画面"与"细节"的各自

---

① 张培刚、厉以宁：《微观宏观经济学的产生和发展》，湖南人民出版社1986 年版，第 23—24 页。

② 《马克思恩格斯选集》第 3 卷，人民出版社 2012 年版，第 395 页。

③ 《马克思恩格斯选集》第 3 卷，人民出版社 2012 年版，第 396—397 页。

集中关注而相互支撑、相互影响，共同推动着思想政治教育理论与实践的发展。

思想政治教育宏、微观之学的发展，需要努力与思想政治教育的实践发展相同步，与哲学社会科学乃至自然科学相关学科的发展同步。思想政治教育宏、微观之学的发展均需以高度的开放性广纳理论与实践的养料，这就需要向生动的实践开放，向与人和社会有关的各个学科领域开放。前文曾经提到，在多年的理论建设中，思想政治教育学的理论研究非常关注对思想政治教育学理论基础和学科借鉴的探讨。这种探讨的真正意义，不在于我们在教材中数目不等地列出若干条相关理论或相关学科的名录，而在于思想政治教育的理论研究能否与这些相关理论、相关学科的发展基本同步，能否基本同步性地将相关理论和学科与时俱进的新成果渗化入自己的发展——无论理论、方法还是视野——之中。要达到这一步，无疑需要我们付出极为艰辛的努力；但如果我们不达到这一步，则思想政治教育学的宏观无以立其宏阔，微观无以求其精微——处于这种状况中的思想政治教育学，便只能偏居一隅、自赏己芳了。

（本文原刊于《思想理论教育导刊》2011 年第 12 期）

论思想政治教育理论研究的
新范式与新形态

随着思想政治教育理论研究和学科建设发展的日渐深化，随着改革发展关键时期我国"经济体制深刻变革，社会结构深刻变动，利益格局深刻调整，思想观念深刻变化"[1] 所带来的思想意识领域一系列崭新课题的不断突显，我们究竟需要什么样的思想政治教育理论研究？思想政治教育的理论研究如何才能有效应对当代中国发展所面临的重大理论和实际问题？诸如此类的问题便极其明确地被提置到我们的面前。或言之，思想政治教育理论自身的发展、中国特色社会主义建设实践的推进和思想政治教育实践的推进，都向我们提出了一个无可回避的重要问题，即：在新的境遇中，我们究竟需要什么样的思想政治教育理论研究以及如何进行这样的思想政治教育理论研究？这一问题，是思想政治教育理论研究和学科建设必须关注的"基点"性问题、"元"问题；如何回应这一问题，事关思想政治教育理论研究和学科建设生命活力的大小，事关我们的研究是被实践提出的种种问题质问得"哑口无言"、被生动发展的实践远远地抛在脑后，还是根据

---

① 《中共中央关于构建社会主义和谐社会若干重大问题的决定》，人民出版社2006年版，第3页。

实践的发展变化获得与时俱进的发展、在引领实践中获得更深层次发展的动力和养分。

面对这一问题，我们有必要思考思想政治教育理论研究范式的转换以及思想政治教育理论新形态的建构问题。

一　思想政治教育理论研究已经形成了自己的范式

范式，语出托马斯·库恩（Thomas Kuhn，1922—1996）。在其名著《科学革命的结构》中，库恩以范式及其发展变化为基线阐述了科学发展的基本模式。本文所谓的范式，即相应学术领域中由基本学术旨趣、核心学术概念、主要研究方法、整体话语形态等所构成且为本学术领域的人们广为认可、遵循、持用的学术研究的范例、模式。从一定意义上讲，一个学术领域的研究范式，就是该领域学术研究在相应时期的基本特征总括，是该领域学术研究特征的重要标识。

范式不是先在的，它孕育、形成、确立于相应领域科学研究的发展进程中。在二十多年的学科化建设历程中，思想政治教育理论研究逐步由经验化走向科学化、由散在性走向系统性，逐步确立了自己的研究范式。思想政治教育理论研究范式确立存在着多种标志，如：思想政治教育的理论研究，确立了以探讨诸种思想政治教育现象、揭示思想政治教育的规律、丰富和完善思想政治教育理论体系、学科体系为核心的学术旨趣，确立了思想政治教育主体（或教育者）、客体（或教育对象）、内容、过程、方法、环境等为主要内容的核心概念系统，并基于这种概念系统，基于这种概念系统的运用，形成了以逻辑研究、理论演绎等为主的研究方法和叙述方法，这些方面，共同标识着思想政治教育理论研究话语形态的基本特点。

思想政治教育理论研究范式的形成，对于思想政治教育学术、学科的发展，意义深远。首先，思想政治教育理论研究范式的确立，是思想政治教育学科化发展的重要成果和重要标志。库恩在谈到范式之于科学发展的意义之时指出："取得了一个规范，取得了规范所容许的那类更深奥的研究，这是任何一个科学领域达到成熟的标志。"① 如果套用库恩之论，我们可以说，正是由于研究范式的形成，使得思想政治教育学进入了常规科学阶段。对于数十年以及当下仍然致力于思想政治教育学科化、科学化建设的同仁们来讲，这无疑是思想政治教育理论研究和学科建设的硕果。

其次，思想政治教育理论研究范式的确立，奠定了本学术领域深入发展的基点。范式的形成使得思想政治教育成为一种常规科学，而"'常规科学'是指坚实地建立在一种或多种过去科学成就基础上的研究，这些科学成就为某个科学共同体在一段时期内公认为是进一步实践的基础"②。常规科学为我们更加深入的研究确立了重要的基点和前提。正是基于业已确立的概念和方法体系，思想政治教育理论研究得以紧扣相对独立、相对稳定的研究对象，在本学科领域已经开辟的沃土上精耕细作，不断地将业已取得的研究成果推向更加精致。正如库恩所描述的那样："常规科学所研究的范围是很小的；我们现在讨论的常规研究，其视野也受到严格的限制。但这些因信仰范式而受到的限制，却正是科学发展所必不可少的。由于把注

① ［美］托马斯·库恩：《科学革命的结构》，金吾伦、胡新和译，北京大学出版社2012年版，第9页。
② ［美］托马斯·库恩：《科学革命的结构》，金吾伦、胡新和译，北京大学出版社2012年版，第8页。

意力集中在小范围的相对深奥的那些问题上，范式会迫使科学家把自然界的某个部分研究得更细致更深入，没有范式的指导这样做将是不可想象的。"①

最后，思想政治教育理论研究范式的确立，促成了本学科学术共同体的形成和发展。范式的特征之一就在于"它们的成就空前地吸引一批坚定的拥护者，使他们脱离科学活动的其他竞争模式"②。正是基于思想政治教育研究范式的确立，我们得以形成本学科领域的"共同理想"和"通用语"，从分散走向整体，构成一个相对紧密，可以进行广泛、深入交流的思想政治教育理论研究的学术共同体。也正是基于思想政治教育研究范式的确立，我们得以形成本学科领域传扬学术、培育人才的基本体系。"研究范式……主要是为以后将参与实践而成为特定科学共同体成员的学生准备的。因为他将要加入的共同体，其成员都是从相同的模型中学到这一学科领域的基础的，他尔后的实践将很少会在基本前提上发生争议。以共同范式为基础进行研究的人，都承诺同样的规则和标准从事科学实践。科学实践所产生的这种承诺和明显的一致是常规科学的先决条件，亦即一个特定研究传统的发生与延续的先决条件"③，"每一代新的科学家都从中学会如何从事这一行业"④。

---

① ［美］托马斯·库恩：《科学革命的结构》，金吾伦、胡新和译，北京大学出版社 2012 年版，第 20 页。
② ［美］托马斯·库恩：《科学革命的结构》，金吾伦、胡新和译，北京大学出版社 2012 年版，第 8 页。
③ ［美］托马斯·库恩：《科学革命的结构》，金吾伦、胡新和译，北京大学出版社 2012 年版，第 8—9 页。
④ ［美］托马斯·库恩：《科学革命的结构》，金吾伦、胡新和译，北京大学出版社 2012 年版，第 1 页。

二 思想政治教育理论研究面临范式危机

思想政治教育理论研究范式的确立，标志并促进了思想政治教育学科、学术的发展，但是，面对当下新的境遇和新的使命，思想政治教育理论研究也面临范式危机，主要表现在，我们在持用既有范式来解答经济社会的发展对思想政治教育提出的重要理论和实践问题之时，客观地感受着理论回应现实的钝性和乏力。

（一）定域关注

每一个范式都包含着它对本学术领域关注范围、关注标准的划定。"科学研究的区分，就是根据科学对象所具有的特殊的矛盾性。……对于某一现象的领域所特有的某一种矛盾的研究，就构成某一门科学的对象。"① 因此，范式对本学术领域关注范围、关注标准的划定，使得本学术领域的研究对象更加鲜明地突显出来，促成基于对研究对象特殊性的把握而深化相应的研究和探索。但是，范式对本学术领域关注范围、关注标准的划定，在该学术领域发展的一定阶段上，也会成为限制学术发展的阻碍。

当下的思想政治教育理论研究，便在一定程度上局限于多年来形成的研究范式所划定的关注范围之中，呈现出鲜明的"定域关注"倾向。如，在宏观和微观之间，当下的思想政治教育理论研究更关注微观而忽视宏观，即更关注作为一种具体教育活动的思想政治教育的运行及其发展，关注教育者、教育

---

① 《毛泽东选集》第 1 卷，人民出版社 1991 年版，第 309 页。

对象、教育内容、教育方法等之间的矛盾运动，基于这种关注而力求揭示思想政治教育的客观规律。对于思想政治教育更为宏阔的存在与发展，则尚未在自觉的层面上纳入关注的视野。在特定素质与素质整体之间，当下的思想政治教育理论研究更关注特定素质而忽视素质整体，即更关注思想政治教育素质的形成与发展、关注人的非智力因素的发展而相对忽视对人的素质的整体性存在、整体性提升与整体性发展的关注和研究。在内容和形式之间，当下的思想政治教育理论研究更关注形式而忽视内容，即更关注"为何教育""如何教育"的研究而相对忽视对"教育什么"的深层研究，等等。深化思想政治教育理论研究，增强思想政治教育理论研究回应重大理论和现实问题的能力，需要我们突破"定域关注"，将更多的景致纳入我们的理论视界。

（二）精细发展

日趋精细，可谓是新世纪以来思想政治教育理论研究的鲜明特征。这种精细，表现在对思想政治教育理论既有关注问题更加精微、细致的检视与探讨。从某种角度可以说，思想政治教育自学科化建设阶段起步之初起，或者说在本学科核心概念与基本理论分析框架确立之时起所涉及的概念、命题与基本理论，在20余年来的思想政治教育理论研究中，无不被一一检视，无不被一次一次地反复检视，以至于本学科的基本教材中所涉及的基本命题和基本理论，近些年来，无不被确立为本学科硕士、博士的学位论文选题，予以更加专深的探讨。精细发展推动了思想政治教育理论研究的深化，是思想政治教育理论发展的必经阶段，是思想政治教育专业化进程不断推进的重要标志。

基于特定范式而走向精细，是科学发展中的一个规律性的趋向。"在任何一门科学的发展过程中，最先接受的范式，通常会让人感觉到它对于科学研究者容易理解的大多数观察和实验，能给予相当成功的说明。因此，进一步的发展通常要求建构精巧的装置，发展出一套深奥的词汇和技巧，精练概念，使之不断地减少与它们通常的常识原型之间的相似性。这个专业化的进程，一方面使科学家的视野受到极大的限制，并使范式变化受到相当严重的阻碍。科学已日益变得僵硬。"① 精细化发展推动了思想政治教育的理论研究的精细和深化，但也使得思想政治教育的理论研究面临着日趋闭守甚或僵硬的危险，其重要表现便是当下思想政治教育理论研究中复杂概念的不断增多、论证的日趋繁琐、成果的日趋深奥。作为"经世致用"之学的思想政治教育理论，正在演化为远离生活和现实的"玄学"。我们为建构这种"玄学"所付出劳动的价值，在有些时候，显然远远"超越了它们本身并不总是很高的固有的价值"②。

（三）学院走向

与精细发展一致，思想政治教育理论研究正呈现出越来越强烈的学院化的发展取向，越来越多的思想政治教育学者致力于、满足于或局限于在"象牙塔"内构建自己的"精致科学"。理论和现实问题"走进学院"，是理论和现实问题获得理论把握和深刻解答的重要路径，是学科、学术发展的基本形式，但是，学科、学术一旦"学院化"，被困在"学院"之内予以构造与发展，则面临着巨大的危险。推动思想政治教育理

---

① ［美］托马斯·库恩：《科学革命的结构》，金吾伦、胡新和译，北京大学出版社 2012 年版，第 55 页。

② ［美］托马斯·库恩：《科学革命的结构》，金吾伦、胡新和译，北京大学出版社 2012 年版，第 55 页。

论研究学院化走向的，有多种动因。从客观角度看，与思想政治教育理论研究队伍的变化关系密切。"随着近年来思想政治教育学科建设的推进，思想政治教育理论研究队伍中由校门到校门的、'纯学生身份出身'的硕士、博士越来越多，他们或者从事思想政治教育实际工作的经历不足，或者根本没有从事思想政治教育实际工作的经历，缺乏思想政治教育工作的实践体验；在思想政治教育学科发展之初，根据学科建设需要加入研究队伍行列的思想政治工作人员，随着关注重点由实际工作向理论工作的转移，与思想政治教育实际工作逐渐疏远，对生动发展着的思想政治教育实践及其提出的新问题、产生的新经验感受不多。研究队伍构成的这种变化，使得当前的思想政治教育理论研究越来越'学院化'。"[①] 从主观角度看，"还在于一部分思想政治教育理论研究者不能正确地理解学术性与政治性的关系，刻意保持与现实、与思想政治教育实践的距离，以期通过这种方式保持自己作为一个学者的独立思维，提升自己研究的学术性。……使得一些思想政治教育的理论研究逐渐游离于思想政治教育实践之外，失去其实践性，失去对思想政治教育实践独特矛盾的感知、理解和把握"[②]。思想政治教育理论研究"学院化"的重要标志，是近年来思想政治教育理论研究中"学科体系意识"的日渐浓烈、"问题意识"的日趋淡漠，越来越多的研究，不是以经济社会发展给思想政治教育提出的重大理论和实践问题为起点、为主攻方向，而是以基本的概念、范畴为起点，以构建相对完整的理论体系、学科体系为主攻方向。

[①] 沈壮海：《思想政治教育的文化视野》，人民出版社 2005 年版，第 323—324 页。

[②] 沈壮海：《思想政治教育的文化视野》，人民出版社 2005 年版，第 324 页。

（四） 解题低效

步入常规科学阶段的思想政治教育理论研究，正如同其他步入这一阶段的科学一样，成为"一项高度累积性的事业"，着力于"扩展科学知识的广度和精度"① 并卓有成效，然而，却在助益于思想政治教育实践发展方面、在解答思想政治教育面临的重大理论和现实问题方面，客观上表现出一定程度上的乏力。20 世纪 80 年代末，邓小平曾经反复指出："我们最近十年的发展是很好的。我们最大的失误是在教育方面，思想政治工作薄弱了，教育发展不够。我们经过冷静考虑，认为这方面的失误比通货膨胀等问题更大"②，"十年最大的失误是教育，这里我主要是讲思想政治教育，不单纯是对学校、青年学生，是泛指对人民的教育。对于艰苦创业，对于中国是个什么样的国家，将要变成一个什么样的国家，这种教育都很少，这是我们很大的失误"③。他还尖锐批评经济发展和思想政治工作"一硬一软不相称，配合得不好"④。在世纪之交，江泽民同志谈到思想政治教育时也明确指出："这二十多年特别是十四大以来的思想政治工作，为促进改革、发展、稳定，为夺取现代化建设的胜利，提供了强大精神动力和重要政治保证。同时也应指出，在思想政治工作方面，我们也有过教训，一段时间内曾经发生过邓小平同志批评的抓经济建设一手比较硬、抓思想政治建设一手比较软的现象。对新时期思想政治工作如何加强和改进，缺乏深入的研究和有效的

---

① ［美］托马斯·库恩：《科学革命的结构》，金吾伦、胡新和译，北京大学出版社 2012 年版，第 44 页。

② 《邓小平文选》第 3 卷，人民出版社 1993 年版，第 290 页。

③ 《邓小平文选》第 3 卷，人民出版社 1993 年版，第 306 页。

④ 《邓小平文选》第 3 卷，人民出版社 1993 年版，第 306 页。

手段。"① 在新世纪新阶段，我们仍然不得不承认的是，思想政治教育与新形势新任务不相适应问题客观存在、不少薄弱环节客观存在。对于这些论述中被持续反复提及的问题，以及人们常常感叹的思想政治教育低效问题的原因，我们可以从环境、条件、队伍、机制等方面给出丰富的回答，但是，我们同样应该深刻感受到的是，思想政治教育理论研究应该进一步更多地关注我们所面临的重大理论和现实问题，应该进一步提升其回应重大理论和现实问题的能力。

综上，思想政治教育理论研究面临着范式危机。思想政治教育的理论研究要在生动发展的实践面前继续持有强大的生命活力和理论穿透力，要实现新的提升和发展，就必须认真思考研究范式的转换问题。

三 思想政治教育理论研究范式转换的方向

任何一门科学，都是在范式的不断转换中实现自己的前进的。范式转换是成熟科学通常的发展模式，"是科学革命所赖以转动的轴心"②。因此，我们提出思想政治教育理论研究范式的转换，并不是否定思想政治教育理论研究的丰富成果，而是期盼思想政治教育理论研究的新发展和新成就。

新范式的确立无法预设，只能在新的研究实践中形成和发展。然而，我们虽无法对思想政治教育理论研究的新范式给出具体详细的概括，但却应当而且可以对新范式应该具有的基本

---

① 《十五大以来重要文献选编》（中），人民出版社 2001 年版，第 1329—1330 页。

② ［美］托马斯·库恩：《科学革命的结构》，金吾伦、胡新和译，北京大学出版社 2012 年版，第 28 页。

特征给出粗略的描述。

（一） 中国立场

新的范式，应当更加鲜明地张扬思想政治教育理论研究的中国立场。当今的中国，置身于经济全球化的迅猛激荡之中，面对着维护社会主义意识形态安全、社会主义文化安全的严峻课题。正如江泽民同志所指出的那样："世界多极化和经济全球化的深入发展，引起世界各种思想文化，历史的和现实的，外来的和本土的，进步的和落后的，积极的和颓废的，展开了相互激荡，有吸纳又有排斥，有融合又有斗争，有渗透又有抵御。总体上处于弱势地位的广大发展中国家，不仅在经济发展上面临严峻挑战，在文化发展上也面临严峻挑战。保持和发展本民族文化的优良传统，大力弘扬民族精神，积极吸取世界其他民族的优秀文化成果，实现文化的与时俱进，是关系广大发展中国家前途和命运的重大问题。"[1] 我们的理论研究，当旗帜鲜明地聚焦中国问题、关切中国利益。

思想政治教育理论研究的中国立场，还表现在它植根当代中国的深厚土壤，并基于这种独特的实践而滋育学术自性。与其他人文社会科学的发展一样，近些年来，思想政治教育的理论研究在拓展国际视野、增强世界眼光方面迈出了可喜的步伐，但与此同时，也在一定程度上出现了"盲目崇外""盲目借鉴"的现象，出现了对西方相关理论的迷信和简单依附。在积极吸纳国外学者先进思想理论成果的同时，我们有些学者往往未能科学地辨析国外学者思想中的得与失，未能更加深入地思考这些外域的思想理论成果与当代中国思想政治教育的历史传统、本质属性、现实要求之间的距离，而简单盲目地根据这

---

[1] 《江泽民文选》第 3 卷，人民出版社 2006 年版，第 399—400 页。

些思想理论中的一些论点、一些主张来指责、评论当代中国的思想政治教育，并依此开出自己医治中国思想政治教育问题的各式各样的"处方"；简单地主张"思想政治教育的国际化"，并在对西方相关概念、理论的简单借用中谋求所谓的"思想政治教育国际化"的实现。这种在中国的思想政治教育与国外尤其是西方学者德育理论的对照中来"查找"中国思想政治教育的"问题"，在对西方学者德育理论的演绎中寻找解决中国思想政治教育问题的对策与出路的做法，以及在对西方相关概念和理论的简单借用中研究思想政治教育、推进"思想政治教育国际化"的做法，显然无助于推动具有中国风格与中国气派、符合中国需要的思想政治教育理论和实践的发展，也与思想政治教育理论研究所当持有的中国立场相异。①

（二）世界眼光

强调新范式应当持有鲜明的中国立场，并不表明我们的研究可以忽略研究视野的开阔性、开放性或者世界性。思想政治教育理论研究应当具有世界眼光，其基本内涵在于：第一，以对思想政治教育普遍性存在的确认为前提，在更为宽广的视域中考察它的各种存在形态，总结经验，把握规律，为我所用。第二，在复杂多变的世界背景中考察当代中国的思想政治教育，把握其特殊性，探讨其可能和应有的发展路向。当今世界是一个高度一体互动的世界，世界的发展离不开中国，中国的发展也离不开世界。在经济全球化席卷全球的同时，借助现代信息技术的应用和发展、伴随经济互动一体的推进，思想文化领域潮起潮落，往往具有世界性。我们

---

① 参见沈壮海《思想政治教育的文化视野》，人民出版社 2005 年版，第321 页。

无由截断中国社会思潮、思想文化、观念、心理与世界的往来互动，便必须承认、厘清这种往来互动，并基于这种大的背景或实态，确立当代中国社会主义核心价值体系引领多样化社会思想的有效方略。

（三）问题意识

新的思想政治教育理论研究范式，应当以对问题的发现、回应为研究的基点，而不是以学科体系的建构和完善为研究的基点。问题是公开的、无畏的、左右一切个人的时代声音。问题就是时代的口号，是它表现精神状态的最实际的呼声。在发现问题、回应问题与发展理论、建构体系之间，发现问题、回应问题更具有第一性、前提性，学科体系只能在对问题的有力回应中才能得到科学的建构，舍此无他。正如马克思所指出的那样，一个时代的迫切问题，有着和任何在内容上有根据的因而也是合理的问题共同的命运：主要的困难不是答案，而是问题。

思想政治教育理论研究对"问题"的关注，应当关注"新"问题、切准"真"问题、聚集"大"问题，同时也应该重话"老"问题。"新理论意味着支配常规科学原来实践的许多规则要发生改变。因此新理论必不可免地要对他们已经成功地完成了的许多科学工作加以重新审视。……新理论的同化需要重建先前的理论，重新评价先前的事实，这是一个内在的革命过程。"① 在确立思想政治教育理论研究新范式的过程中，我们需要以新的视野关注已有的问题和已有的成果，返本以求开新。

---

① ［美］托马斯·库恩：《科学革命的结构》，金吾伦、胡新和译，北京大学出版社 2012 年版，第 5—6 页。

（四）学术思维

新的思想政治教育理论研究范式，应当更加鲜明地张扬学术思维。在当下的研究中，学术思维的缺失正极大地困扰着思想政治教育理论研究的发展。如满足于注释、汇编与组合，将思想政治教育学实质上演化为"寻章摘句"之学；不击问题、止步于形式，将思想政治教育学实质上演化为修辞写作之学；回避社会现实、躲进概念，将思想政治教育学实质上演化为空洞玄学；人云亦云、不假思索，将思想政治教育学实质上演化为传达宣传之学；等等，都是学术思维缺失的重要表现。

我们所应张扬的学术思维，包括问题的学术定位、致思的学者立场、研究的学术精神以及对学术责任和社会责任的自觉担当。问题的学术定位，指的是以学术角度分析思想政治教育的客观实践；致思的学者立场，指的是以学者眼光探讨思想政治教育问题；研究的学术精神，指的是以求真务实、创新创造的学术精神，探索思想政治教育的规律与发展问题；对学术责任和社会责任的自觉担当，指的是研究对服务社会和人生目标的持守，对社会主流意识形态和民众思想政治素质提升的真切关注。思想政治教育理论研究的学术思维以其上述具体内涵而实现其科学性与政治性的高度统一。

（五）科际整合

在研究方法上，新的思想政治教育理论研究范式应当在更高层次上实现科际整合，即实现思想政治教育理论研究的多学科聚焦，实现多学科方法在思想政治教育理论研究中的深层次交融。"道德教育是个需要多学科共同研究的领域，仅仅通过一门学科来探讨这一领域既是有限的，也是危险的。"① 科尔伯格之所以能在道德教育领域作出杰出的贡献，有学者认为其重要原因之一即在于其对多学科理论和方法的深入掌握："在研究生学习期间，科尔伯格也受到了良好的研究方法训练。他十分熟悉实验心理学家和实验社会学家所使用的实验与调查方法以及设计与统计程序。格威斯称赞'他是一位十分优秀的方法学家'，并回忆他曾专门集中一段时间学习格特曼（Louis Guttman）和拉扎斯费尔德（Paul Lazarsfeld）的量表方法。总之，科尔伯格在研究生期间所学习的各种理论和方法，为他以后的进一步研究奠定了坚实的基础。"② 对于相比道德教育内涵更为丰富、更具有复杂性的思想政治教育而言，多学科的聚焦更有其内在的必然。在当下，思想政治教育理论研究对多学科理论与方法的吸纳与运用，应当走出简单的"概念移植""方法套用""体系嫁接"等误区，进入新的层面和新的境界。

四　基于新范式的思想政治教育理论新形态

新的思想政治教育理论研究范式的形成和确立，将催生思想政治教育的理论新形态。从整体而言，这种新的思想政治教育理论形态，以当代中国思想政治教育实践及其创新与发展研究为核心基点、以"论"（思想政治教育基本理论研究）、"史"（思想政治教育历史发展研究）、"比较"（思想政治教育比较研究）为主要支撑。

---

① 转引自戚万学《冲突与整合——20 世纪西方道德教育理论》，山东教育出版社 1995 年版，第 55 页。
② 郭本禹：《道德认知发展与道德教育》，福建教育出版社 1999 年版，第 8 页。

（一）核心基点

以当代中国思想政治教育实践及其创新与发展的研究为思想政治教育理论研究新形态的基点与核心，与前文所述及的中国立场、问题意识等是相为一致的，也体现了"以我国改革开放和现代化建设的实际问题、以我们正在做的事情为中心，着眼于马克思主义理论的运用，着眼于对实际问题的理论思考，着眼于新的实践和新的发展"① 的精神和取向。我们要破除思想政治教育理论研究的学院化倾向，必须走出书斋，步入生动火热的实践中，从中发现问题，努力作出有针对性有说服力的回应。我们强调思想政治教育理论研究的科际整合，而科际整合的基点，也正在于提出需要多学科共同关注的思想政治教育重大理论和现实问题。就此而言，以当代中国思想政治教育实践及其创新与发展的研究为思想政治教育理论研究新形态的基点与核心，实质上也是事关思想政治教育理论新范式能否得到确立的基点和核心问题。

思想政治教育实践及其创新与发展的研究，内容极其丰富，包括思想政治教育面临的新形势、新任务、新课题与新思路的研究，以及不同领域思想政治教育创新与发展的研究，等等，此不赘述。

（二）主要支撑

新的思想政治教育理论形态，以当代中国思想政治教育实践及其创新与发展研究为基点与核心，同时以"论"（思想政治教育基本理论研究）、"史"（思想政治教育历史发展研究）、"比较"（思想政治教育比较研究）为主要支撑。三者作为支

---

① 《十五大以来重要文献选编》（上），人民出版社 2000 年版，第 13 页。

撑，共同致力于推动思想政治教育理论研究回应重大理论和现实问题能力的提升，推动当代中国思想政治教育实践及其创新与发展的研究的深化。其支撑意义和生命活力，也得以彰显。

思想政治教育基本理论的研究，包括思想政治教育理论基础的研究、思想品德的个体发生发展研究、意识形态的社会发生发展研究，以及进一步推进的思想政治教育本体论、目的论和方法论的研究。对于思想政治教育基本理论研究，我们需要基于新的研究范式打通宏微观。从某种意义可以说，近些年来我们的思想政治教育学所建构起来的，主要是"微观思想政治教育学"，它关注的是作为一种具体教育活动的思想政治教育，关注的是教育者、教育对象、教育内容、教育方法等之间的矛盾运动，关注的是个体如何内化社会的思想政治要求，成为具有相应思想政治品格的人。"微观思想政治教育学"为我们深刻把握思想政治教育活动的具体进程及其矛盾运动，提供了丰富而细腻的理论准备，但是却薄弱于对这种教育活动的社会性、整体性的宏观把握，而宏观把握的缺失，则必然反过来影响我们对具体教育活动微观把握的精确性。因此，在肯定思想政治教育学的微观建构的同时，我们必然面临着拓建"宏观思想政治教育学"的任务。"宏观思想政治教育学"关注的是作为一种社会运动的思想政治教育，关注社会意识形态发生发展的阶段、过程和规律，关注主流社会意识形态的建构及其主导性的确立与维护、发展，关注社会核心价值体系对多样化社会思想的引领和调控，关注的是整个社会的思想政治教育机制建构及其运行。"宏观思想政治教育学"的建构，将助益于我们对思想政治教育的整体把握，也助益于"微观思想政治教育学"的深化发展。

思想政治教育历史发展的研究，包括思想政治教育理论史与实践史的研究。通过历史发展的研究，探讨思想政治教育理论与实践发展的基本历程、基本经验、主要教训和客观规律。思想政治教育历史发展的研究是为现实研究服务的，是对现实研究的支撑。思想政治教育比较研究同样如此，我们的目的是在比较中，拓宽视野、发现问题、切准规律、服务现实。

库恩在其《科学革命的结构》中曾经写下了这样一段话："从现代编史学的眼界来审视过去的研究纪录，科学史家可能会惊呼：范式一改变，这世界本身也随之改变了。科学家由一个新范式指引，去采用新工具，注意新领域。……在革命之后，科学家们所面对的是一个不同的世界。"① 我们呼唤着思想政治教育理论研究的新范式，也期待着看到思想政治教育理论研究的新世界。

（本文原刊于《思想理论教育导刊》2007 年第 2 期）

---

① ［美］托马斯·库恩：《科学革命的结构》，金吾伦、胡新和译，北京大学出版社 2012 年版，第 94 页。

思想政治教育学科的新自觉与新未来

　　经过30年的磨砺与发展，思想政治教育学科已经站在一个新的历史节点上。在这一历史节点前后，学科建设本身应当如何推进，已经成为持续多年的学科研究中的一个热点。如果我们把不同学科中关于学科的自我审视性文献作一个计量性的比较，可能会发现，马克思主义理论学科、思想政治教育学科在这方面的文献或许最多。学科建设本身成为研究的热点，与我们这个学科的历程、学科的特性等有着密切关系。这种关于学科本身的研究，有其积极意义，它让我们在关于"我们是谁""我们在做什么""我们应当做什么""我们怎样才能更好"等一系列学科基本问题的发问与答问过程中，一步步深化对学科的理解，增强学科自觉。这是思想政治教育学科更富有激情与理性地面对未来、开创未来的重要前提。

　　实际上，思想政治教育学科之所以能够在短短30年的时间里获得飞跃性的发展，离不开我们在学科建设方面的自觉。这种自觉，表现为我们学科的前辈们为推动思想政治教育进入学科体系的不懈努力；表现为思想政治教育学科对社会责任、政治责任的自觉担当；表现为我们的同仁对学科理论体系的持续建构、对人才培养规律的积极探索。正是基于这种自觉，思想政治教育学科才能够在30年前应运而生，才能够在这30年里顺潮而动，赢得学科的空间、声誉和地位。学科自觉的这些方面，应当贯穿到我们学科未来发展的每一阶段。

站在新的历史节点上，我们还应当为思想政治教育学科的建设注入新的自觉，以新的自觉推动学科的新发展，开创学科的新未来。我们所应有的新自觉，尤其表现为自觉地植根生动实践、夯实基础理论、拓展宏观视野，表现为自觉地走入历史深处、直面数据时代以及对学科自性的坚定持守。

一 更加自觉地植根生动实践

实践是学术之本，也是学科之本。对于理论性与实践性并重的思想政治教育学科而言，实践更是时刻都不能离开根本。30 年前，思想政治教育学科能够起步，离不开强劲的实践需求；起步之后的学科之所以能够顺利推进，也离不开老一辈学科开创者深厚的实践体验及有实践厚度的理论素养。老一辈的学科开创者们，大都是出身于思想政治教育战线的实际工作者，大都是经由实践的历练而进入了学术殿堂。

现在，学科要植根实践、要理论联系实际是人文社会科学领域非常响亮的口号，也被我们学科的同仁时常挂在口边。但是，我们也应当看到的是，随着学科化程度越来越高，思想政治教育的学科领域实际上对实践的关注越来越少。实践中的问题，越来越难以进入学科专家的中心性学术议题，正在为不少"越来越纯"的学科专家所忽视、漠视。与此同时出现的，还有不少的基于思想政治教育实践而正在成长的研究者们，因对所谓理论与学术的误解，急于将自己的双脚从鲜活的实践土壤中拔出而力求迈上"专业化"之路，学着用一些半生不熟的"南腔北调"去发表所谓的"学术见解"。诸如此类的现象，显然与本应深深植根于生动实践的思想政治教育学科理论建设，与理论联系实际的学术原则、学风要求等，都是不一致的。

正因如此，在新的起点上，进一步增进植根实践的自觉，仍是我们的学科和学者所应当高度关注并积极践行的。其一，增进植根实践的自觉，要在学科领域中普遍地强化关注实践、植根实践的意识。许多人将关注实践、植根实践，视为学科建设和理论研究服务于实践的前提，其实，还应看到的是，这更是学科建设和理论研究获得生命活力的前提。离开对实践的关注，我们便只有更多地在文本中找问题；我们经常讲的"以问题为中心的研究"，往往会流于自问自答；我们对问题的解答，便不可能通透，不可能一语道破天机、一针见血。在这种情况下，理论对实践的引领和服务，只能因理论本身的苍白而流为空谈。其二，增进植根实践的自觉，还包括增进自觉关注、回应实践提出的重要理论和现实问题的意识和勇气。实践提出的重要理论和现实问题，包括新的建设实践对思想政治教育的形式、方法、技术、机制等提出的各种各样的问题，也包括新的建设实践提出的相关理论问题。这些理论问题，实质上就是具体呈现出来的思想政治教育的内容问题。只停留在形式、方法、载体等层面打转转而不及具体内容的思想政治教育研究，是不完整的，也将因其对内容的"闭目不见"而直接制约其所津津乐道的形式、方法等的有效性。改革开放之初，邓小平同志曾批评过一种现象："有相当一部分理论工作者，对于社会主义现代化建设实践中提出的种种重大的理论问题缺乏兴趣，不愿意对现实问题进行调查和研究，表示要同现实保持距离，免得犯错误，或者认为没有学术价值。"① 这种现象，

---

① 《邓小平文选》第 3 卷，人民出版社 1993 年版，第 40 页。

现实中仍然存在较广。在各种社会思潮空前激荡的当下，自觉地参与到重要理论和现实问题的研究中，有理有据地评析、回应相关社会思潮的挑战，努力促进社会理性的健全与增进，是思想政治教育研究者自觉植根实践的表现，也是思想政治教育研究者应当承担起的学科责任与社会责任。其三，增进植根实践的自觉，还要着力确立长效有力的机制，包括调查研究的常态机制、理论与实践的对话机制、学科专家的实践体验与研修机制等。调查研究的常态机制，要实现的是理论研究者对思想政治教育实践进展的深入了解、系统把握。思想政治教育学科当下常有的调查研究，多为对不同人们思想政治状况的调查研究，重在就人们的思想政治状况施诊把脉（这当然极为重要），但还应当有的，是对思想政治教育实践状况的调查研究。建设起以不同类型的、丰富的思想政治教育实践典型为对象的思想政治教育实践调查网络并开展常态化的调查研究，将会对思想政治教育的学科建设、理论研究乃至人才培养产生历史性的推动。这也是理论与实践对话机制、学科专家实践体验与研修机制得以确立、运行的重要前提。有了这种自觉的意识、有效的机制，思想政治教育的理论研究和学科建设，才能够真正地植根实践、"贴地飞翔"。

二 更加自觉地夯实基础理论

基础理论之所以是"基础"，在于其呈现着相应学科领域最基本的学理共识、研究范式、言说方式，学科理论体系以之为原点、内核而扩展、丰富，学术共同体中的成员以之而形成自己在学科专业领域方面的"看家本领"。一个学科确立与成熟的最根本标志，不是官方文件的规定，不是大学系科的设立，而是其基础理论的确立与成熟。一个学科成熟的基础理论，具有相对的独特性、稳定性及在知识领域的广域流通性。相对的独特性，在其对自己独特的研究对象实现了透彻的理论掌握和理论反映，或对相应研究对象作出了具有自己独特性的理论掌握和理论反映。相对的稳定性表现在所形成的理论成果以其基本性、原理性而能够在一个比较长的时间周期内具有理论效力——任何有生命力的学科理论体系，都具有不断创新发展、因时而进的整体特点，但其基础理论则应具有相对的稳定性——常变的"基础理论"，不是真正的"基础理论"；真正的基础理论的变化，往往意味着学科理论的根本性变革、突破性发展。在知识领域的广域流通性，指的是所形成的基础理论不仅是本学科领域的共识，而且作为本学科领域的共识，能够被众多的其他学科知识体系所肯认，借采运用。

30 多年来，思想政治教育学科开展了艰辛而又卓有成效的理论建设，形成了一批标志性的理论成果，学科理论已然渐成体系。然而，从学科、学术发展的历史进程来看，30 年显然是一个短之又短的时段，30 年历史的学科显然尚且处于学科发展的幼年时期。正因如此，基础理论的涵育孕化，仍然是思想政治教育学科建设应当关注的核心性课题。换言之，思想政治教育学科的基础理论，目前远未达到可以轻言成熟的时候。参照成熟的学科基础理论所应具有的基本特点，可以看到，思想政治教育学科在研究对象、概念范畴等方面，均未达成学科内的广泛共识；本学科基础理论中的一系列关键性问题，如人们思想政治素质形成发展的规律、对人们思想政治素质教育引导的规律等，尽管取得了丰富多样的阶段性成果，但要形成学科内广泛认可的、透彻明晰的原理性阐述，仍然需要付出大量的学术努力。在学科理论建设的进程中，我们以开放的视野与心态从不同学科的理论成果中吸吮营养，但是现阶段我们能够拿出且可以广泛流通于学界的"知识硬通货"仍然不多。这些状况说明，学科设置30多年后的今天，在思想政治教育学科理论的建设中，我们仍需静下心来，把基础理论的建设摆在首要的位置。目前的理论研究中，已有不少人忙于"建构"各种各样的"思想政治教育……学"，其间肯定会有不少新创获，但是，在基础理论这一学科理论的根系与主杆尚不充分发达的情况下所开展的诸如此类的种种"建构"，无异于瓶中的插花，只能图一时的应景与艳丽罢了。

夯实基础理论需要回到基础。这里所讲的"基础"，尤其表现在两个方面。一是要回到思想政治教育的"理论基础"即马克思主义理论，在对经典的反复"再读"中厘清马克思主义为思想政治教育的理论与实践所确立的原理性依据，增进思想政治教育学人及实务工作者运用马克思主义理论分析问题、解决问题的"看家本领"。二是要回到思想政治教育理论的实践基础，基于对思想政治教育实践的透彻把握而强化理论建构的透彻性、理论成果的透彻性。实践中的思想政治教育以多种多样的形态存在着。面向学生的，面对教师的，面对工人的，面对农民的，面对军人的，面对社会大众的；现实时空中的，网络空间内的；日常工作中的，突发危机时的……对这些不同形态思想政治教育的理论研究进行得越充分，淬炼思想政治教育基础理论的炉火也便越旺。

三　更加自觉地坚持宏微并重

宏观与微观是相对的范畴。对于思想政治教育学科的理论建设而言，宏观与微观同等重要。宏观给我们的理论以开阔视域、整体思考、系统把握；微观给我们的理论以精致细密、精确深入。思想政治教育存在于社会大系统之中，着力支撑社会大系统的良性运行，又受制于社会大系统的发展变化。游离于社会大系统之外，思想政治教育便没有存在的价值，没有运行的基础。与此相应，没有宏观的视野，我们就看不清思想政治教育的"总画面"，没法实现对思想政治教育的整体把握。思想政治教育直指人心，其所要实现的，或者说其一切目的所赖以实现的条件，是人内在心灵的建设。一切理念梦想、信念感召、理论学说，不经由人的心灵，不在人的心灵深处扎根，都会瞬间远去，不能转化为现实的力量。而思想政治教育直指人心的过程、思想理论植入人心的过程，是极为具体、细致、精妙的过程。没有掌握这一过程的基本原理，思想政治教育的有效开展，同样会成为一句空话。概言之，思想政治教育学科的理论建设，既需要宏观拓展的向度，也需要微观开掘的向度。这两个向度的理论建设，同样应当贯穿于思想政治教育基础理论的建设。

多年来我们所推进的思想政治教育理论建设，主要是以微观的向度为重心的。关于思想政治教育过程的展开、教育者对教育对象的认识把握、教育对象的心理特征与思想活动规律、教育者与教育对象的互动、教育对象的接受机制等的探讨，都是沿着这一向度所开展的富有意义的理论建设。这一向度上的理论建设，面临的重任在于更加精细化、科学化，不满足于对思想政治教育中微观问题的粗线条探讨，努力在个体思想政治素质形成发展及其教育引导规律等关键性问题上实现突破性进展，为思想政治教育的有效开展确立精准的微观基础。

宏观向度的思想政治教育理论建设，或者说拓展思想政治教育理论建设的宏观视野，在学科建设的新进程中应当给以更多的自觉关注。① 这种宏观的理论视野，表现为更自觉地关注全景、关注整体，在关注作为教育活动的思想政治教育的同时，关注作为党的事业重要组成部分、作为特殊政治实践活动的思想政治教育，在关注个体品格建设的同时，关注社会品格、民族品格、国家品格的建设，关注社会主流意识形态的发展变化、巩固创新。对于当代中国而言，我们的学科要自觉地锁定社会主义核心价值观建设这个重大主题。把社会主义核心价值观的理论讲透是建设，把社会主义核心价值观深深地植入人心，也是建设。这两个方面，都应当成为我们的学科关注的主题。这种宏观的理论视野，表现为关注思想政治教育的社会生态，关注思想政治教育与社会大系统的互动，关注中外思想文化交流交融交锋的时代格局。高度的开放、空前的互动，是当今时代的一个重要特征。公元 1042 年（庆历二年），欧阳修撰《本论》分析为什么"尧舜三代之际""虽有佛而无由入"时，曾列原因之一是其时人们"终身不见异物，又奚暇夫外慕哉?"② 当今时代，早已非"尧舜三代之际"。置身于网络时代的人们，随时随地都可以观察世界的风云变幻、感受思想大潮的起伏涨落。中外都在着力推进的教育国际化进程，更把如何直面国际化问题提置为思想政治教育理论与实践的重要议题。当越来越多的年轻一代远渡重洋时，如何让他们时刻装着一颗"中国心"? 面对越来越多国际学生的涌入，如何在他们心里也增进当代中国"了不起的善意储备"（约瑟夫·奈）? 这些都应该成为我们关注的大课题。这种宏观的理论视野还表现为，我们要在关注

---

① 关于宏观思想政治教育学、思想政治教育理论研究的宏观视野等问题的具体分析，可参见拙文《宏观思想政治教育学初论》，《思想理论教育导刊》2011 年第 12 期。

② （宋）欧阳修:《欧阳修全集》第 2 册，李逸安点校，中华书局 2001 年版，第 289 页。

"小众"培养的同时，自觉关注大众的引导。这里的"小众"，指的是思想政治教育的专业人才，"大众"指的是多质多态存在的社会公众。我们要精心培养好思想政治教育专业的学生，传递给他们如何去做思想政治教育的道理和技能，同时思想政治教育专业的同仁也要能够面对不同领域的社会大众，去做相关思想理论问题的解疑释惑工作。做不到这一点，我们就是一个教学生们游泳但自己不会游泳的教练。如果真是这样，那么，我们也只是一个教不出优秀游泳选手的教练。

四 更加自觉地走入历史深处

历史是智慧的承载体。它启示着人们更深地认识善恶美丑、是非曲直，思考人类社会前行的规律，探索开创新的事业的进路。章太炎曾谓："历史譬一国之账籍，彼夫略有恒产者，孰不家置一薄，按其薄籍，而即了然其产业多寡之数。为国民者，岂可不以一披自国之账籍乎？……且历史非第账籍比也，鉴往以知来，援古以证今，此如弈者观谱，旧谱既熟，新局自创。"又云："史在各种学问中，可喻之为皮板，羔裘豹饰者，爱毛而不爱皮板，抑知无皮板则毛何所丽？"[1] 章氏之喻，揭示了对历史的学习对于一国之民熟悉本国文明成果、开创文明新局的作用，也点明了史学在各种学科体系中所具有的基础性意义。思想政治教育学亦然。在这一学科体系中，"史"是不可或缺的组成部分；在这一学科领域的从业者中，"史"也应是其必备专业理论与知识体系中的重要内容。

---

[1] 章太炎：《读史与文化复兴之关系》，载赵宇飞主编《中国人的文化自信》，扎学堂书局 2014 年版，第 5、7 页。

"史"的研究，在思想政治教育学科起步之时起，便为学界所关注，至今也已经推出了不少有分量的教材和论著。但从整体上看，在思想政治教育理论研究、历史研究、比较研究、实践研究、跨学科研究等诸研究领域中，历史的研究与比较的研究等，均显薄弱。2008 年，笔者曾对改革开放 30 年间思想政治教育领域的著作进行过专门的文献计量分析，其中关于思想政治教育史的著作仅占同期思想政治教育研究著作总数的 4%。① 近年虽有新著陆续问世，但在思想政治教育的整体研究格局中仍然属于问津者少的"冷门"。在思想政治教育的学科建设、理论研究与人才培养中，需要进一步增进对"史"的自觉关注程度与该领域的建设力度。这关系到思想政治教育学科的历史厚度、思想深度与现实穿透力。

思想政治教育学科关于"史"的研究，多年来的重心聚集在党的思想政治教育史。增进本学科对"史"的自觉关注程度与建设力度，需要继续在这一领域深耕细作，开展创新性的研究，充分展现中国共产党思想政治教育的优良传统与丰富成果，展现思想政治教育在中国共产党发展进程、中国革命建设改革进程中的地位作用，展现民族复兴的新的历史进程中思想政治教育的使命和任务。与此同时，需要进一步拓展研究的领域和视野，同时关注思想政治教育的思想史、制度史、实践史，关注思想政治教育的马克思主义史、中国古代近代史及外国的相关思想史、制度史、实践史。其一，深化马克思主义思想政治教育理论史、社会主义运动中思想政治教育史的研究，揭示马克思主义关于思想政治教育基本原理形成发展的历史进程及其科学内涵、世界社会主义运动

---

① 沈壮海：《改革开放以来思想政治教育理论研究的学术版图》，《思想理论教育导刊》2008 年第 11 期。

中思想政治教育的实践展开及其经验教训，展现当代中国马克思主义在马克思主义思想政治教育理论史上贡献的新成果及其意义等。其二，深化中、外思想政治教育史的研究。思想政治教育的概念虽然是中国共产党人的创制，但是这一实践活动却普遍性存在。我们要看到思想政治教育在不同的历史时空中、社会制度下性质与内容等的明显不同，但不能因指称这一实践活动的概念的独创性而否认其存在的普遍性。多年来，学界对中国共产党之外的、名之以不同称谓的思想政治教育关注不够，与这一认识或心态有关（甚或也有因这种概念的独创性而对思想政治教育学科的存在与发展缺乏自信）。对中国思想政治教育史的深化，要着力于对中国古代德教传统的深入开掘，着力于对中华优秀传统文化的创造性转化、创新性发展。2014 年 9 月 24 日，在纪念孔子诞辰 2565 周年国际学术研讨会暨国际儒学联合会第五届会员大会开幕会上，习近平总书记在讲到中国传统文化的历史发展及其特点的时候，曾把对教化的注重作为中国传统文化的三个特点之一。他指出："儒家思想和中国历史上存在的其他学说都坚持经世致用原则，注重发挥文以化人的教化功能，把对个人、社会的教化同对国家的治理结合起来，达到相辅相成、相互促进的目的。"[1] 他还强调："中国优秀传统文化的丰富哲学思想、人文精神、教化思想、道德理念等，可以为人们认识和改造世界提供有益启迪，可以为治国理政提供有益启示，也可以为道德建设提供有益启发。对传统文化中适合于调理社会关系和鼓励人们向上向善的内容，我们要结合时代条件加以继承和发扬，赋予其新的涵义。希望中国和各国学者相互交流、相互

---

① 习近平：《在纪念孔子诞辰 2565 周年国际学术研讨会暨国际儒学联合会第五届会员大会开幕会上的讲话》，人民出版社 2014 年版，第 5 页。

切磋，把这个课题研究好，让中国优秀传统文化同世界各国优秀文化一道造福人类。"① "这个课题"，显然是思想政治教育学科所应当自觉承担的。对于外国以政治教育、公民教育、价值教育、道德教育等多种形态存在的思想政治教育，我们同样可以而且应当从思想的层面、制度的层面、实践的层面对其历史发展开展深入研究，批判借鉴，以为己用。有了这种以党的思想政治教育为重心而又通观思想政治教育整体的史学建构，我们也才会有对各种形态思想政治教育最大限度的丰富而深入的认识，更好地切近对社会主流意识形态发展变化规律、人们思想政治素质形成发展规律、思想政治教育发展变化规律等的深刻把握。

五 更加自觉地直面数据时代

对于信息化时代、网络时代对思想政治教育的影响，多年来人们研究甚多。信息时代、网络时代是海量数据便捷传输与利用的时代。网络是信息时代的载体，数据是信息时代的内容。近年来，人类社会面对的数据量的激增已经不能再用"爆炸"来描述。所以，不少人提出，我们已经进入一个"大数据"的时代。虽然对于"大数据"时代，人们还有颇多争议，还在讨论大数据的"红与黑"、大数据是"天使还是魔鬼"，但不容否认的是，我们面对的数据量正越来越大——IBM 的研究称，整个人类文明所获得的全部数据中，有 90% 产生于过去的两年；大数据在商业、教育、社会等领域的运用越来越深

---

① 习近平：《在纪念孔子诞辰 2565 周年国际学术研讨会暨国际儒学联合会第五届会员大会开幕会上的讲话》，人民出版社 2014 年版，第 7 页。

地影响我们生活的许多方面。①

技术发展本身将客观带来意识形态方面的效应，直接影响着人们的思想活动、思维方式，也直接影响着思想政治教育的理论研究与实际开展。可以说，大数据时代的到来及其客观带来的诸多现实效应，便是思想政治教育必须直面的新的时代场景、作用对象、发展条件。概括而言，从思想政治教育的角度来看，大数据是客观的背景，是分析的对象，也是研究的工具。所谓"客观的背景"，指大数据现在逐渐成为人们的一种生活场景，成为我们面对的一种现实环境，对人们的思维方式、价值观念都产生着一系列的影响。所谓"分析的对象"，指人们的思想、观念、价值取向等会通过一系列的行为展现出来，而这些数据，各个方面的数据，就是记录、记载、反映人们思想观念、价值取向的重要载体。利用好大数据，是我们准确了解人们思想观念发展变化或当下实际样态的重要依据。因而，我们要把大数据作为分析对象来看待，要把和人们的思想观念、价值判断、价值追求等有关的大数据直接作为我们研究应该关注的分析对象来看待（有人感慨地说自己的研究缺乏数据。其实我们缺的不是数据，而是发现数据的眼睛和运用数据的工具）。所谓"研究的工具"，指的是大数据也为思想政治教育的研究乃至思想政治教育的实际开展提供了许多现代技术的支撑。

直面大数据时代，我们应当深入研究大数据对人类思想活动、思维方式的影响，研究大数据对思想政治教育实务、理论研究、人才培养等创造的新条件、提出的新课题，认真思考思

---

① 参见《大数据成国家基础战略资源 政府数据互联共享促产业腾飞》，中央人民政府门户网站（https://www.gov.cn/zhengce/2015 - 08/20/content _ 2916507. htm），2015 年 8 月 20 日。

想政治教育如何研究大数据、运用大数据、构建大数据等问题。如，从理论研究角度讲，我们如何从思想政治教育学科的角度，通过研究相关大数据，实现我们对人的思想过程与行为规律、对社会思潮生成发展变化的规律、对舆论引导应对的规律等作出更切近的揭示（即"研究大数据"）？如何通过对大数据的分析，发现社会思潮、心理、情绪、舆论等的实际态势与整体趋向，提出具有针对性的理论引导与实务对策？如何运用大数据实现思想政治教育的个性化开展，把孔夫子提出的"因材施教"基于现代技术落实得更巧妙？如何培养面向未来的思想政治教育专业人才，使他们具有大数据背景下从事本领域理论与实务的过硬素养（即"利用大数据"）？如何基于顶层设计推进我们的学科与实务必须依赖的核心性大数据的建设（即"构建大数据"）？如此等等，都是关系我们的学科能不能与时代同行的大课题。

六　更加自觉地坚持学科自性

30 余年来，思想政治教育学科从无到有，从寡到众，从弱到强，实现了跨越式的发展。到 2015 年，全国共有 41 个马克思主义理论一级学科博士点和 34 个思想政治教育二级学科博士点，理论上计，共 75 个思想政治教育学科博士点。据 2014 年下半年参与我们组织的学科调研的 62 个博士点提供的数据，截至统计时间，思想政治教育学科历任博士生导师累计 511 人，现任博士生导师 375 人。这一支代表思想政治教育学科方向的高层专业人才队伍，学科背景的多元，是其所具有的重要特征之一。据统计，思想政治教育学科博士生导师队伍的学科背景涉及哲学、经济学、法学、教育学、文学、历史学、理学、工学、医学和管理学十大学科。其中，在总数为 511 人的历任博士生导师中，学科背景情况为：哲学 142 人、经济学 22 人、法学 209 人、教育学 32 人、文学 12 人、历史学 42 人、理学 8 人、工学 17 人、医学 1 人、管理学 26 人。在总数为 375 人的现任博士生导师中，学科背景情况为：哲学 102 人、经济学 13 人、法学 158 人、教育学 29 人、文学 5 人、历史学 32 人、理学 7 人、工学 7 人、医学 1 人、管理学 21 人。学科背景的多元，为思想政治教育学科的学科交叉、形成多学科碰撞交融的集成优势，奠定了良好基础。但是，如果处理不好原有学科背景与现实学科方向的关系，则不仅难以形成多学科交融的优势，还将出现实际学科建设中边界不清、方向庞杂等问题。这种担忧，多年来不少学者都曾撰文分析。应当说，这种担忧，并非多虑。据统计，现任博士生导师队伍共发表学术论文 12406 篇，其中"中国知网"归入"思想政治教育学科"的论文仅为 1104 篇，占论文总数的 8.9%。[①] 这一数据中，不排除由于论文所涉问题的多学科性、论文标题的综合性及"中国知网"论文分类时的技术问题等原因而带来的误差，但我们仍可从中印证多年来不少学者所表达的学科忧虑。在坚持广阔的学术视野、广泛汲取多学科研究成果的同时，进一步认识到思想政治教育学科的边界，坚持思想政治教育学科的自性，在本学科领域形成精品力作，是思想政治教育学科建设应当切实解决的现实课题，是思想政治教育学科队伍应当不断增进的学科自觉。

思想政治教育学科是马克思主义理论一级学科的重要组成部分。这一学科归属与定位，决定了坚持马克思主义的立场、

---

① 详细的数据分析可参见沈壮海主编《思想政治教育发展报告 2014/2015》，高等教育出版社 2016 年版，第 25—37 页。

观点、方法，坚持马克思主义的理论基础，是思想政治教育学科自性的本质要求。在此前提下，坚持思想政治教育的学科自性，需要我们同时关注思想、关注政治、关注教育。这里的"思想"，以马克思主义的思想理论为核心内容，同时也包括经由了人类的文明历程所反复筛选的优秀思想成果。这里的"政治"，聚焦于中国特色社会主义建设事业的推进、中华民族的伟大复兴。这里的"教育"，体现为科学的思想理论，先进的价值追求和精神文明成果内化为个体的素质，转化为民族、国家和社会的整体品格。这些年来，思想政治教育学科的理论建设及人才培养，对"教育"这个落脚点踩得很紧，但也不同程度地存在对作为思想政治教育基本内容的"思想"、作为思想政治教育直接指向的"政治"关注不够的现象。其实，没有"思想"、离开"政治"，思想政治教育学就会空壳化，就会演变为一门没有方向的"教育技术学"，自然也就背离了它的学科自性。我们应当基于对学科自性的深入思考和自觉坚持，从而在新的学科进程中，进一步彰显思想政治教育学科的理论特色、政治特色和实践特色，进一步开创思想政治教育学科的新未来。

（本文原刊于《马克思主义理论学科研究》2015 年第 1 期）

后　　记

　　思政课有其意义之"重"，是一门落实立德树人根本任务的关键课程；思政课也有其讲好之"难"，难在要求之高、内容之博、国内外形势发展变化之快、学生期待之切与需求之多等诸多方面。"难"，绝不是思政课教学可以敷衍对待的理由，而是思政课教学跟上时代、赢得学生、担好使命的突破点。在学校思想政治理论课教师座谈会上，习近平总书记指出："讲好思政课不仅有'术'，也有'学'，更有'道'。"深入探索教学方法、研究教学内容、遵循教学规律，是破解思政课讲好之"难"的前提，也是讲出思政课之精彩的基础。

　　近些年来，围绕思政课教学问题，我做了一些比较集中的研究。这些研究，涉及习近平总书记关于思政课建设重要论述的学习贯彻、"大思政课"建设、思政课教学的改革创新、大中小学思政课的一体化建设、课程思政建设等多个方面。开展这些研究，一个核心性的想法，就是努力探索思政课教学中的"术""学""道"。在学界同仁的鼓励下，我将这一研究过程中陆续形成的文章选择若干，结集成册，以《思政课的道理》为名出版，期盼能够对辛勤耕耘在思政课教学第一线的同行们有些许参考意义。思政课是学校思想政治教育的课程形态、主阵地、主渠道。对思政课的研究，需要放在思想政治教育的整体视野中深度观照。与此相应，我也选择了自己关于思想政治教育的若干篇文章一并纳入这本小册子。思政课要形成"大视野"、实现一体化，首先思政课教学研究与思想政治教育研究之间便不能有楚河汉界。

中华书局原执行董事、党委书记徐俊先生非常爽快地应允为拙著题写了书名。他的书法秀雅庄重而又气韵生动。好的思政课，似也应有这样的韵味，娓娓道来、春风化雨。中国社会科学出版社社长赵剑英教授对拙著的出版鼎力支持，田文编审对书稿耐心编校、精细推敲，令人感动。收集于此的文章，曾在《求是》《马克思主义研究》《思想理论教育导刊》《思想理论教育》《马克思主义与现实》《教育研究》《中国高等教育》《人民教育》《国家教育行政学院学报》《马克思主义理论学科研究》《思想政治教育研究》等杂志刊出，其中不少文章还是在杂志编辑部同志的一再鞭策与鼓励下成文的。此集所刊，系电脑中所存底稿。王芸婷、董祥宾、刘灿、李佳俊、史君、蒋从斌等参与了相关篇章的研究和撰写；研究生严宇、林涅、洪志劭对书稿清样进行了认真的核校。在此，一并致以深深谢意！

由于水平所限，书中错谬之处在所难免，恳请同仁朋友多多批评指正。

沈壮海

2023 年 12 月 17 日